死なない人間の集団をつくります

梶原和義

JDC

はじめに

死なない人間の集団をつくる。こんなことは全く奇想天外の、ＳＦの世界に出てくる話だと思われるでしょう。

旧約聖書には、エノク、エリアという死なない人々がいましたし、新約聖書には、イエス、ヨハネ、パウロという死なない人々がいたのです。

イエス在世当時には、死なない人々の集団ができつつあったが、尻切れトンボのような状態になったのです。

ところが、人間歴史の最終段階において、神が日本という異邦人の国で、死なない人間の集団を造りつつあるのです。

これはユダヤ人文明においては全くの脅威すべきことです。なぜなら、ユダヤ人が造った人間文明は、人間は死ぬものだという概念に基づいて構築されているからです。

学問も、政治、経済、法律、教育、宗教、道徳、文化、文明は、すべて人間は死ぬべきものだという絶対的な考えによって造られているからです。

人間は絶対に死ぬものである。人間は現世に生きているものであるという考えを、決定的に広めたのはユダヤ人です。人権主義、民主主義、自由主義、立憲主義、政治経済の仕組みを広めたのはユダヤ人です。

人間は必ず死ぬものである。人間は現世に生きるものであるという考え方が、全世界を覆っている。人類全体がこの考え方によって完全に洗脳されてしまったのです。これがユダヤ文明の最大の害毒です。

ところが、人間には死にたくないという気持ちが牢固としてあるのです。もし人間が百%死んでしまうものなら、死にたくないという気持ちがあるはずがないのです。

死にたくないというのは、人類の悲願です。この人類の悲願を見事に実現したのが、イエス・キリストです。

イエス・キリストは人間の悲願である死なない命を持って地球上に生まれて、死なない命を生きたのです。そうして、すべての人に死なない命を得る方法を示したのです。

この考え方に真っ向から反対して、イエスを殺そうと考えたのが、ユダヤ教のラビと律法学者でした。人間は絶対に死なないものであるというイエスの考えを、人間は絶対に死ぬと考えているユダヤ人は許すことができなかった。そこで、イエスを掴まえて、十字架につけて殺してしまったのです。

ところが、イエスは絶対に死なない命に生きていたために、死を破って復活した。これが日曜日です。日曜日は、人間が死を破って復活した記念日です。人類最大の敵である死が破られた記念日です。

今年は西暦二〇一七年です。これは死なない命を持ったイエスが地上に誕生して、二〇一七年経過したことを示しているのです。

死が破られたこと、死なない命、永遠の生命が実現しているのは歴史的事実です。世界歴史がこれを証明しているのですが、これに猛反対しているのがユダヤ人です。

ユダヤ人は死を破った命があること、永遠の生命が実現していること、イエスがキリストであることに猛反対している。これを人類から覆い隠すために、文明を構築したのです。

政治、経済、科学、法律、宗教、教育、社会組織の根幹はすべて、ユダヤ人によって考案されたのです。オリンピック、万国博覧会、野球、サッカー、スキー、スケートなどの様々なスポーツを世界に普及させて、人類を熱中させているのはユダヤ人です。

インターネットによる情報システム、パソコン、スマートホンを普及させたのはユダヤ人です。人々はこれに夢中になっているのです。そうして、永遠の生命が実在すること、イエスがキリストであることを絶対に考えさせないようにしているのです。考えることを厳禁しているのです。

これに対して私は猛反撃をせざるをえない。なぜなら、イエスが死を破ったこと、そして人類に死なない命が与えられていることは、歴史的事実だからです。歴史が証明しているからです。日曜日と西暦紀元が制定されたことによって、絶対に否定できない事実になっているからです。

かつてコペルニクスは、地球が太陽の周りを回っていることを、初めて発表しました。それまで人類は、太陽が地球の周りを回っていると、堅く信じていたのですが、コペルニクスはその正反対のことを言い出したのです。そのために彼は掴まえられて火炙りの刑に処せられたのです。

今の世界では、ほとんどの人が地動説を信じている。天動説を信じている人はほとんどいないでしょう。人類の考え方が正反対になってしまったのです。

これと同じことを私は提唱したいのです。今人類は、人間は必ず死んでしまうものであると確信していますが、これとは別に、絶対に死なない命が用意されているから、これに乗り換えたらいいのです。

今、全世界の人間は絶対に死ぬべき命を自分の命だと思いこまされている。そのように信じこまされているのですが、その間違いを教えられたのです。これを日本から世界に向けて強烈に発信していかなければならないと考えているのです。

死なない人間の集団をつくります／目次

1. 自分とは何か

人間は現世に生まれてきたのですが、これは責任を持たせられたということです。人間は自分の意志によって生まれたのではありません。従って、自分の人生を自分の気持ちだけで生きていても良いということにはならないのです。これは非常に簡単なことですが、この簡単なことが自我意識に妨げられて、誰も皆誤解しているのです。

人間は自分の意志によって生まれてきたのではありません。従って、自分の人生は自分自身の持ち物ではないのです。自分自身の持ち物ではないとしたら、この人生を自分の欲望に従って、自分自身の考えに従って、勝手に生きていればよいというものではありません。

道元禅師が、「受け難き人身を受け」と言っていますが、これは天意によるものであって、人意によるものではないのです。従って、天意が何であるかを弁えて、人間文明の基本的な構想が立てられなければならないものですが、ルネッサンス以降の文明は、人間の欲望と人間の自尊心とか人間の自惚れが中心になって構成されているのです。

文明は英語ではシビリゼーション（civilization）と言いますが、これは市民生活とか、公民の暮らしという意味になるのです。現世で人間が生活をすることが文明の目的になっているのです。

学問も、政治も、経済も、すべて生活一辺倒の考え方で成立しているのです。これは大変間違っているのです。

人間は死ぬのですから、死ぬということを考えますと、人間としての責任を自覚しないままでただ生を楽しんでいるということは、人生を私物化している感覚です。これは人生の本質を冒瀆していることになるのです。

基本的人権と言いますが、基本的というのはどこから来たのか、人間とは何であるかを十分に究明しないで、基本的人権を主張しているのです。これが間違っているのです。

国連憲章に人間の尊厳性を守るという言葉があります。しかし、人間の尊厳というのは一体何であるかということです。人間とは何であるかがよく分からないままで人間の尊厳と言っているのです。

国連憲章やドイツ憲法は、政治的な概念で人間の尊厳という言葉を使っているのですが、政治の概念で人間の本質が分かるはずがないのです。これは現世で幸せに暮らしたら良いという考え方なのです。

こういう上っ面の人生観、世界観、価値観で人間の尊厳という言葉を造っているのです。これは民衆に媚びて、民衆を煽り上げている考えなのです。

人間とは何かということを究明しないままで、人間の尊厳という言葉を使っている。これは人間の冒瀆であると考えられるのです。

尊厳の尊とはとうといという意味です。厳とはおごそかという意味です。人間の存在がなぜ尊いのか。人間の存在が尊いということは常識でも分かるのですが、人間の尊厳は人間自身が造りだしたものではないのです。

自分が生まれたいと思って生まれたのではない。従って、自分の尊さを自分が造りだしたという考えは、全く根も葉もない妄念です。これは論じるまでもないことです。

ところが、人間は尊いと考えるのです。尊いには違いありませんけれど、人間の尊さの根源を考えないままで、ただ尊いということは、ただの自惚れにすぎないのです。

人間の尊さの原理を弁えないままで、人間がひとかど尊いもののように考えている。だから、死後において、それに相当する税金を徴収されることになるのです。これが霊魂の審判ということなのです。そうなるに決まっているのです。

人間の価値を弁えないままで、ただ人間としての生を楽しんでいる。基本的人権と言って威張りかえっている。基本的人権というのは全く亡者の空威張りになっているのです。

人間は生きる権利があると考えています。生きる権利があると考えても、心臓が止ったらそんな権利は主張できないのです。人間の命は人間が製造できないのです。死ぬのは嫌だと考えても、死ななければならない時には死ななければならないのです。

生命とはそういうものですから、生きる権利という言葉は、人間が用いるべきものではないのです。人間は生かしてもらっているのです。いわば宇宙の居候みたいなものです。生かしてもらっているのですから、生きているという大きな顔をすることが間違っているのです。

厳というのは、いかめしい、おごそかという意味です。きびしいという意味もあります。厳格な父親と言いますと、厳しさを意味するのです。人間がおごそかさ、きびしさを本当に感じるのならいいのです。

例えば、人間は何のために生きているのか。生を楽しむため、欲望を満足させるために生きていると考えるのなら、人間の尊厳性の本質を知らないことになるのです。

人間はただ生を楽しむために生きているのではありません。人間として現世に生まれてきた目的を完遂するために生きているのです。

人間が現世に生まれてきた目的ということは、仏教的に申しますと成仏することです。一人前の人間として自分自身の魂を完成することが成仏です。

人間は自分自身を完成しなければならないのです。自己完成をする責任があるのです。これが厳です。

人間であるということについて、厳しい考え方を持たなければいけないのです。もし基本的人権ということを言いたければ、基本的人責を十分に考えなければならないのです。人責とは人間としての責任ということです。

基本的な意味での人間としての責任、自己完成の責任、人間完成の責任、成仏する責任があるのです。

成仏する責任を考えないで、ただ生きている権利だけを振り回すということは、甚だしい傲慢になるのです。権利と義務は裏表の関係で張り合わされているのです。これは当り前のことです。

ところが、人権を主張する人間が、人責をまともに考えとしない。これは人生そのものを悔っていることになるのです。

人間がこの世に生まれてきたということは、実は大変厄介なことなのです。生を楽しむことではない。マイホームを楽しむことではないのです。これは脂汗を流さなければならない程の責任が重いのです。

人間は理性と良心というすばらしい機能を与えられているのです。人間の心理機能は霊長機能というべきものなのです。霊長機能を与えられている人間は、霊長責任を担当しなければならない。これは当然のことです。

飛ぶ能力を持っている鳥は飛ばなければならないのです。考える能力を持っている人間は考えなければならないのです。ただ考えればいいのではない。考えにも色々ありますけれど、現在の人間は段々考えることが嫌になりまして、余り考えなくなっているのです。テレビとかラジオとか、インターネット、スマートフォンによっていろいろな知識を与えられて、それでいいと考えている。

いわゆる耳学問で生活していけるのです。生活くらいはしていけるでしょう。こんなことではとても人間完成はできないのです。人間としての責任を全うすることはできないのです。

責任を全うしないままでのらりくらりと生きていたということは、死後において当然責任を追求されることになるのです。

人間は死ぬのです。死ぬということをまともに考えなければいけないのです。基本的人権といくら言ってみた所で、死ななければならないのです。

人間は自分の身長を伸ばしたり、縮めたりを勝手にできないのです。生年月日を変更することもできないのです。人間は絶対的な条件のもとに、神から人生を与えられているのです。造化の主から与えられているのです。

人生は本質的に与件です。与えられた条件です。これが人生の本質です。ところが、人間は自分で生きているという錯覚をしているのです。この錯覚に基づいて、宗教という妙なものができているのです。

人間が自分で勝手に生きていると思っているから、宗教ができるのです。そして、死んだら極楽へ行けると思っているのです。死んだら天国へ行けると思っているのです。そんな資格を誰が人間に与えたのでしょうか。

イエスは言っています。「お前たちは聞くには聞くが、決して悟らない。見るには見るが、決して認めない。そういう心で神を信じようと考えては絶対にいけない」と言っているのです。ところが、キリスト教はこれをしているのです。普通の人間の常識で神を信じて、死んだら天国へ行けると思っているのです。

これはイエスの考えとは全然違います。全く違うのです。

私は聖書はキリスト教の教本ではないとはっきり断言致します。また般若心経は仏教の経典ではないと断言します。般若心経は仏法です。仏法と仏教は違うのです。

神の福音とキリスト教とは全く違います。仏法と仏教は違うのです。そこで、私は宗教ではない般若心経と聖書を提唱している訳です。

私たちは人間としての責任を全うしなければならないのです。これは人間としてこの世に生まれたことに対する本質的な責任です。自分自身の霊魂に対する義務です。これは人生のノルマです。

人生にはノルマがあるのです。これを果さずに死んでしまえば、必ず後から強制執行されるのです。これが地獄の刑罰です。宗教でも地獄と言いますが、私がいうこととは全然違うのです。

人権を振り回している人間が人責を考えないままで生きていたら、それに対する税金を徴収されるのは当然です。人間づらをしてこの世に生きていたことに対する税金を、手厳しく取り立てられることになるのです。

私たちは目の黒いうちに、自己を完成しなければならないのです。そうしたら、死ぬことがなくなるのです。

人間はなぜ死ぬのか。考え違いをしているから死ぬのです。生き方が間違っているから死ぬのです。正しい生き方をしたら、死なないのが当り前です。

命というのは死なないものです。死ぬに決まっているものは命とは言えないのです。現在の人間は生きてはいるけれども、命の本物を知らないのです。こういう状態です。こういう人間が基本的人権と言っているのです。これはまるで狂人が刃物を振り回しているようなことになるのです。これは危険なことなのです。

現代では人権という言葉が、神様という言葉に置き替えられているのです。

現在の人間は現象を実体と考えて、常識、知識を形成しているのです。ところが、現象は実体ではないのです。生あるものは必ず死ぬのです。形あるものは必ず壊れるのです。形あるものは必ず壊れるから、現象は実体ではないのです。

現在の物質現象は甚だ不完全なものです。人間自身も不完全なものです。不完全な人間が不完全な現象世界に住んでいるのに、人間は完全だと勝手に自惚れているのです。人間はこういう間違いをしているのです。

この間違いに気づいて、冷静に見る必要があるのです。そのためには、般若心経の五蘊皆空を、はっきり捉える必要があるのです。

般若心経は単なる思想であってはいけないのです。悟りでなければならないのです。悟りと思想とは違うのです。釈尊は自分の中にある仏性に従って悟りを開いたのです。そこで、般若心経は観自在菩薩が悟ったと書いているのです。

釈尊は自分が悟ったとは言わないで、観自在菩薩が悟ったと言っているのです。人間の悟りではなくて、観音さんの悟りなのです。こういう言い方を般若心経はしているのです。

自分自身の中にある仏性によって悟りを開いたのです。仏性は皆様の中にもあるのです。これは皆様の中にある魂の本心です。潜在意識、または深層意識というものです。魂の本心に従って直感すれば、常識で考えているものとは違った人生が見えてくるのです。

潜在意識に忠実な気持ちを持って自分自身の人生を考えて、人生が空であること、死なねばならない人間であることをまず率直に認めますと、般若心経の本当の意味が分かってくるのです。

色即是空に近づくことができるのです。皆様の中に隠れている潜在意識が顕在として現われてくることを悟りというのです。

色即是空という釈尊の提案がそのまま自分の常識になることです。五蘊皆空という人間の実体的悟りが、そのまま生活感情になってしまうことです。これが本当の悟りです。

今の仏教にはこういう悟りはありません。今の仏教はすべて商売です。新約聖書にはイエス・キリストの信仰でなければ救われないとはっきり書いているのです。人間が神を信じるのではない。イエス・キリストの信仰とはっきり言っているのです。

イエスは、「神の信仰を持て」と言っています。英訳では、have faith in Godとなっています。神の信仰を持てということになるのです。これを日本の聖書は、神を信じなさいと訳しているのです。訳し方が間違っているのです。宗教家が聖書を訳すと、こういう間違いが起こってくるのです。こういう間違いが仏教にも聖書にもあるのです。

私は般若心経と聖書を、専門家だけに任せておくべきではないと思うのです。私たちの率直な本心に従って、人間の魂のあり方に従って、宗教的な考えに捉われないで、素直、単純な感覚で、般若心経と聖書を学んでいきたいと考えているのです。

そうして、人間として現世に生まれてきた責任を全うしたいと思うのです。

色即是空ということを簡単に説明しますと、物が存在するのではない。原子の運動が存在するということです。原子の中にある原子核の周りを電子が回っている。電子は原子核の周りを一秒間に一億四千五百万回、回っていると推測されているのです。

もし電子が回転しなければ、物質構造は成立しないのです。従って、物質があるのではない。運動があるのです。このことと、色即是空は同じことです。

今から二千五百年も前に、釈尊は色即是空と喝破しているのです。物質は存在しないとはっきり言っているのです。

インド哲学者、仏教学者である中村元東大教授は、色即是空について、「物質的現象には実体がない」と言っているのです。これが間違っているのです。こういう説明をすると、空という意味が分からなくなるのです。

どう説明したらいいのかと言いますと、物質的現象は実体ではないのです。これはアインシユタインの学説と同じことになるのです。

それでは運動とは何であるのか。物質は存在しないのですから、唯物論、唯物史観は成立しないのです。物質は存在しないということを自然科学は証明しているのです。物質が存在しないということが証明されたので、原子爆弾が製造されたのです。水素爆弾も製造されたのです。

もし物質が存在しないという理論が嘘であるなら、原子爆弾はできないはずです。原子爆弾ができるということは、物質が存在しないことを証明しているのです。

色即是空ということは、ただの思想ではありません。本当のことです。これは宗教ではないのです。これを宗教の観念のように考えていることがおかしいのです。

現在の皆様の生活を根本から立て直すためには、断固とした宗教革命が必要です。仏教という概念、キリスト教という概念が全世界に瀰満しているのですが、この概念を否定して、新しい本当の真理を究明することです。釈尊のように、またイエスのようにはっきりした確信を持って、人間の考えは間違っていると断定する勇気がいるのです。そうしたら、皆様は死なない命が分かるのです。

今の人間の一番大きな弱点は、人間が死ぬということです。死という事実に対して今の文明も、今の学問も、全く無力です。無能力です。死に対して、今の学問も、文明も考える力を持っていないのです。だから、今の文明は本当の意味で文明と言えるものではないのです。死を解決できないということが今の文明が本物ではないことを示しているのです。

人間にとって一番大切なことは、生か死かということです。これが一番大きいテーマですが、これをはっきり究明できない学問は信じるに足りないものになってくるのです。

パウロは、「肉の思いは死である」と言っていますが（ローマ人への手紙8・6）、肉の思いというのは人間の常識、知識です。この間違いを十分に弁えさえすれば、私たちは死ななくなるのです。

イエスは「私を信じる者は、いつまでも死なない」と言っています（ヨハネによる福音書11・26）。イエスという人をよくよく勉強して頂いたら、人間が死ぬということはただの迷信だということが分かるのです。

本当の命を皆様に了得して頂いたら、皆様の現実の生活のあり方が、根本から変ってしまうのです。そうして、釈尊がしたような生き方、イエスが実行した生き方が皆様にもできるのです。

人間は死ぬために生きているのではありません。現世の常識を持ったままの気持ちでぼやっと生きていると、必ず死んでしまいます。そこで、悟らなければいけないのです。

しかし、悟っただけでいいかと言いますと、そうではないのです。五蘊皆空が分かれば、現象が実体ではないということが分かりますが、実体とは何かということを般若心経では教えてくれないのです。そこで、聖書を勉強しなければならないことになるのです。

もし般若心経だけで足りるのなら、わざわざ聖書を持ち出す必要はないのですけれど、般若心経だけでは本当の命が分からないのです。

現象は実体ではないとしますと、実体とは何であるのか。こういうことを勉強しなければいけないのです。

イエスは復活によって死を破ったのです。死を破ったことによって実体とはこういうものだということを証明しているのです。これが神の言《ことば》です。

般若心経と聖書はこのような関係になるのです。新約聖書は非常にレベルが高いのです。神の国の標準で書いているのです。だから、初めから日本人が新約聖書に取り組んでもだめです。

今のキリスト教の人々は皆考え違いをしています。今の人間の常識で聖書を信じようとしている。また、信じたつもりでいるのですけれど、これは間違っているのです。新約聖書は非常に高い思想を命題にしているのです。五蘊皆空をはっきり踏まえて、色即是空という前提に立って神の国を見なければ、本当の十字架の意味が分からないのです。

そこで、般若心経は前編になり、新約聖書が後編であると考えたいのです。ユダヤ人にはモーセの掟が新約聖書の前編でした。西洋人の前編はソクラテスです。アラブ、アフリカ人の前編はマホメットです。東洋人には釈尊が与えられているのです。

新約聖書の神の国に到達するためには、前段階としての踏み台がどうしても必要になるのです。五蘊皆空をはっきり捉えないままで聖書を勉強しても、偽善者になるに決まっているのです。

現在のキリスト教は釈尊という踏み台なしに聖書を勉強しているために、皆偽善者になっているのです。これがキリスト教の本当の姿です。

そこで、私たちは般若心経と聖書の両方を勉強しているのです。日本人は日本人らしく聖書の真諦を捉えたいと思っているのです。

人間完成ということを端的に申しますと、人間は何のために生きているのかということを究明したら分かるのです。

キリスト教で神を信じるという考え方は宗教になります。死んでから天国へ行くというのも宗教です。現在の人間が世間並の人間の常識や知識を持ったままで救われたいと考えているのですが、人間の常識や知識が五蘊です。

自分の常識が自分を殺すことになるのです。このことをまず知ることです。

今皆様が生きていることがどういう事かをよく考えますと、空気を人間が造っているのではないことが分かると思うのです。水を自分で造るのでもない。森羅万象を人間が造っているのでもないのです。

今こうしてお話しをしている間にも時間が流れています。時の流れは何処から来るのかということです。こういうことを経験するために人間は生きているのです。商売をするためでもないし、仕事をするためでもないのです。マイホームを楽しむためでもないのです。

生きるとはどういうことなのか、死ぬとはどういうことなのかをはっきり見極めるために、この世に生まれてきたのです。これを見極めれば死ななくなるのです。

なぜかと言いますと、宇宙の大生命が皆様個々の命として現われているからです。例えば田中さんの命とか、加藤さんの命があるのではない。命は宇宙にたった一つあるだけです。この命が個々の人間に現われているのです。また、万物として現われているのです。鳥の命も、蟻の命も、雲の流れ、水の流れも皆宇宙の命の現われです。

宇宙の大生命が皆様の肉体に働いているのですから、これを生理現象として経験しているのです。人間の生理現象は宇宙の命の働きです。

現在皆様は命を持っているのですが、この命は死なない命です。宇宙の命が死ぬというばかなことはないのです。

皆様が現在生きているというこの状態を、本当に見極めさえすれば、皆様は死ななくなるのです。そのために一番手っ取り早い方法は、イエスの復活を勉強することです。これは一番早い方法ですが、自分だけで聖書を読んでも分かりません。

キリスト教はだめです。キリスト教は教義に従って聖書を勉強しているからです。

イエスが行った奇跡をどう考えるかということですが、もし私が病気を治したら、そういうことを目的に人々が押しかけるでしょう。そうしたら、聖書の命を受け取ろうという人がいなくなるでしょう。だから、神は私にそういう事をさせないのです。そういうことをすることは、現在では邪道になるのです。

イエスの時代には奇跡によってキリストであることを証明したのです。今の時代に奇跡を行いますと、マスコミにもてはやされて超有名人になるでしょう。そうすると、聖書の言葉の命が全く無視されてしまうのです。

聖書の言葉をしっかり捉えることが大切です。聖書の言葉が皆様の命になることです。これが決め手です。これが聖霊を受けるということです。

聖霊を受けなければだめです。キリスト教の勉強はだめです。キリスト教の教義によって勉強しているからです。教義と真理とは違うのです。教義は教義、真理は真理です。聖霊は真理の御霊です。真理の御霊によらなければ真理は分かりません。

真理の御霊によればイエスの復活がはっきり分かります。現在皆様はそれを持っているのですが、それが分からないのです。

今のキリスト教会で、イエスの御名をはっきり教えている人はありません。ザ・ネーム・オブ・ジーザス・クライスト（the name of jesus Christ）が救いになるのです。

ヨハネは書いています。「彼を受け入れたもの、すなわち、その名を信じた人々には、彼は神の子となる力を与えたのである」（ヨハネによる福音書1・12）。彼を受け入れたもの、即ち彼の名を信じた者となっているのです。イエスを受け入れるということは、彼の名を信じることなのです。これが今のキリスト教にはないのです。

彼を受け入れるということは、彼の名前の本質を受け入れるのです。彼の名前が意味する本質を受け入れるのです。

名は体を現わすという言葉がありますが、イエスの名前はイエスの実体を現わしているのです。イエスの実体を皆様が本当に受け入れることになりますと、神の子になることができるのです。

今のキリスト教は教義は教えてくれます。イエスを信じれば救われるとか、十字架の贖いによって罪がなくなると言いますが、それは教義でありまして、イエスの名前の実体ではないのです。神の実体ではないのです。神の実体、イエスの実体がキリスト教では分からないのです。

神が分からない、イエスが分からないのは本当の信仰ではないのです。神の実物が分かれば人間は救われるに決まっているのです。

ヨハネが次のように述べています。

「なお、私が見ていると、見よ、小羊がシオンの山に立っていた。また、十四万四千の人々が小羊と共におり、その額に小羊の名とその父の名とが書かれていた」(ヨハネの黙示録14・1)。

人間の額とは何であるか。小羊の名とは何であるか。神の名と、イエスの名が分かれば、間違いなく永遠の生命が分かるのです。

これは皆様が現在持っているのですけれど、聖書の勉強のしかたが分からないから分からないのです。

もし皆様が永遠の実物を掴まえたいと考えるのなら。求めて頂きたいのです。イエスは、「求めよ、そうすれば、与えられるであろう」と言っています（マタイによる福音書7・7）。

人間は自分が求めたいと思っていますが、この自分がという意識が間違っているのです。皆様は自分の意志によって生まれたのではありません。自分という意識がどこから来たのかということを冷静に考えますと、実は自分はいないことが分かるのです。

人間は魂として人生を経験するために地球上にやってきたのです。神によって地球に生まれさせられたのです。地球上に生まれたのは、生きているということを経験するために生まれたのです。経験するということは、自分という人格がなければ経験できません。人間の魂に人格が与えられたのです。これが私という人称人格です。人称人格としての私がないことには経験の当体になるべきものがありません。経験するという以上、経験する当体がなければならないのです。これがなければならないのです。そこで私という意識が与えられているのです。

この宇宙において、はっきり自分と言えるものは神ご自身だけです。神以外に自分と言えるものは一人もいないのです。従って、人間が自分と考えるのは偽人格です。なぜなら人間は自分の意志で生まれたのではないからです。また、自分の力で勝手に生きている訳にはいかないのです。

人間は空気を自分で造っているのでもないし、水を自分で造っているのでもないのです。お米、野菜、果物、肉、魚を自分で造っているのでもないのです。人間は自分一人で生きるという力を全く持っていないのです。

空気や水がなかったら、どうして生きていけるのでしょうか。時間や空間がなかったら、どうして生きていけるのでしょうか。自分一人で存在するという事は不可能です。ところが、自分が一人で生きていると思っているのです。人間は自我を持っているのです。根本から間違っているのです。

ただ経験の当体としての人格がなければ、今日という日に経験ができないのです。これは人称人格としての自分です。

アイ（I）というのが人称人格です。アイ（I）とエゴ（ego）とは違うのです。自我はエゴです。アイというのは天地自然に従って生きているものです。これがアイです。アイとエゴとは全然違うのです。

私たちは天地自然に従って、おのずから生かされているのです。おのずから生かされている私というのは、自主的人格ではなくて、客観的人格です。これが人間の生命の実体です。

イエスの名というのはこれを証明する名前です。

自分が生きていると思っている人は、自分が救わなければならないと考えるのです。自分が天国へ行きたいと考えるのです。これが人間の迷いです。自分がいるという考えは神に対立する考えです。

自分とはっきり言えるのは、神だけです。人間には自分というだけの資格はないのです。自分の意志で生まれてきたのではありませんから、自分という人格は人間にあるはずがないのです。

自分が生きているという事実はありません。皆様は知らず知らずのうちに、神のために生きているのです。だから、自分の都合を言うことは間違っているのです。

です。

2. 人生で一番大切なこと

般若心経は非常に短い経典ですが、仏教全体の結論をそのまま端的に現わしたと言えるようです。

最も仏教と申しましても、原始仏教と中世の仏教と現代の日本仏教とでは非常に大きな違いがありまして、一口には言えませんが、般若心経の五蘊皆空、色即是空、究竟涅槃という思想は、小乗、大乗仏教全体を通して貫いています仏教の根本精神だと言えるでしょう。

仏教と言いますと今日の各宗各宗派に分かれている宗教のことですが、仏法と言えば悟りそのものの原則を指すのでありまして、これは現在の仏教とはかなり違ったものになるのです。

釈尊は生老病死、即ち現世に生まれて、老いて、病気になって死んでいくことが一体何であるかについて大きな疑問を持ったのです。人間はなぜ生きていなければならないのか。なぜ死んでいくのであろうかということを、つきつめて考えたのです。これが仏法の中心命題になっています。

日本では曹洞宗のご開山である道元禅師が正法眼蔵の中で、「生を諦め死を諦めるは仏家一大事の因縁なり」と言っておられるのです。これは修証義という簡単な経文の中に出ているのですが、生を諦めとは生きているということがどういうことなのかということを明らかにすることです。死を諦めるというのは、死ぬというのはどういうことなのかを明らかにすることなのです。これが人間一大事の因縁であるということを、道元禅師が言っておられるのです。これが仏教の根本精神になるのです。人生とは何であるかということをしっかり見極めなさいと言っているのです。

浄土真宗の浄土参りをする、いわゆる死んでから浄土へ行くという考え、極楽へ行くという考えも、結論として死んでから極楽へ行くという言い方をしますけれど、本来の目的は生死とは何であるのかを究明することが、仏法の第一の目的になっているのです。

大無量寿経、仏説阿弥陀経にもそのように書いているのです。

人間が現世に生きているということをしっかり見極めるということが、般若心経の結論になるのです。この様に考えて頂いたらいいと思うのです。

現世に生きていることが一体何であるのか、何のために生きているのか。これを究極的に見極めることが般若心経の目的になるのです。

般若心経に究竟涅槃という言葉がありますが、涅槃を突き止める、見極めるのです。涅槃というのは現世に生きているという思想、感覚を解脱して、本当の人生を見極めることです。

般若心経の題目は般若波羅蜜多心経とありますが、般若というのは人間の常識ではない上智のことです。学校で教える知恵ではなくて、生きているということについての悟りを意味する知恵です。これが般若です。

波羅蜜多というのは向こうの岸へ渡ることです。現在皆様が生きているのはこちらの岸です。

これは死んでしまうに決まっている命を指しているのです。死んでしまう命のままで生きていますと、必ず死ななければならないことになるのです。この命を捨ててしまって、死なない命を見つけるのです。これが向こう岸へ渡る、彼岸に行くということになるのです。

般若心経を写経している人は大変多いのですが、紙に写経するよりも、もう一歩進んで般若心経の心、般若波羅蜜多の心を、そのまま皆様の心に書きしるして頂きたいのです。

自分の心に般若心経の文字を刻みつけるような書き方をするのです。これが写経の目的になるのです。写経をして千円をつけて寺へ送るということをしている人がいますが、これをして儲かるのは寺です。奈良県のある寺では百万写経と言って百万人から写経をして千円つけて送ってもらいましたから、寺は十億円儲かったのです。

現在までに六百万人の人が写経をして千円をつけて送っていますから、寺は六十億円も儲かったのですが、送った人には何の利益もないのです。紙に写経をするのではなくて、ハートに写経して頂いたら、その人の益になるのです。

般若心経は宗教のためにあるのではなくて、皆様ご自身の魂のためにあるのです。お寺のために般若心経があるのではありません。寺を建てるためにあるのではない。皆様の心を建てるためにあるのです。これが宗教ではない般若心経になるのです。

皆様の心を般若心経の原理に基づいて建てて頂くことです。これをしている日本人はほとんどいないのです。般若心経を読んでいる人は百万人はいるでしょう。写経をしている人も何十万人といるでしょう。

ところが自分の心に般若心経を書きしるしている人は、めったにありません。また、書きしるすだけでなくて、本当に般若心経の文字、例えば色即是空という文字、不垢不浄、不増不滅という文字をそのまま生活している人はほとんどいないでしょう。

宗教というものと、本当の般若心経とはそれくらい違うのです。論語読みの論語知らずという言葉がありますが、心経読みの心経知らずというのが今の日本人の精神状態です。

これは本当に般若波羅蜜多をしていないからです。向こう岸へ渡らないで、こちら岸にいるままの状態で般若心経を読んでいるのです。これでは般若波羅蜜多という題目が分かっていないのです。

皆様が般若心経を読むのなら、読みがいのある読み方をして頂きたいのです。

こちら岸にいますと、必ず死んでしまいます。私は向こう岸へ行っていることがよく分かっていますので、はっきり言っているのですが、これはそれほど難しいことではないのです。

皆様が現在生きているのは、現実に命を持っているからです。命を持っていながら命の本当のあり方が分かっていない。命とは何かと言われると分からないのです。般若波羅蜜多になっていないから分からないのです。

般若波羅蜜多になれば分かるのです。どうすれば般若波羅蜜多になれるかということは、一口や二口では言えませんが、色即是空という言葉を本当に信じるなら分かるのです。写経をするほど般若心経が好きであるのなら、五蘊皆空、色即是空という言葉を本当に味わってみて下さい。そうしたら分かるのです。

般若心経は空を教えているのです。般若心経は全体で二百七十六文字あります。その中に空という文字、無という文字が三十五、六字もあるのです。全体の一割以上に空と無が現われているのです。般若心経は空と無を教えているのです。

それは、現在皆様がこの世に生きていることが空しいものだということを端的に説明しているのです。

しかし、般若心経は空という悟りはありますけれど、命とは何かという教えが書いていないのです。これが般若心経の足りない点です。だから、般若心経の悟りと聖書における神の命、永遠の命を付け加えて勉強すれば、鬼に金棒ということを申し上げているのです。

般若心経は仏教の経典ではありません。人生の事実を述べているのです。新約聖書もまた人生の事実であって、キリスト教の経典ではないのです。

仏教は般若心経を利用して商売をしているのです。キリスト教は新約聖書を利用しているのです。利用して商売をしているのです。般若心経と聖書は本来宗教の書物ではありません。全く宗教ではないのです。人生の真実そのものです。

般若心経によって空を学ぶ。新約聖書によって命を学ぶ。この二つのことを勉強すれば、本当のことが分かるのです。実は般若心経の空がはっきり分かっていない人は、新約聖書をいくら学んでも、キリスト教になるばかりです。本当の命は分からないのです。

まず般若心経で空を学ぶこと、それから新約聖書によって命を学ぶこと、この二つのことをお話ししたいのです。般若心経と聖書を二つ並べていますから、宗教ではないことがよくお分かりになると思います。

般若心経なら般若心経、聖書なら聖書と、宗教ならどちらか一つにしておくでしょう。仏教とキリスト教とを二つ並べたら、宗教にはならないのです。私は宗教にならないようにお話ししているのです。

人生の真実は宗教ではありません。死んでしまうに決まっている人生から出てしまって、死なない人生に移り変わるのです。般若波羅蜜多になることを皆様に提唱しているのです。

人間の文明は六千年程続いてきましたが、一体文明は何のためにあるのでしょうか。六千年経っても未だに分からないのです。これが人間の無明です。魂が無明のために死んでいるのです。

死んでいる文明を六千年間続けてきたのです。

般若心経のいわゆる観自在菩薩も、新約聖書のイエス・キリストも、いわゆる宗教信者ではなかったのです。人間として本当の真理を極めたお方なのです。

宗教は人間のためにあるのです。日本語の宗教という言葉は宗とすべき教え、非常に重大な教えという意味の言葉です。教えということは学校で教えるという意味です。例えば語学を教えるとか、数学を教えるということと混同されてしまうのです。

仏教大学ではもちろん般若心経は教えますけれど、仏教大学を出た人は教学は習ってきます。それが自分の命にはなっていないのです。理屈の説明はしますけれど、その人はやはり普通の人間と変わらないような考えで生きているのです。だから、宗教になってしまうのです。

宗教は人間のために説かれたものです。般若心経や新約聖書は人間のために説かれたものですけれど、その人間というのは魂を指しているのです。

聖書には「悔い改めて福音を信ぜよ」という言葉があるのです（マルコによる福音書1・15）。原語では「汝ら悔い改めて福音を信ぜよ」と言っているのです。この汝らとはユダヤ人を指しているのです。

この言葉の少し前には、「時は満ちた。神の国は近づいた」とあるのです。この一句だけでも本当に説明されるなら、日本はひっくり返る程変ってしまうのです。

ところが、現在のキリスト教では、「時は満ちた、神の国は近づいた」ということが分からないのです。はっきり説かれていないのです。キリスト教的な説明はしますけれど、本当の意味で、旧約新約全体を貫いて、時は満てりとはどういうことなのか、神の国が近づいたとはどういうことなのか。これを明確に説明できる牧師が一人もいないのです。

従って悔い改めて福音を信ぜよと言われても、悔い改めとはどういうことなのか分からないのです。キリスト教の人々は、親不孝をお詫びするとか、友だちと約束したことを破ったので謝るとか、人を憎んだことを謝るという意味に解釈しているのです。

こういうことも悔い改めの一つにはなるかもしれませんが、イエスが言ったのはそういう意味ではないのです。「心を更えて新にする」というのは、これを言っているのです（ローマ人への手紙12・2）。

心を更えるという言い方で、イエスの言葉をパウロが説明しているのです。これは世間並の人間の考え方を捨ててしまって、新しい心構えになって出直してきなさいという意味です。

新しい心構えになって出直すというのは、言葉で言えば簡単ですが、実行するのは非常に難しいのです。心を更えて出直すというのは、別人になって出直すという意味で、極めて難しいと言わなければならないのです。

キリスト教ではこれを実行している人はいません。キリスト教はキリスト教の教義を説いているのです。新約聖書の言葉をそのまま命の言葉として取り扱っていないからです。

心を更えるというのは、心をそっくり底の方から入れ替えなさいと言っているのです。人間の精神の土台になっているものを、そっくり入れ替えてと言っているのです。そうして、別人になってしまえと言っているのです。

死ぬべき人間から、死なない人間になるのですから、これは全く別人になるのです。こういうことを説いている人は、今の世界には一人もいないのです。牧師も神父もこれを体験していないからです。

宗教は全くだめです。仏教もキリスト教もだめです。両方共だめです。宗教商売になっているからです。宗教では、とこしえの命、永遠の命を与えることはできないのです。

キリスト教の人々は、新に生まれたと信じているのです。死んでから天国へ行けると信じているのです。これは希望的な観測にすぎないのです。こんな信じ方が神の前に通用するはずがないのです。

キリスト教の信仰は現世にいる間は通用しますが、死んだら一切通用しないのです。第一に死んでから天国へ行くというようなことは聖書には書いていないのです。キリスト教は書いていないことを言っているのです。

十字架上の犯罪人のところをしきりに引っぱりだしていうのです。十字架上の犯罪人の一人に対して、イエスが「あなたは今日、私と一緒にパラダイスにいるであろう」と言ったのですが（ルカによる福音書23・43）、これを引用して、死んでから天国へ行くとしきりに言うのです。この箇所の解釈が全然間違っているのです。イエスはこの時に天国という言葉を使っていません。パラダイスに入るであろうと言っているのです。イエスの説教の中には天国という言葉が沢山使われています。天国とはどういうものかと言いますと、毒麦の譬、真珠の譬とか綱引きの譬が天国だと書いているのです。

イエスが言っている天国が今のキリスト教では分からないのです。今のキリスト教が言っている天国は聖書には書いていないのです。

神仏と簡単に言いますが、人間の常識を持ったままでいくら神を進じても、仏に手を合わせても、これは現世における宗教にはなりますが、本当の救いにも、本当の悟りにも関係がありません。

宗教ではない般若心経と聖書は常識では分かりません。皆様は現世に常識を持ったままで生きているのです。こういう人間は死ぬに決まっているのです。

常識は肉の思いです。肉の思いは死であると聖書にはっきり書いているのです（ローマ人への手紙8・6）。肉の思いは現世にいて死んだ人、また死ぬに決っている人の考え、思いをいうのです。

皆様は今のままで生きていたら、必ず死んでしまいます。私たちは現世に生まれてきた以上、人間を乗り越えて、肉の思いである常識を乗り越えて、本当の神を掴まえなければならないのです。

本当の神とは何であるのか。宗教ではない仏をしっかり掴まえなければ、生まれてきたことが大変な不幸の原因になるのです。生まれて来なかった方が良かったことになるのです。

「私は何処から来たのか、また、何処へ行くのかを知っている。しかし、あなたがたは、私が何処か来て、何処へ行くのかを知らない」とイエスが警告しました（ヨハネによる福音書8・14）。これが危ないのです。

人間は生まれてきたという以上、何処からか来たのです。また死んでいくという以上、何処かへ行くのです。現世における人間生活は現世におけるという注釈がつくのであって、目の黒い間だけが人生ではないのです。

皆様の人生には前編があったのです。現世は中編です。この世を去ったあとには後編があるのです。死んでしまうことを一巻の終りと言います。一巻の終わりには二巻目があるのです。ですから、一巻の終わりの前に、現世に生きている間に、人間とは何かということ、命とは何か、神とは何かということを理解しておかなければならないのです。

聖書には、「人間が何者だから、これを御心に留められるのだろうか。人の子が何者だから、これを顧みられるのだろうか」とあります（ヘブル人への手紙2・6）。

人間は一体何者だから、神が心に留めているのかと言っています。仏教にはこれがないのです。大乗仏教には魂という言葉がないのです。なぜないのかと言いますと、大乗仏教には神がないからです。

仏法には人生の根源がはっきり設定されていないのです。従って、神がないのは当然です。仏という言葉自体が悟りを意味するのです。人間が現世に生きている事自体が、無意味なものだと言っているのです。空しいものだということを悟ることです。これが仏法の目的です。

空しいことを悟るのです。皆様の現世の生き方が空しいことを悟りますと、初めて自分自身の本体が阿弥陀であることが分かるのです。

阿弥陀というのは、アミダーバー（無量寿）とアミダーユス（無量光）という言葉の両方が一つになったものです。実はこれが人間の本体なのです。無量寿は無限の命です。無量光は無限の知恵です。この両方を備えたのが人間の本体です。

ところが、阿弥陀如来と言いましても、歴史的実体であるとは言えないのです。これは概念的人格性です。一つの教えとしての人格でありまして、実在した人間ではないのです。

大乗仏教では概念は分かりますが、永遠の命の実物をしっかり掴まえるということができないのです。だから、イエスの復活を勉強しないと、永遠の命は分からないのです。

日曜日はイエスの復活記念日です。日曜日は宗教の日ではありません。日曜日に世界中の人が仕事を休んでいる。これは宗教ではないのです。

日曜日はイエスの復活記念日でありまして、イエスだけが死を破ったのです。これははっきり宗教ではないのです。このことを勉強しなければ、皆様の人生は本物にはならないのです。自分の人生を本物にしようと思ったら、この世に生まれただけでは役目を果したことにはならないのです。

皆様はこの世に生まれてきて、見たり聞いたりしてきました。目で何を見たのか。耳で何を聞いたのか。これが命とはっきりつながるような見聞でなければ、本当の人間とは言えないのです。

見ていること、聞いていること、手で触っていることがすべて命の言葉であるということを、ヨハネが言っているのです（ヨハネの第一の手紙1・1～3）。これが実感できる人が、本当の人です。

仏説阿弥陀経に、ただ念仏を口先で言っているだけではだめである。阿弥陀如来の名号のいわれを心に留めて念仏申せと言っているのです。

ところが、現在の真宗の信者は、阿弥陀如来の名号のいわれを心に留めるということ、アミダーバーとか、アミダーユスとかいうことが、どういうことかをしっかり考えないで、ただ口先だけでナンマイダー、ナンマイダーと言っている。これは全く宗教観念であって、こんなものは無効です。無意味です。

現在の仏教信者は、経典に書いてあることを実行していないのです。般若心経を読んでいる人は沢山いますが、実行していないのです。だから宗教というばかなものになってしまうのです。

キリスト教もそのとおりです。聖書に書いてあることをはっきりも知らないし、実行もしていないのです。ただ信じます。信じますと言っているのです。これを宗教観念というのでありまして、こういうものは現世では通用しますけれど、死んでしまったら一切通用しないのです。通用しないものを信じてもしょうがないのです。

本当に自分の命とは何であるか、目で見ていることが何かと言いますと、これが命です。耳で聞いていることが命です。皆様の心臓が動いているという事実が神です。これはキリスト教でいう神とは全く違います。

皆様の心臓が動いていることが生ける神です。生ける神がしっかり分かって、神と同じような生き方ができれば、絶対に死にません。

これはそんなに難しいことではないのです。自分の妄念さえ捨ててしまえば、神と同じような生き方をすることは、難しくないのです。キリスト教では難しそうに言いますけれど、宗教観念でそう言っているだけなのです。

真実の勉強をする方が、キリスト教の勉強よりもずっと楽だと言えるかもしれないのです。ただ幼子のように素直になればいいだけのことです。

本当に正直であって、死ぬのが嫌だ、本当に死にたくないと思う人は、しっかり勉強して頂きたいのです。

私は宗教の宣伝をしているのではありません。命を真面目に考える人の相談相手をしたいと思っているのです。

聖書には、「乾いている者はここに来るがよい。命の水が欲しい者は、価なしにそれを受けるのがよい」とあるのです（ヨハネの黙示録22・17）。私はこれを実行したいと考えているのです。命の水を飲んで頂きたいと思っているだけのことです。聖書にあることをそのまま実行したいと考えているだけのことです。

現在日本に聖書を教えている人は沢山いますけれど、全く実行されていません。理屈を説いている人は沢山いますが、理屈では救われないのです。

信仰とは何か。実は現在皆様が生きていることが信仰です。皆様は生きていながら信仰が分からない。分からないから死んでしまうのです。信仰さえ分かれば絶対に死なないのです。

例えば、皆様の前に赤い花があるとします。赤い花は赤くないから赤く見えるのです。黄色い花は黄色くないから黄色く見えるのです。

どういう訳かと言いますと、以前にＮＨＫのテレビの視覚の錯覚という番組がありましたが、赤い花は赤い色を拒んでいるのです。赤い色を拒否しているのです。拒まれた色が皆様の目に映っているのです。それで赤く見えるのです。

赤い色を拒んでいるから赤く見えるのです。皆様は自分が見ていると思っているでしょう。太陽光線の反射によって光線が目の網膜に映っているのです。網膜に物の映像が映っているのです。皆様が見ているのではないのです。映っているのです。それを皆様は見ていると思っているのです。

皆様は自分の体に重量があると思っているでしょう。五十キロとか六十キロの体重があると思えるでしょう。少し太ったから痩せないといけないと思っているかもしれませんが、六十キロ、五十キロという重量があるのではありません。地球の引力に対する抵抗があるのです。

だから、地球を離れて無重力の宇宙ステーションに行きますと、人間の体は浮いてしまうのです。五十キロの人も、百キロの人も皆浮いているのです。もし人間に固有の体重があるのなら、空中に浮いてしまうことはないはずです。

体重があるとか、赤く見えるという感覚が間違っているのです。肉の思いで見ているから間違っているのです。仏教の経典にもありますが、釈尊は弟子に向って、「あなたがたの目は嘘を見ている。あなたがたの耳は嘘を聞いている」と言っているのです。

イエスも、「あなたがたの目が正しければ、全身が明るいだろう」と言っています。目が正しく働いているなら、人間の魂の全体がはっきり分かるだろうと言っているのです。皆様は生まれる前に何処にいたのか、死んでからどうなるのか。このことがはっきり分かるというのです。全身が明るいだろうというのは、このことを言っているのです。

全身というのは肉体の全身ではありません。人間の魂全体のことを言っているのです。皆様の五官の使い方が間違っているのです。そこで般若心経には無眼耳鼻舌身意、無色声香味触法と言っているのです。眼耳鼻舌身というのは、人間の五官のことを言っているのですが、これが無いと言っているのです。不生不滅、不垢不浄、不増不減、無色声香味触法、無眼界乃至無意識界と言っている。目で見ている世界も、心で感じている世界も、一切無いと言っているのです。

ところが、般若心経を読んでいる人が、目で見ているものがあると考えて生きているのです。こういう人は般若心経を読んではいるが、般若心経を全然知らないのです。そういう読み方をしているのです。

目で見ているとはどういうことなのか。何かを食べて、これはおいしいと感じた。おいしいとはどういうことなのか。なぜおいしいと思うのでしょうか。

すばらしく美しい景色を見て、ああ素晴しいと感じます。なぜ素晴しいと感じるのでしょうか。

このことは誰も知らないことですが、それをお話ししておきます。実は、人間は生まれる前に五官の根本になる魂の機能を神に植えられたのです。魂の根源になるものを神に植え付けられて、この世に生まれてきたのです。

赤ちゃんはこの世に生まれてきて、数時間経つとお腹がすいてくるのです。その時、食べることも飲むことも全然知らない赤ちゃんが、お母さんのおっぱいを飲むのです。

また、生まれたての赤ちゃんが、すやすや眠りながら、にこにこ笑っているのです。いわゆるベビースマイルですが、何を笑っているのでしょうか。生まれてきてからは何の経験もない赤ちゃんが笑っているのです。何を笑っているのでしょうか。これは神秘の微笑みです。

神秘の微笑みは、生まれる前に世界があった証拠です。皆様の魂はこの世に出る前に神と共にいたのです。命の本源で生きていたのです。その命を持ったままで現世に来たのです。そこで生まれる前の事を思い出して、にこにこと笑っているのです。

今の皆様はにたにた笑うのです。それだけ心が汚れているのです。大人の心は大変汚れて歪んでいるのです。大人のことを英語ではアダルト（adult）と言っています。大人の心はアダルタラス（adulterous）になっているのです。これは邪悪です。

アダルトは大人ですが、アダルタラスは邪悪になっているのです。大人の心は汚れて、ひがみきっているのです。私みたいなものはと考えるのです。私みたいなものが神を信じられるのだろうか、私みたいなものが神の国に入れるのだろうかと考えるのです。ところがなかなか自尊心が強いのです。私の気持ちを分かってもらえないと思うのです。傲慢で卑屈で劣等感を持っているのです。大人はこういう複雑怪奇な心境を持っているのです。

こういう気持ちを持っていてはだめだと言っているのです。そこで心を更えて新にするのです。五蘊皆空を実行するのです。色即是空を体得するのです。五蘊皆空の世界に入って一切を心得たら、悔い改めることが実行できるのです。

全く新しい気持ちになって聖書を読めば、イエス・キリストの復活という驚くべき事実が分かるのです。死を越えることができるのです。本当に死という関門を歴史的に破ったのは、イエスただ一人です。だから、イエスの業績を勉強して、イエスの生き方の真似をしたら、死の関門を破ることができるのです。はっきりできるのです。

これは宗教の話ではありません。本当の事です。イエスの命をそのまま自分の命にしたらいいのです。キリスト教はこういうことを絶対に教えてくれません。他のどんな宗教でも教えてくれないのです。イエス自身に聞くしかしょうがないのです。

どうか新に生まれるつもりで、自分の人生を土台から考え直すという勇気を持って頂きたいのです。これをすれば皆様は大変得をするのです。

皆様はこの世に生まれてきたのです。現在、万物の霊長という形で生きているのです。人間が生きている衣食住の形は何でしょうか。経済的に許される範囲内ですが、自分の好みの家に住んで、着たい服を着て、食べたいものを食べているのです。今日の夕食は和食にしようか、洋食にしようか、シーフードにしようかと、自由にできるのです。

これはどういう事でしょうか。これは神が肉体を持っている状態の生活様式です。神がもし肉体を持っていたら、現在の人間の衣食住と同じ生活の形態になるのです。

皆様は神の子であって、神を知ることができるだけの能力性があるのです。皆様の本然性、本来性を簡単に言いますと、本能性になるのです。人間の本能性はすばらしい心理機能です。これは神の機能がそのまま人間に植えられているのです。だから、人間は生ける神の子です。イエスはこれらを自覚して、私は生ける神の子と言ったのです。

イエスはすべての人を照らす誠の光であって、イエスを鏡として自分自身を見れば、イエスと自分自身とは同じものだということが分かるのです。

実は、仏説阿弥陀経にある阿弥陀仏という言葉も、哲学的に申し上げたらイエスと同じことになるのです。これは多分、イエスの孫弟子がインドへ行って福音を伝えたのです。そこで、福音とインドの思想が合わさって三部経が作られたのではないかと思われるのです。

仏典には天地創造が書かれていないのです。仏教は天地創造を認めていないのです。そこで、神を認めていないところから出発しているのです。

天地が造られたということ、万物が造られたということが、神の約束ということです。地球にある森羅万象は火星にも金星にもありません。もちろん太陽系宇宙以外には全くないのです。太陽系宇宙には固体としての惑星がありますが、太陽系以外の外宇宙は全部ガス体です。月のような、金星のような固体としての惑星さえもないのです。太陽系宇宙は地球を造るための特殊現象です。

森羅万象が存在するということ、ことに皆様のような五官を持った人間が、自動車に乗ったり、飛行機に乗ったりしていることは、全くの秘密です。宇宙の秘密です。

大体、宇宙にはこういうことはありえないことです。地球以外に人間がいるということは、SF小説にはありますけれど、そういうことはありえないのです。人間が存在するのは地球だけです。

一体、地球が存在するというのは何であるのか。人間がこの世に現われたということが何であるのか。これが神です。神の御名（実体）です。神の約束です。神の約束とか神の御名が日本人には全然分かっていないのです。キリスト教でも分からないのです。

神とは何かがキリスト教では分からないのです。天地の造り主だと言います。造り主とは何か、何処にいるのか分からないのです。分からないから信じなさいというのです。命の実物も分からないのです。キリストの実物も分からないのです。第三の天にキリストがおられると聖書に書いていますが、キリストはそこでどのようになさっているのか分からないのです。

イエス・キリストと、現在の人間が地球上に生きているのと、どのような繋がりがあるのかという非常に大切なことが、キリスト教では全然分からないのです。これがキリスト教です。

イエス・キリストはキリスト教のご開山ではありません。イエスは宗教家に殺されたのです。宗教家に殺されたイエスを今の宗教家が拝んでいるのです。おかしなことをしているのです。イエスを殺した宗教家が、イエスを拝んでいるのです。

今イエスがやってきたらどうなるのかと言いますと、現在のキリスト教を叩き潰すでしょう。釈尊も同様です。釈尊がやってきたら、今の寺を全部焼いてしまうでしょう。宗教はこんなものです。全くいんちきです。

皆様には本当のこと、命の実物を勉強して頂きたいのです。命の実物は何かと言いますと、皆様の五官です。目、耳、鼻、口、手は何をしているのでしょうか。皆様は手で触っていながら、触るとはどういうことなのか。音とは何か、色とは何か、形とは何かが分かっていないのです。だから、死んでしまうのです。

今までの皆様の常識が、知識が間違っていることを、まず知って頂きたいのです。今の人間は無明によって死んでいるのです。「罪の価は死である」とパウロが言っています（ローマ人への手紙6・23）。無明とか罪によって人間は死んでしまっているのです。

死んでいる人間であることを、まず悟って頂きたいのです。そうすると、生き返るのです。自分の魂が死んでいることを悟れば、生き返るのです。

皆様の魂は、既に死んでいるのですから、命とは何かを勉強したらいいのです。これはどうしてもしなければならないことなのです。これをしなければ来世でひどいめにあうのです。

皆様は神が分かるだけの能力を持っているのです。その能力を持っていながら、目で何を見ているのか、耳で何を聞いているのか、これを知らないのです。これが死んでいる証拠です。

私は皆様の悪口を言っているのではありません。本当のことをずばりと言えばこうなるのです。本当のことを正直に言えば、皆様は死んでいるのです。これは嫌なことだと思わないのでしょうか。もう本当に嫌だと思うなら、本当の命を見つけたらいいのです。

命を見つけることが、人生の一番大きい仕事なのです。働くことが目的ではありません。お金儲けが目的ではありませんし、結婚することが目的ではありません。命を見つけることが人生の目的です。

結婚や商売は人生の付録です。付録だけに一生懸命にならないで、本職のことを真剣に考えて頂きたいのです。

3. 死からの脱出

どうしたら死から脱出できるのか。死ということについて、世界中の人々が考え違いをしているのです。

死というのは、生理的な問題であると思っています。肉体的に生きている人間の立場から言えば、そういうことになるかもしれませんが、死が肉体的な問題だと考えていることが、思想的にはすでに死んでいることになるのです。

死の正体が分からないままでこの世を去っていくことを、死だと思い込んでいる。この世を去るのは死ではないのです。ナザレのイエスはこの世を去ったのです。しかし、死んではいないのです。

イエスが復活したというのは、六千年の人間の歴史の中で最も大きい、また一番確実なテーマなのです。従って、これは学問の対象として取り上げなければならないテーマなのですが、現在の文明はそれを学問の対象としていない。キリスト教という宗教に任せきりで、まともに触れようとしないのです。

この態度が非常に不真面目なのです。宗教家でなければ死の問題を考えなくてもいいと思っている。これが現代文化の根本的な間違いです。

文化、文明がどれほど立派なものでも、結局死んでしまうことになれば、何にもならないのです。どんな立派な学問でも、どんな立派な業績でも、死んでしまえば無になってしまうのです。

死を肯定することは、死に負けていることです。論理の展開が正しくても正しくなくても、とにかく死を考えるという勇気が、今の文化にはどうしても必要なのです。それをしようとしていない。これは文化という概念についての考え方が貧弱で、スケールが小さい。本当の意味での文化と言えるようなものではないことを、白状していることになるのです。

現在の文化、文明は、名前は文化、文明ですけれど、内容的に文化、文明と言えるものは一つもないのです。

文化、文明の大欠点が何処にあるのかと言いますと、死を認めていることです。死に降参している。白旗を出しているのです。負けても勝ってもいいから、死に戦いを挑むという勇敢な気持ちがないのです。

芸術に対して真面目さはあるでしょう。政治とか法律に対する真面目さはあるでしょう。しかし、人間が死ぬに決まっていることを前提にしての政治、法律に、根本的な勝ち目があるかどうかです。

死ぬに決まっている人間が造った文明は、やがて消えるに決まっているのです。どんな芸術も、どんな政治や法律も、あらゆる学理学説も、人間文明の消滅と同時に、塵灰になってしまいます。消えてしまうのです。

消えてしまうものに、なぜノーベル賞を出すのでしょうか。長年、核兵器の廃絶を訴えたスウェーデンの女性にノーベル賞を授与したことがありましたが、これは全く当たり前のことなのです。核兵器廃絶を説かないよりも説いた方がいいでしょう。しかし、核兵器を廃絶してその後にどうするかというと、もう分からないのです。核兵器を廃絶して終わりなのです。

核兵器廃絶を長年説いてきたのでノーベル賞を与えられた。これが現代文明の感覚です。ユダヤ人の感覚なのです。

私はユダヤ人の霊魂について、徹底的に彼らの反省を促すだけの材料があるのです。はっきり言いますと、私はユダヤ人を叱りつけるだけの確信があるのです。彼らは与えられている約束を知らないのです。神の実体を認識しようとしないのです。そこに、ユダヤ人の根本的な考え違いがあるのです。

ユダヤ人はアブラハムの子孫でありながら、アブラハムの思想が全然分かっていないのです。彼らはモーセの十戒を遵奉すると言いながら、モーセが何をしたかを知らないのです。そうして、やたらと世界的な文明の政治的、経済的なリーダーシップをとっているのです。

現在の文明は、ユダヤ人にリードされている文明です。現在の学理学説は、ことごとくユダヤ人に脱帽敬礼しているのです。ノーベル賞をもらって喜んでいるのは、その最も顕著な例なのです。ユダヤ人に褒美をもらって、なぜうれしいのでしょうか。これが人間文明が間違っている根本的な原因なのです。

ユダヤ人の文明の本質は何かと言いますと、イエス・キリストの復活を信じたくないというだけです。ところが、イエス・キリストの復活を信じたくないと言いながら、今年が二〇一七年であるということは、ユダヤ人も認めざるを得ないのです。

人間は死を破ることができるのだということを、イエスは歴史的に実証しているのです。その事実によって、人間の歴史が新しくなった。暦年算定の基準が、イエスが死を破ったことによって新しくされた。これは当然、学の対象にならなければならない。人文科学の基本的なテーマであるはずなのです。

自然科学と言っても、現在の人間が肉体的に生きているという感性に基づく自然科学なのです。復活する可能性のある人間を踏まえた自然科学ではないのです。

そういうものが、人間の霊魂に関するリーダーシップをとるだけの価値があるのでしょうか。端的な言い方をしますと、現在の文化、文明は、底ぬけバケツみたいなものなのです。目当ても何もないのです。人間の文化、文明は、具体的、実体的な意味での目標を全く持っていないのです。

現在の学問や政治が人間の理想どおりに進んだとしても、どうなるのでしょうか。やはり人間は死んでいきますし、テロや戦争をするでしょう。恨んだり、憎んだり、焼きもちをやいたり、泥棒をしたり、嘘を言うでしょう。

一体人間は何をしているのでしょうか。要するに、人間は命が分からないのです。生きていながら命が分からないのです。なぜ命が分からないかと言えば、死が分からないからです。死とは何か、その正体が分からないのです。

死は恐れるには及ばないという言い方もあるでしょう。また、恐れなければならないという言い方もあるでしょう。どちらにしても、死を問題にするのは真面目で結構ですが、現在の文化、文明は、死の問題を真面目に取り上げようとしていません。

死を真面目に取り上げるということは、ユダヤ人にとっては鬼門金神でしょう。死の問題を真正面から取りあげると、どうしてもイエス・キリストの復活を文化論的に考えなければならないことになるのですから、ユダヤ人はまともに取り上げたくないのです。

イエスの復活以外に、人間の六千年の歴史の中で、本当に信用ができるものはないのです。科学も信用できません。哲学も法律も信用できません。

例えば、法律が信用できないという一例を申し上げますと、人間を何人も殺せば死刑になるという説明がもうできないのです。よく「人間一人の命は地球よりも重い」と言われます。ところが、戦争では人を何人殺しても罪にはならない。むしろ多く殺せば英雄になるのです。

広島では、たった一発の原爆で十四万人の人が一瞬のうちに惨殺されました。その後、後遺症で多くの人が死んでいきました。これでも人間一人の命は地球より重いと言えるでしょうか。広島に原爆を投下して、一瞬のうちに十四万人を殺しても、罪にならないのです。なぜでしょうか。味方も敵も人間です。同じ人間の命でありながら、戦争では何人殺してもいいというのはどういうことなのでしょうか。理論的に、哲学的に、明確な返答ができるのでしょうか。今の文明ではできないのです。ことに日本の法律家はだめです。欧米社会では、法律の専門家になろうとしますと、まず律法の原理を勉強させられるのです。律法の原理はモーセの掟ですから、これをしっかり勉強しなければ、法律の専門家にはなれないのです。

日本ではモーセの掟を全然勉強しません。モーセの掟を知らなくても、法律の専門家で通るのです。それほど日本の社会はいいかげんなのです。

死からの脱出というのは、冗談ではできないのです。皆様が本当に死から脱出したいと願っているかどうかです。本当に真剣にそう願っているのなら、生き方が違ってくるはずなのです。

一体地球はなぜできたのか。森羅万象が満載された命の宝庫である地球が、なぜできたのでしょうか。それは宇宙に、死の法則、マイナスのエネルギーが発生したからです。それがどうして発生したのかという根本原理が分かっていない。分かろうとしていないことが悪いのです。

宇宙に発生したマイナスのエネルギーは、理屈や力で圧倒できるものではないのです。どんな理屈を振り回してもだめです。原子爆弾や水素爆弾を何万発持っていっても、マイナスのエネルギーはびくともしません。ますます繁盛するでしょう。

マイナスのエネルギーを宇宙から撃滅するにはどうしたらいいのか。これが聖書の大眼目なのです。神はどういう方法をとったかと言いますと、天地万物を創造することによって、マイナスのエネルギーを自滅させようと考えたのです。この神の大計画をキリストというのです。

日本人は聖書が全く分からない国民です。セミホワイトと言われているくらいですから、聖書を勉強したいという、欧米人の真似をして頂きたいのです。

地球が存在することについて一番重大な問題は、神の約束ということです。神の約束が天地万物が造られた根本的なテーマです。どうして天が天でありうるのか。地が地でありうるのか。人間がどうして人間でありうるのか。皆様は自分が人間であることについて、当たり前と思っています。これでいいのでしょうか。自分が人間であることについて、もう少し慎重に考えて頂きたいのです。

大体、日本で聖書が本当に説かれたことが一度もないのです。学問的にも宗教的にも、神の聖書、神の約束が、正しく説明されたことが一度もないのです。日本人は全く盲目です。命に関する限り、日本人は盲目です。ただ、般若心経に般若波羅蜜多という思想があることが、唯一の救いです。

般若波羅蜜多というのは、この世を捨てて彼岸へ渡るということですが、これが日本人に与えられたたった一つの貴重な概念です。ただこれは実体ではなくて概念です。

般若波羅蜜多という概念はありますが、本当に向こう岸へ渡った人は、日本には一人もいないのです。一休も、親鸞も、道元も、日蓮も、弘法大師も最澄も、向こう岸へ渡っていないのです。今まで日本人で死なない命を見つけた人は一人もいないのです。私は幸運にも、それを神から教えられつつあるのです。

皆様は命の尊さを全くご存じありません。人間がこの世に生まれて来たことは、驚くべき事実なのです。本当のプラスのエネルギーの原理が発見されますと、皆様の理性と良心は永遠無限に発展することができるのです。このことを、イエスがはっきり証明したのです。

私はキリスト教の宣伝をしているのではありません。世界中で何が悪いと言っても、原水爆よりもっと悪いのは、キリスト教とユダヤ教です。核兵器より悪いのは、ユダヤ教とキリスト教です。その次に悪いのは、核兵器です。仏教の悪さとか、日本神道の悪さは、ごく小さなものです。キリスト教はキリストの名によって、キリスト計画に反抗しているのです。その意味で、キリスト教は最も悪いのです。これが世界を引っかき回しているのです。

文明を引っかき回して人間の霊魂を混乱させるということは、泥棒や放火、殺人よりも悪いのです。一番悪いのは、人間の霊魂を揉潤することです。人間の霊魂を誤魔化して、殺してしまうことが最も悪いのです。ですから、世界中で一番悪いのは、ユダヤ教とキリスト教だと言わざるをえないのです。

私はキリスト教会へ行っている人々の霊魂を愛します。ユダヤ教徒の人々の魂を愛しますから、露骨にユダヤ教とキリスト教を非難するのです。

人の魂を奪って地獄へ引きずり込むことは、最も悪いことです。イエスは宗教家を罵りました。その結果、宗教家に殺されたのです。殺人、放火、ヤクザより悪いのが、キリスト教です。政治家が五億円の賄賂をもらって起訴されていますが、人の魂を盗むのは、五億円や十億円の話とは違います。もっと悪いのです。

日本人は本当の悪が分からないのです。命が分からないからです。神の名によって神に反抗すること、キリストの名によって人の魂を騙すことは、一番悪いのです。

阿弥陀如来の名によって人の魂を騙した所で、初めから誰も本気にしていないのです。本気になって阿弥陀如来を信じている人は、今の世界に一人もいないからです。ただ宗教観念として、阿弥陀仏を拝んでいる人はいます。しかし、それで死から脱出できると思っている人は、一人もいないでしょう。

キリストの名によってキリストに反抗することが、最も悪いのです。だから、私はキリスト教の宣伝をしているのでは絶対にないのです。私はキリスト教の教義が悪いと言っているのです。私はキリスト教信者の魂をこよなく愛していますから、偽りの教義から引き出してあげたいと思っているのです。世界二十数億のキリスト教信者は、皆間違っているのです。ローマ法王はその元凶なのです。

皆様が本当に死からの脱出を願っているかどうかです。イエスは見事に死を破ったのです。イエスができたということは、皆様もできるということです。

これにはただ一つの条件があります。世間並の常識を踏み越えて頂く必要があるのです。これは般若心経の五蘊皆空を実行して頂ければいいのです。五蘊皆空、色即是空を実行して頂ければいいのです。遠離一切顛倒夢想　究竟涅槃を実行すればいいのです。

皆様はこの世に生まれて、今まで生きてきた固有名詞の自分を本当の自分だと考えているようですが、これが間違っているのです。

人間は自分の力によって自立自尊することはできません。皆様が生きているのは、他動的な力、他律的な原理に基づいているのです。従って、皆様の命は皆様自身のものではないのです。

人間はこういう根本的な考え違いをしているのです。こういう考え違いについて、老子は半分だけ説明しているのです。人間の命は無の働きによってできている。これだけ説いていますが、無の働きという説明は、半分だけの説明になるのです。全体の説明ではないのです。無とは何かについて、老子は全く説明していません。そのように、皆様の命は他律的なものですから、みずからの分としての自分の命はありません。人間は命について本質的な誤解があるのです。これが死につながっていくのです。

皆様が自分の命について正しく認識していないことが、すでに死んでいることになるのです。それが死を決定的に招きよせる原因になっているのです。こういうことをまず認識して頂きたいのです。

皆様がこの世に生まれた人生を、この先何十年続けていても、本当の命は分かりません。人間の歴史は、これから何千年、何万年続いても、何の良いものも出てきません。結局、人間文明は消滅するに決まっているのです。消えてしまうに決まっています。般若心経はこれをはっきり言っているのです。五蘊皆空、色即是空です。

私が申し上げたいのは、神霊と真理です。これをもう少し分かりやすく言いますと、霊と誠ということです。霊と誠が分かれば、命が分かるのです。本当の命が分かれば、死はその人の中から消えてしまうのです。死が逃げていくのです。肉の思いは死です。霊と誠が分かれば、肉の思いは自滅するのです。

霊と誠を弁えるためには、約束を勉強するしかないのです。約束という言葉は、未来を保証する意味での最も端的な語法です。人間の約束でも重大なことです。約束手形となるとなかなか重大なことです。一つの会社が生きるか死ぬかの問題になるのです。人間が発行した約束手形でも、会社がつぶれるのです。

皆様は絶対という言葉はご存知ですけれど、今の日本人には絶対という言葉の意味が分かりません。絶対ということの簡単な言葉が分からないです。

日本には絶対ということの正しい概念がないのです。人間にとって自分の考えは絶対です。しかし、絶対の正体を掴まえない絶対なのです。私がいう絶対は、絶対の正体を掴まえている絶対なのです。

皆様が今まで生きて来た気持ちをこれからも続けていけば、非常に危ないのです。放っておけば皆様方は死ぬしかないのです。だから、般若心経と聖書のいうことに、耳を傾けて頂きたいのです。

本気になって勉強するのなら、死なない命を得ることができるでしょう。そのためには、皆様の今までの考え方を、撤回して頂きたいのです。

皆様がこの世に生きてきたということが、根本的に間違っていたのです。皆様が五十年、六十年、長い人は九十年、百年とこの世に生きていて、本当のことが分かったのでしょうか。本当のことを教えてくれる人がいたのでしょうか。

もし教えてくれる人がいなかったのなら、騙されたと思って本気になって、般若心経と聖書を勉強して頂きたいのです。本気にならなければ、本当に騙されないのです。逃げ腰で聞いていたのでは、騙されないでしょう。騙されてもいいという大胆な気持ちを持って頂きたい。そうすると、分かるのです。イエスは神に騙された人なのです。神に騙されたおかげで、死ぬべき命を持っていたけれど、死なない命に鞍替えしてしまったのです。イエスの復活はそれを証明しているのです。

端的に言いますと、一切の理屈はなくてもいいのです。イエスが死を破ったという歴史的事実を、信じるか信じないかということです。もし信じると言われるのなら、細かく説明します。もし信じないと言われるなら、般若心経や聖書の勉強をする必要はないのです。

イエスが復活したことの他に、死なない命は地球上に現われたことがないのです。従って、それを受け取ることが嫌であるなら、皆様は本当に死から脱出することを考えているとは言えないのです。

皆様は現在、電灯の光によって、目の前にあるものを見ています。しかし、電気の本体が分かっていないでしょう。これさえ分かれば、皆様は死なない命が分かるのです。

例えば、太陽光線があります。太陽光線を見ていて、その意味が本当に分かったら、永遠の生命の実体が分かるのです。永遠の生命を、簡単に結論的に言えば、そういうことなのです。

皆様の心臓が動いていることが神です。これは私が繰り返し何回も言っていることです。皆様の心臓が動いていることが神ですから、心臓が動いていることの意味が本当に分かったら、皆様は死なないことが分かるのです。

皆様は現在までの常識をしっかり持ったままで、私の話を聞いています。これではだめです。例えば、目の前にコップがあるとしますと、そのコップに水を一杯入れて、その上に水を注いでも、こぼれるだけです。古い水を全部捨ててしまえば、新しい水を注ぐことができるのです。まず皆様は、般若波羅蜜多という言葉に本当に同意できるかどうかを考えて頂きたいのです。死というのは顛倒夢想です。自分が生きていると思っていることが夢想です。そうではなくて、生かされているのです。生きているということと、生かされているということは、根本から違います。生かされているという言い方をしますと、皆様はある程度賛成して頂きやすいでしょう。

人間は空気を造ったり、水や太陽光線を造ることはできません。ところが、空気や水や太陽光線を、毎日ふんだんに与えられています。天からただで供給されているのです。もし空気を供給されなかったら生きていけないのです。

ところが、人間は空気を自分で造っているような顔をしています。人間は生きている資格があると思い込んでいるのです。これが顚倒夢想です。なぜそう思うのでしょうか。

基本的人権、民主主義と言いますが、これはフランス革命やアメリカの独立の時にユダヤ人が宣言した人間の理想なのです。ユダヤ人がそういう芝居をして新しい思想を世界中に流したのです。それに人間は皆おだてあげられているのです。実は、現在の文化、文明は大芝居です。いわゆるユダヤ革命思想のお陰で、皆様はおだてられているのです。

現在の学問で信じられるものはあるのでしょうか。皆様の生命観は、人間を肉体的にしか考えていません。肉体的にだけ生きているという常識主義の考えでいきますと、大学で教えている学問は値打ちがあるのです。

それは現世における価値判断であって、この世を去ってしまいますと、大学の学問は三文の価値もありません。宗教も哲学も、この世を去ってしまえば、何の価値もないのです。全く無価値になることが分かっていながら、そういう学問になぜ絶対的な信頼を持っているのでしょうか。

もっと自由に考えられないのでしょうか。本当に信用できるものを信用したらいいのであって、今生きている場合でも、また死んでからも、永遠に通用することをなぜ信用しないのでしょうか。

もう少し命を真面目に考えて頂きたい。皆様は自分の命の尊さを知らないので、実に我儘勝手なことを言っているのです。命についてもっと苦労してもらいたいのです。本気になって頂きたいのです。

今の男性は女性が分からないのです。女性のどういうことが分からないのかと言いますと、女であることが分からないのです。「であること」が分からない。人間であることが、人間がいることになって現われている。これを人間というのです。

日本にはこういう根本的な哲学思想が全然ないのです。「である」ということが、神霊です。誠の霊です。これは神霊科学の霊ではありません。神霊科学は程度の低いものです。これは人間の正体が全然分からない霊です。

イエスの復活を本当に勉強しますと、今日までの学問が全部間違っていることが分かるのです。皆様に解脱して頂きたいのです。般若波羅蜜多をして頂きたいのです。五蘊皆空して頂きたいのです。

人間の学問はただの五蘊です。皆様の六十年、七十年の生活経験は、ただの五蘊です。それ以外の何かがあったのでしょうか。

「である」ことが神の名、ザ・ネーム・オブ・ゴッド (the name of God) です。花が花であることが、神の実体です。人間が人間であることが、神の実体です。女性が女性であることが、神の実体です。

本当の神が分からなければ、本当の女性は分かりません。女性が分からないということは、男も分からない。人間も分からないのです。皆様に申し上げたいことは、本当に女性を知ることなのです。これが本当の命を知ることなのです。

例えば、電気があります。地球にだけしか、このような強力な電気はありません。これに対して旧約聖書の詩篇は驚くべきことを書いているのです。

キリスト教の人々は宗教観念で聖書を読んでいるために、神の広大無辺の尊さが分からないのです。知らないのです。

人間が生きているというのは、本当に尊いものです。だから、死んではいけないのです。死ぬのはただこの世を去るだけではない。死んだ後に、霊魂の裁きという厳格な審判が待っているのです。

これは皆様が自分の命ではないものを、自分の命だと思い込んでおられたその罰金を取られることです。自分の命ではないものを自分の命だと思い込んでいたということは、神の命を皆様が盗んでいたということになるのです。お金を盗んだら罪になりますが、命を盗むというのは、生易しいことではないのです。

皆様が今生きている命は、そのまま神そのものです。神そのものと皆様は、毎日対話しているのです。生きていることは、神と対話していることです。

皆様は自分の命が何処から来たのか、人間であるとはどういうことなのか、自分を生かしているものの正体は何であるのか、誰に生かされているのかということを考えなければならないのです。自分を生かしているものの正体が分かれば、死ななくなるのです。

生かされている命について、正当な認識があればいいのです。ただそれだけのことです。これを知るためには、地球がどうしてできたのかを、知らなければならないのです。宗教ではない旧約聖書を勉強する以外に、地球が創造されたことの原理を掴まえることはできません。気に入っても気にいらなくても聖書を勉強するしかないのです。

そのためには、どうしてもユダヤ人の歴史を学ぶしかないのです。今の文明は悪い意味でのユダヤ文明です。だから良い意味においてのユダヤ人を学べばいいのです。アブラハムというユダヤ人の祖先はどういう人だったのか。この人が分かれば、世界歴史の流れは、一目瞭然になるのです。世界の歴史がそのまま人間の運命を説いているのです。

歴史はヒストリー（history）と言いますが、これはヒズ・ストーリー（his story）のことであって、神の物語なのです。歴史は人間が勝手に造ったものではありません。白人にヨーロッパ、アメリカを与え、黒人にアフリカを与え、一番広いところをアジア人に与えた。なぜアジア人に一番広い所を与えたのか。これは歴史を勉強しなければ分からないのです。

人間が人間であることは、歴史が歴史であることです。本当の歴史は聖書を学ぶしかないのです。これはキリスト教の勉強をするのではありません。神の聖書、キリスト教ではない聖書を学ぶのです。

皆様が本当に永遠の生命の実物を得ようと思ったら、イエスが死を破ったことを勉強して頂くしかありません。キリスト教では、復活の命を皆様に与えることは、絶対にできません。

歴史と聖書を冷静に綿密に勉強して頂ければ分かることですが、今の皆様の命は、実は復活したキリストの命なのです。死なない命になっているのです。この事実を知らないから、人間は勝手に死んでいくのです。

人間文明は、これをひた隠しにしているのです。隠し続けているのです。人間歴史は、ユダヤ人の大芝居です。ＵＦＯとか宇宙人を考え出したのもユダヤ人です。こういうことを持ち出して、復活の命を無意味にしようとしているのです。彼らは、日本人のような低いレベルの感覚ではとても分からない巧妙な業を仕掛けているのです。

もう一つご注意頂きたいことは、理学と科学が違うということです。物理科学だけが科学ではありません。空理科学も有り得ますし、霊理科学も有り得るのです。もっと大きな科学があるのです。それを今の大学は全く知りませんし、知ろうともしないのです。現在の日本人は、大学で教えている学問の範囲で縛られているのです。拘束されているのです。

皆様の命は端的に言いますと、明日をも知れぬ命なのです。これは危険なことなのです。とにかく、イエスがどうして死を破ったのかというこの歴史的事実を、どうしても掴まえなければならない責任があるのです。神がわざわざイエスが復活したという事実を、世界歴史に提供しているからです。

これは神の偉大な提唱なのです。この神の提唱に耳を貸すことは、人間の責任なのです。そうしたくない人は、しなくてもいいでしょう。しかし、命は自分のものではないのです。皆様の命を正確に支配しているのは、「である」ということです。神が皆様と一緒にいるのです。皆様の命は神です。これに気がつきさえすればいいのです。

生きているということが神と共にいることです。神の内にいることなのです。しかも、イエスが復活した後の神なのです。イエスが復活する前の神と、復活した後の神とは、神のあり方が全然違っているのです。ユダヤ人が考えている神と、今の神とは違うのです。

同じ絶対という言葉を使うとしても、イエスが十字架にかかる以前の絶対と、十字架以後の絶対とは違うのです。イエスが十字架にかかったことによって、皆様の古い命は自動的に消滅しているのです。だから、わざわざ自分の命を否定しなければならない必要はないのです。

死んでしまうに決まっている命を神が否定しているのです。死ぬべき自分が消えているのです。このことを皆様にお話ししたいのです。死ぬべき自分はもういないのです。このことは、イエスの復活を勉強して頂くと分かるのです。

肉の思いで生きている人間は、もう存在していないのです。しかし自分が生きていると思っている人もいるのです。自分が生きているのではない。命は自分のものではないという簡単なことに気がつきさえすれば、皆様はわざわざ自分の命を捨てに行く必要はないのです。

イエス・キリストが十字架につけられたということが、キリスト教では分からないのです。だから人間の罪悪が何処でどうして消えるのか、判断できないのです。これがキリスト教の重大な欠点です。宗教ではない聖書を正しく勉強すれば、死ぬべき自分がなくなっていることが、はっきりお分かり頂けるのです。

4. 人間の責任

人間が生きていれば、当然責任がついて回ることになるのです。人間の霊魂は宇宙人格の反映でありまして、神の機能の分派したものです。

人間は理性と良心という霊長機能、霊長能力を与えられて、現世に生まれてきたのです。生まれさせられたのです。私たちはこの霊長機能を用いて、万物の霊長という資格において、生きているのです。しかし、万物の霊長という実質を持っているかと言いますと、持っていないのです。

例えば、ライオンが一匹大阪の町へ逃げこんだとしますと、町中が大騒ぎになるでしょう。沢山の警察官や機動隊員が動員されて、掴まえることになるのです。

これは人間が機能的には万物の霊長であっても、存在的には万物よりはだいぶ劣ることになるのです。犬や猫は嘘を言いません。インチキをしたり人を騙すようなことはしないのです。ただ本能によって魚をくわえて逃げるくらいのことです。

人間は人を騙したり裏切ったりします。これは人間が動物以下の存在であることの証明になるのです。ところが、人間が人間づらをして生きているということは、万物の霊長としての機能を乱用していることになるのです。霊長機能を持っていながら、霊長責任を担当していないのです。霊長としての自覚を持っていないのです。

基本的人権ということを言いますが、人権ということを言いたければ、人責を考えるべきです。人間の責任を考えるべきなのです。基本的人責を考えるべきです。これが霊長責任なのです。

霊長的な権利を主張したいのなら、霊長的な責任を自覚すべきです。これは当り前のことです。ところが、人間はこの当り前のことを一向に実行しようとしないのです。

権利がある所には義務が生じるに決まっているのです。これは民主主義の原理です。民主主義の原理を政治的には理解していても、人生観的には全く理解していない。だから、死んでしまうことになるのです。

死んでしまうということは、容易なことではないのです。現在、人間は神に生かされているのです。神に生かされているのではない、自分が勝手に生きていると考えたいのですが、そうは問屋がおろさないのです。

人間は自分で空気を造っているのでもないし、自分で水を造っているのでもない。ところが、人間は空気や水を無限に供給されているのです。私たちはそれを供給される権利があるのかということです。

人間は自分で生まれたいと思って生まれたのではありません。だから、人生は自分自身の所有物ではないのです。従って、自分自身で勝手に生きていたらいいという理屈は成り立たないのです。

自然主義的な自由思想は本質的に嘘です。個人主義も嘘です。純粋の個人はどこにも存在しません。何処かの国に属するか、何処かの社会に属するか、何処かの家庭に属するか、何かの団体に属するかです。そういうものに全く関係がない純粋の個人は、何処にもいません。

地球にも属していない。天地に属していない人間はいないのです。ところが、個人主義という主義だけがあるのです。これはばかばかしいことですが、こういう間違いを人間は平気でしているのです。そうして、基本的人権と言っているのです。

こういう間違いを現代文明はしているのです。何のために人間は生きているのか。一億二千万の日本人は何をしているのでしょうか。大都会の人々は何のために生きているのだろうか。

商売をしている。会社勤めをしている。生活しているということは分かります。商売をすること、会社勤めをすること、生活することが何を意味するのかということです。何のために生きているのか。目的なしに生きているとしたら、死ぬために生きていることになるのです。現在の人間の人生観、世界観、価値観というものは、根本的に間違っているのです。

今の人間があると思っているものは、実はないのです。生きていると思っていることは、死んでいるということです。物だと思っていることは事です。このように大変な考え違いをしているのです。

なぜこういうことになったのかと言いますと、仏教的に言いますと、人間は無明から出たものだからです。大乗起信論によりますと、無明が無明を受け継いで、無限の無明に落ち込んでいるのです。

妄念が妄念を受け継いで、無限の妄念に落ち込んでいるのです。これが大乗起信論の考えですが、人間の考えは本質的に妄念です。または妄想です。妄念、妄想の人間が妄念、妄想の人間を生んで、六千年も地球で生きていた。その結果、現代の人間は無限の無明に落ち込んでいるのです。

人間の考え方は全く間違っているのです。だから、死ぬということが分からないのです。人間は間違いなく死ぬのですが、死ぬことが分からないままの状態で生きているのです。

死ぬということをまともに考えるのは縁起が悪いと考えて、臭いものに蓋をするようにごまかしごまかしている。来年は、来年はと言って死んでいくのです。

徳川時代の蜀山人の狂歌に、「死ぬことは人のことだと思うたに、俺が死ぬとはこれはたまらん」というのがあります。

八十五歳や九十歳の老人が死んだのなら、爺さんは死んだのかでしまいですが、いよいよ自分に死が迫ってくると、困るのです。

ある禅宗のお坊さんがいました。この人が癌になったのです。本人が癌だということを知らないのです。どうも体の調子が良くないので、大学病院へ診てもらいに行った所、手遅れの癌だったのです。あちこちに転移していたので、あと三ヵ月の余命でしたが、医者は本人に言えないのです。

医者は「少し悪い様ですが、好きなものを食べてもよろしい」と言ったのです。医者から好きなものを食べてもよろしいと言われたら危ないのです。お坊さんはそう言われて、さすがにぴんときたのです。「私は癌ですか」と聞いたら、「そうではありません。少し悪い所があるが、胃潰瘍みたいなものですから、大丈夫です」と医者が言うのです。

お坊さんはどうも納得できないので、「私は六十五歳になっても、長年禅の修行をつんできたのです。死ぬと言われましても一向に驚かない。大悟徹底しているから本当のことを話してほしい」と言ったのです。「寺の始末もしなければいけないので、正直な所を話してほしい」としきりにお坊さんが言うので、医者は、お坊さんを信用して、「実は、末期癌で、あと三ヵ月しか余命がない」と言ったのです。

和尚はそれを聞いた途端に顔色は蒼白に変わり、がたがた震えだしたのです。医者はしまったと思って寺へ電話をして、早速迎えに来てもらったのです。

キリスト教の牧師にも同じような話がありました。とにかく、人間は死ぬと言われると、震え上がるのです。この気持ちは理解できますが、感心はできないのです。

そのお坊さんは死を知らないのです。解脱はしたかも知れないのですが、死を諦めてはいないのです。諦めるというのは、明らかにするということです。

無明は明らかではないことです。人間は無明から生まれてきたのです。人間は親の性欲によって生まれてきた。つまり、無明から生まれてきたのです。

このような妄念で考えているのです。妄念から生まれてきて無明で考えますから、人生観も価値観も、世界観も、皆間違っているのです。

宗教と言っても、哲学と言っても、全部無明から出てきているのです。

ところが、釈尊やイエスは宗教家ではなかったのです。この人たちは、無明の外で考えていたのです。釈尊の解脱は無明から抜け出した状態です。般若心経はこれを言っているのです。

観自在菩薩　行深般若波羅蜜多時　照見五蘊皆空というのは、これを言っているのです。人間のいろいろな考え方は皆空である。空っぽである。全部間違っていると言っているのです。

般若心経は人間のあるがままの状態を率直に指摘しているのです。これは宗教ではありません。悟りです。現在の仏教の悟りは、ほとんど禅宗的な悟りになっているのです。これは宗教です。観自在菩薩の悟りは、人間本来の悟りであって、これは宗教ではありません。人間が生きているという事実をそのままに取扱っているのです。

もし現在の仏教が本当に悟っているとしたら、現在の仏教界のような堕落は、ほとんどなかったのです。

キリスト教も同じことが言えるのです。イエスは大工の青年でした。宗教家ではなかったのです。おまけにこのイエスは宗教が一番嫌いでした。宗教をひどく攻撃したのです。そのために、宗教家に殺されたのです。

イエスを十字架につけたのはパリサイ派という宗教家です。イエスは宗教家を攻撃したために、宗教家に殺されたのです。そのイエスが現在キリスト様として宗教家に拝まれているのです。おかしいことをしているのです。

釈尊も同様です。釈尊も宗教を断固として否定したのです。修業していたバラモンから離れて、菩薩樹の下で座っていた。自分の独自の直感力によって仏性に基づいて大悟解脱した。そして、当時の宗教とは全然違ったことを言い出したのです。

これが観自在菩薩の悟りとして、般若心経に書かれているのです。釈尊はあとからバラモンの人たちにずいぶんいじめられているのです。この点もイエスとよく似ているのです。

釈尊は殺されはしなかったのですが、時の宗教家にずいぶんいじめられたのです。

般若心経と聖書が宗教家の手に押えられていることが大変悪いのです。皆様には般若心経と聖書がどうして同じように論じられるのか。どういうセンスにおいて一つになれるのか。こういう疑問があると思います。

般若心経が仏教の経典であると思われていることが宗教観念です。実は般若心経と聖書は同じ方向のことを言っているのです。ただ目標が違うだけなのです。

般若心経は悟ることを目標にしているのです。しかし、救いがないのです。聖書は救うことを目的にしているのです。イエスも悟りという言葉を使っていますが、救うということが聖書本来の目的です。

般若心経は悟りを主張し、聖書は救いを主張する。この点が違うだけです。同じことを言っているのです。

般若心経がいう五蘊皆空、色即是空がはっきり分からないままの状態で聖書を信じていますと、イエスの十字架の本当の意味が分からないのです。

イエス・キリストの名によって洗礼を受けることは、彼と共に葬られることだとパウロが言っています。洗礼を受けることは、葬されることになるのです。

キリスト教ではこれと同じことを言っていますが、キリスト教で洗礼を受けても、葬式されたという実感がないのです。言葉はあっても実感がないのです。宗教観念が空回りしているからです。

仏教も同様です。色即是空と言いながら、やはり寺の坊さんは寺の経営のことを心配しているのです。伽藍仏教は釈尊の思想には関係がないのです。

私たちは仏教やキリスト教の指導者に押えられている般若心経と聖書を、すべて素人の私たちに移すべきだと考えているのです。

宗教になりますと、般若心経と聖書が歪められてしまうからです。

私たちは現世を楽しむために生まれてきたのではありません。人間とは何であるのか、魂とは何であるのかを知るために生まれてきたのです。これが人生のノルマです。霊長責任です。

神に出会うこと、神を捉えるために生まれてきたのです。現在皆様が生かされているという事実があります。目が見える、耳が聞こえる、生理機能が働いているという事実があります。

この事実を神というのです。

現在皆様は神によって生かされているのですから、この神を掴まえなければならない責任があるのです。これは当然のことです。皆様が神を掴まえることに成功すれば、皆様の中から死が消えてしまうのです。

死とは何かと言いますと、神との関係が切り離されることです。イエスはこのことを、「外の暗い所へ追い出される」と言っているのです（マタイによる福音書25・30）。神との関係が断絶してしまうのです。

今皆様は生かされているという形において、神との関係がつながっているのです。神との関係がつながっている間に、神を掴まえるのです。人間は目の黒いうちに神を掴まえなければならない責任があるのです。そうしたら、神から切り離されることがなくなるのです。神との関係が断絶しないのです。死がなくなるのです。死ななくなるのです。このことを永遠の生命を与えられるというのです。

イエスは「私を信じる者は決して死なない」と言っているのです（ヨハネによる福音書11・25）。これは奇妙な言葉のようですけれど、本当です。現在皆様は神に生かされているのですから、神に生かされているということをチャンスにして、自分自身を生かしている神を掴まえることができたなら、皆様は神から切り離されることはなくなるのです。

肉体は消耗品です。やがて使えなくなります。現世を去るのは他界することです。他界するということは、現世ではない別の世界に行くことです。

別の世界のことを皆様がご存じないとしたら、そこへは行けないのです。このままでは死ねないという気持ちが皆様にはあるでしょう。今のままで死んだらひどいめにあうのです。生まれながらの知識や常識を持ったままで死んだら、ひどいめにあうのです。

人間の常識や知識は五蘊です。これは皆空です。これを持ったままで死んだらひどいことになるのです。まず黄泉《よみ》へ行きます。それから地獄へ行くのです。

これは宗教ではありません。人生の事実です。人間は現在生きているという状態で、神と面会しているのです。面会していながら神が分からないでしょう。この状態を業《ごう》というのです。罪と言います。無明というのです。

神と面会していながら神が分からない。この状態を無明煩悩というのです。

こういうことをよくお分かり頂くためには、天地が造られたことの原因からお話ししなければならないのです。現象世界と非現象の世界の違いがどういうものかということからお話ししなければならないのですから、一度にはお話しできませんので、時間をかけて、何回かに分けてご説明しなければならないのです。

端的に言いますと、目に見えない世界、非現象の世界、ことがらの世界があるのです。この世界から皆様は生まれてきたのです。

非現象の世界とは何かと言いますと、例えば、ミカンを食べるとしますと、味、香、栄養を味わいます。味、香、栄養を非現象の世界、事がらの世界というのです。

非現象と現象は接触している面はありますけれど、本質的には違うのです。

実は私たちは現世で他界した後の世界を経験しているのです。皆様は現象意識だけで生きているのです。または、顕在意識という常識、知識だけで生きているために、非現象の世界、事がらの世界が分からないのです。

人間が生きている状態の中に、死後の世界を経験しつつあるのです。ところが、それが分からないのです。五蘊皆空ということがよく分かって、自分の常識や知識にこだわらなくなりますと、死後の世界が見えてくるのです。

皆様が自分の常識にこだわっている間は、死後の世界は分からないのです。お話ししてもお分かりにならないでしょう。

人間の常識が、間違っているということに気づけば、自ら分かってくるのです。

現在人間は生きつつある状態において、死につつあるのです。例えば、皆様がこの世に生まれた瞬間から、死に向かって歩いているのです。従って、人間は生きつつあるという状態において、死につつあることになるのです。ですから、私たちが生きている間に死んだ後の世界が分かって当り前です。

皆様の常識が邪魔をしているのです。だから、皆様は常識の間違いに気づくことから始めて頂ければいいのです。

5. 土から出た人間と天から出た人間

パウロは次のように書いています。

「しかし、ある人は言うだろう。『どんなふうにして、死人は甦るのか。どんな体をして来るのか』。愚かな人である、あなたの蒔くものは、死ななければ生かされないのではないか。

死人の復活も、また同様である。朽ちるもので蒔かれ、朽ちないものに甦り、卑しいもので蒔かれ、栄光あるものに甦り、弱いもので蒔かれ、強いものに甦り、肉のかたちで蒔かれ、霊の体に甦るのである。肉の体があるのだから、霊の体もあるわけである。

聖書に『最初の人アダムは生きたものとなった』と書いてあるとおりである。しかし、最後のアダムは命を与える霊となった。

最初にあったのは、霊のものではなく肉のものであって、その後に霊のものが来るのである。第一の人は地から出て土に属し、第二の人は天から来る。

この土に属する人に、土に属している人々は等しく、この天に属する人に、天に属している人々は等しいのである。すなわち、私たちは土に属している形をとっているのと同様に、また天に属している形をとるのであろう」（コリント人への第一の手紙15・35、36、42～49）。

これは福音の完成される本質、人間が救われることの中心点を指摘しているのです。「もしイエスの甦りがなかったら、聖書を信じている人間は、最もみじめな人間だ」とパウロは言っています。コリント前書十五章で取り上げている復活の問題、いやはての敵は死であり、死が勝に呑まれているということが、異邦人の感覚ではなかなか分からないのです。

異邦人というものは、現在生きているのが人間だと思っているのです。そう思い込んでいるのです。現在生きているのは、何のためか知らないのです。何のために生きているのかそれを知らないくせに、現在生きている人間が人間だ、また、自分だと頑固に思い込んでいるのです。これを迷いというのです。

この迷いから解脱することを、仏教の禅では強調するのですが、解脱するとはどういう事かが、仏教自身が分からないのです。迷いから解脱すれば、いわゆる空や無を感じることによって、現象的感覚には捉われなくなった時に、人間はどのような状態になるのかということが分からないのです。

人間は空であると考える。空であるがその人はやはり生きているのです。これを歌った歌があります。「悟りつつ身はなきものと思えども、冬の降る日は寒くもあるかな」となるのです。身はなきものという悟りを開いた人でも、その人がどんな心理状態になるのかと言いますと、やはり、柳は緑、花は紅となるのです。

悟る前にも柳は緑で、花は紅であった。悟った後もそうである。どこが違うのかと聞きますと、悟った点が違うというでしょう。それでは悟る前の緑、悟った後の緑とはどう違うのかというと、分からないというのです。悟った人の解脱のあり方によるのだというのです。

結局禅の悟りは単なる主観的な妄念であることになってしまうのです。これがいわゆる野狐禅です。自分で悟ったことになるのです。禅の無門関四十八則とか、碧巌録を読んでみますと、こういうことがくどくどと、いろいろな例話が並べてあるのです。結論があるようなないようなことになっているのです。山の彼方にあるものが、なかなか分からないのです。ただ悟ったらいいというのです。

ただ悟ったらいいというのなら、Aと悟ろうが、Bと悟ろうが、それぞれ本人の悟りようであるのだから、どれがいいどれが悪いというべきものではないということになってしまうのです。これが禅の悪さです。達磨の時代にはそんなでたらめなものではなかったのです。今では、やたらに印可証明が乱発されて、おかしくなっているのです。

聖書の場合には、イエス・キリストの信仰があるのです。イエス・キリストの信仰に一致しなければ、どんなに分かったと言っても、分かったのでも悟ったのでもないのです。イエス・キリストの信仰に一致するかしないか、神の意志の上に、自分の意志を置くかどうかが問題です。それによって検定するのです。

ところで、現在生きている人間が救われるというのは、どうなることか。三十五節にあったように、どんなふうにして死人が甦るのか。どんな体をして来るのかという質問をする者がいるということを、パウロが皮肉っているのです。

どんなふうにして甦るのか、どんな体をしているのかという、こんな高級な質問を異邦人はしないのです。異邦人は甦りとか、新しい体で人間が現われるのかということを、初めから知らないのです。復活の時があることを、日本人は全然知らないのです。甦りということが何のことか分からないのです。

現在目に見える地球は、やがて消えてしまいます。火で焼かれてしまうのです。地球にある水が、太陽系以外の星に移動してしまうのです。今現在の地球には、水がありすぎるのです。南極と北極には大氷山があり、水が固まっています。この大氷山が全部融けてしまいますと、海水が相当上昇するでしょう。沈没する国も多く出るでしょう。

南極と北極の水は、地球にとって多すぎる水です。この水が何処から来たのかということです。多分、火星や金星には相当多くの水があったでしょう。その形跡があるのです。川があったような形跡が残っているのです。今は水がありません。その水は何処へ行ったのかという疑問が生じるのです。

この疑問は幼児のような疑問ですが、とても重要な質問になるのです。大人の質問より幼児の質問の方が、もっと高級で、次元が高いのです。ある幼児がお母さんに聞きました。「指はどうして動くの」「砂糖はどうして甘いの」。この質問に大人は答えられないのです。「砂糖はなぜ甘いの」「塩はなぜ辛いの」。これは次元の高い質問です。この質問を学者はすべきです。

人間はなぜ生まれてきたのか。生まれたいと思わないのに、なぜ生まれてきたのか。こういう質問ができるようになると、だんだんイエスが分かってくるのです。どんにふうにして死人は甦るのか、どんな体をして来るのか。復活の時が来ると、人間はどんな体になるのか。

異邦人は復活の時が来るのを、全然知らないのです。天国へ行きたいと言いますが、死んでから天国へ行って何をするのか。天国へ行ったら夫婦はどうなるのか。親子はどうなるのか。死後の世界はどうなるのか。地球の将来はどうなるのか。文明は将来どうなるのか。日本人はこういうことを真剣に考えようとしないのです。

人間は皆ユダヤ人の現代思想、唯物思想に、引きずり回されているのです。ユダヤ人は唯物思想を本気で信じているのではないのです。

ところが、ユダヤ人は神に捨てられたのです。現世の王になりたいために、異邦人のばかさかげんを利用して、世界を振り回しているのです。

今の人間はどんなふうにして人間は救われるのかということを、問題にする人さえもいません。パウロの時代には、人間はどんなふうにして救われるのかということを、問題にしたのです。こういう質問をする人間を、愚かな人間だとパウロは言ったのです。そうすると、パウロの福音観はどんなものであったのかということです。

「どんなふうにして救われるもない。あなたの蒔くものは、死ななければ生かされるのではないか」とパウロは答えているのです。現在人間は毎日生きていますが、自分自身の生活を蒔いていることになるのです。人間が生きているということは、種を蒔いていることになるのです。

良いことをすれば良い種を蒔いている。悪いことをすれば悪い種を蒔いている。肉の思いで生きていれば、肉の種を蒔いているのです。霊の思いで生きていれば、霊の種を蒔いているのです。人間が生きているのは、毎日蒔いているのですが、蒔いたものが死んでしまわなければ、新に生まれることはないのではないかと言っているのです。

現在生きている自分が生きているままの状態で、どんなふうにして救われるのかということを考えることが、間違っているのです。

人間は死んだらどうなるのか。これは人間が一番聞きたい質問ですが、これを今現在生きている人間に答えてもだめです。パウロも同じことを言っているのです。「おまえが蒔く所のものは、死ななければ生きないのではないか」。

現在生きている自分を無視するような気持ちになったら、初めて救いが分かってくるのです。ところが、皆様は自分が生きているままの状態で死んだらどうなるのかを聞きたいと思うのです。これが間違っているのです。これは愚かな人がすることです。

まず人間は、自分が死ぬに決まっていることを、はっきり確認すべきです。その上で、この死から逃れるためにはどうすべきなのかを考えるのです。このままでいれば、自分は死ぬに決まっているのです。死ぬのは嫌だと思うのなら、どうしたら死から逃れることができるのかということを、真剣に考えるべきです。そうすると、答えを与えられるのです。

これに対してパウロは、「朽ちるもので蒔かれ、朽ちないものに甦る」と書いています。現在人間は死ぬべき肉体で生きている。これは種を蒔いていることになるのです。朽ちる人間の肉体の状態で種を蒔いているのですが、これが朽ちないものに甦るのです。甦るということは、完成するという意味です。

未完成の人間が生きている生き方を基準にして、どのように完成するのか。肉体的に生きている未完成の人間が、どのように完成されるのであるか。朽ちるものと、朽ちないものとがあります。土に属するものと、天に属するものとがあるのです。まず、土に属するもので蒔かれて、天に属するものに甦るのです。天に属するものとして完成する。これが人間の命運です。

土から出た体、現在の肉体で生きているのは未完成の状態であって、こんなものは人間と言える価値があるものではない。ある哲学者は、「人間は人間になるための過程である」と言っています。人間になるということは、人間を完成するという意味です。

現在の世界は土に属する世界です。地球の上で生物が生息していることは、宇宙的な角度から見ますと、ほんのごく僅かの瞬間的な出来事です。土に属する人間というのは、宇宙的には瞬間的な存在であるにすぎないのです。こんなものが永続的に存在すると考える思想が、虚偽の思想です。虚偽の思想ということは、悪魔の思想ということです。

このことを、異邦人である皆様はよく考えて頂きたいのです。現象世界に人間の霊魂が出てくるはずがないのです。魂は本来、神に属するものです。これが土に属する形で出てくることは、本来あるべきはずがないことです。

あるべきはずがないことが、六千年の間現われているのです。六千年というのは、人間の文化が始まってからの時間帯をいうのですが、人間が文化性を持つようになる以前においても、人類はいたのではないかという理屈はありますが、理性を持った人間が出現したのは、六千年前のことです。ここから文化が始まったのですが、それ以前の人間は理性を持たない人類で、ホモ・ファーベルと言われる存在です。

人間は本質的に原罪動物です。無明煩悩の虜になっているのです。死ぬべき人間は無明煩悩の原罪動物です。何を考えても、罪の意識から芽生えた考えであるに決まっているのです。

罪の思想、原罪動物であるということを、よく考えて頂きたいのです。どんなに善を考えても、どんなに神を考えても、信仰と言っても、すべて人間の原罪からわいて出たものであって、それが真理であるはずがないのです。

原罪の人間は、全部死んでしまわなければならないのです。イエスは十字架で死んでしまった。イエスの十字架を信じることとは、自分が死んでしまうことになるのです。土に属するもの、朽ちるような状態で生きている自分を蒔いてしまうのです。

朽ちるものに蒔かれ、朽ちないものに甦るというように、土につけるものが蒔かれてしまう。蒔かれたものが死んでしまう。一粒の麦が蒔かれて、その種が死んでしまいますと、麦の芽が出ます。そのように、皆様は一粒の麦になって蒔いてしまうのです。自分自身を現世に蒔いてしまうのです。死ぬのを待っていないで、自分から死んでしまうのです。

死ぬのを待っていますと、本当に死ぬのです。死ぬのを待っていないで、自分から死んでしまいますと、生きるのです。この手段以外に死から逃れる方法はありません。自分から死んでしまうと生きるのです。まず死んでしまえば、小心翼翼という気持ちがなくなってしまいます。単純率直な人間になることができるのです。言いたいことをずばりと人に言えるようになります。これがへりくだりです。

聖書がいうへりくだりというのは、自分が死んでしまうことを意味するのです。人に頭を下げるとか、丁寧にものをいうのは、死んでしまうという心が自然に現われたのならいいのです。死んでしまうという気持ちを持たないで、ただ丁寧にいうとか、頭を下げるというのは偽善者です。心にもないことをしているからです。自分を偽らないことが一番いいのです。これが信仰の秘訣です。

朽ちるべきものと、朽ちないものとがあります。土に属するものと、天に属するものとがあるのです。土に属するもので蒔かれて、天に属するものに甦るのです。天に属するものとして完成するのです。

土につける状態で、自分自身を蒔くのです。蒔くというのは、毎日毎日自分を捨てるのです。種を蒔くように自分を捨てるのです。自分の運命を蒔いてしまうのです。自分の運命を自分で握らず、捨ててしまうのです。そうすると、神からの運命が与えられるのです。自分の運命を抱いている間は、神から永遠の生命という一番上等の運命を与えられないのです。キリストという本当の命が与えられないのです。

自分を蒔くのです。自分の命を蒔くのです。種粒のように蒔くのです。そうすると、必ず上からの命が与えられるのです。自分の命を蒔き惜しんでいると、命が与えられません。現在持っている命を、惜しまずに蒔き続けるのです。自分を捨て続けるのです。そうすると、上から神の命が与えられるのです。必ず与えられるのです。

自分の命を蒔き続けても、心臓が動いているという事実はなくなりません。そうすると、心臓が動いているのが何であるのかを、上から知らせてくれるのです。皆様は神に生かされているのですから、神に生きるという気持ちを持つのが当たり前です。自分に生きるという気持ちを持つのが間違っているのです。

このように述べている私自身でも、自分に生きている感覚はないとは言えないのです。七十年以上もこの世に生きてきましたから、その感覚は完全に消えるようなものではないのです。とにかく自分が生きていることが嘘だと言い続けていますと、だんだん嘘だと思えてくるようになります。

毎日自分の命を蒔くのです。これが修養です。自分の自尊心を毎日捨てるのです。自分の幸いを毎日捨てるのです。面通を捨てるのです。自尊心を捨てるのです。自分が得になるようなことを捨てるのです。むしろ、自分が損であると思うことをするのです。そうすると、神がその人を助けるようになるのです。本当の命が分かるようになってくるのです。これを日々十字架を負うというのです。

土につける人間と、天につける人間と、二人の人間がいるのです。第一の人は土に属する者であり、第二の人は天から出た人間です。土から出た人間と、天から出た人間とは、全然違うのです。

土から出た人間が天から出た人間になるのとは違うのです。土から出た人間は死んでしまうのです。蒔かれてしまうのです。一粒の麦の種のように死んでしまうのです。そうすると、それから新しい芽が出るのです。新しい芽は、蒔いた麦とは全然違う麦です。変身でも変貌でもない、全然別の人間です。

存在ということにおいては一つですが、あり方は別です。存在とは何かと言いますと、「である」こと、「がある」ことです。自分が自分であることにおいては変わりません。しかし、主観的な状態と客観的なあり方は、全然違ったものになってしまうのです。

肉的に生きていたものが、霊的に生きるようになるというのではないのです。土に属するものと、天に属するものとは、全く別なのです。はっきり別です。

土に属する自分に未練を持ってはいけないのです。昨日の自分に未練を残してはいけないのです。明日の自分だけを見て生きるのです。幸福になろうとか、いい家庭を持とうとかを考えないのです。マイホームという考えが、現代の文明の中で一番下等な考えです。この考えを捨ててしまうと、人間はいくらかましになるのです。マイホームを握っていたら、絶対に救われないのです。

捨てがたきものを捨てるのです。一番肉的にかわいがっているものを捨てるのです。これは人によってそれぞれ違いますが、一番大事にしているものを捨てるのです。

神は一人子を十字架につけたのです。神が一番大事にしておいでになった一人子を、十字架につけたのです。私たちもまた、一番大事なものを捨てるべきです。自分自身の一人子となるものを捨てるべきです。

土に属する人間と、天に属する人間とは、全く別のものですから、この別のものになるためには、一方を捨てなければ、天に属するものになりきってしまうことはできないのです。

福音は絶対です。非常に厳しいものでありますけれど、やる気さえあれば何でもないのです。捨てよという言葉を使いますと、大変辛そうに聞こえるのです。一番大事なものを捨てよと言われると、とても辛そうに聞こえますが、実は捨てた瞬間に、捨てて良かったと思うのです。

実は捨てることこそ、本当の喜びです。自分を捨てることが本当の喜びです。未だかつて経験しなかった楽しさ、嬉しさを感じるに決まっているのです。

まず自分の面通を捨てるのです。そうすると、面通を持っていた時よりも、ずっとすがすがしい気持ちになるのです。捨てたらすぐに喜びが神から与えられますから、そのことを信じて、土に属する人間を捨てて、天に属する人間になって頂きたいのです。土に属する人間を捨てて、天に属する人間になるということができれば、これは人間だけでなく、地球もそのようになるのです。

人間存在というものは、地球存在の代表です。人間存在が天につけるものになるということは、やがて地球存在そのものが、天につけるものになるのです。地球に新天新地がやってくるのです。皆様は選ばれて、地球の先端を進んでいるのです。

皆様が神の子たちの栄光の自由を獲得すると、皆様は肉体に縛られない人間になるのです。肉体に縛られない人間になることが携挙《けいきょ》です。やがて、教会が携挙されますと、地球そのものが携挙されるのです。地球が新天新地に変化する。その時、皆様は万物を救うことになるのです。

皆様は自分自身の運命を新しくするだけでなくて、地球の運命を新しくする恐るべき力を持っているのです。天地万物を救う恐るべき力を、神は皆様に与えておいでになるのです。人間の魂はそれほどの値打ちを持つものです。

そこで、皆様は自分一人のことだと考えないで、天地万物を救うためにも、何としても自分自身を土につけるものから天につけるものに、運命を根本的に変更しなければならないのです。そうすれば、地球が新しくなるのです。万物が救われるのです。

これについては、パウロは次のように述べています。

「私は思う。今のこの時の苦しみは、やがて私たちに現わされようとする栄光に比べると、言うに足りない。被造物は実に切なる思いで、神の子たちの出現を待ち望んでいる。なぜなら、被造物が虚無に服したのは、自分の意志によるのではなく、服従させた方によるのである。かつ、被造物自身にも、滅びのなわめから解放されて、神の子たちの栄光の自由に入る望みが残されているからである。

実に、被造物全体が今に至るまで、共にうめき、共に産みの苦しみを続けていることを、私たちは知っている。それだけでなく、御霊の最初の実を持っている私たち自身も、心の内でうめきながら、子たる自分を授けられること、すなわち、体の贖われることを待ち望んでいる」（ローマ人への手紙8・18〜23）。

地球と人間は一つのものです。人間が完成されたら地球が完成するのですから、このことをよくご承知頂きたいのです。

人間の本質がどれほどすばらしいものであるかを、よくお考え頂きたいのです。土に属する人間は、ただ一人の人間です。死んでしまえばそれまでです。土に属する人間は、ただ一人のホモ・サピエンスにすぎないが、天に属する人間は驚くべき神の御子です。この生ける神の子であるという自信を持って頂きたい。

自分を捨てれば必ずそうなるのですから、このような崇高な自分、宗教でいう神々よりもっとすばらしい自分を見つけて頂きたいのです。

神社に祀ってある神よりも、皆様の本体の方がはるかに崇高です。ですから、ぜひ天に属するものになって頂きたい。

そうすれば、地球それ自身が新しくなるのです。その責任が皆様にあるということを、お考え頂きたいのです。

6. 神の安息

本当に神の預言についていく事を決心することは、なかなかできることではないのです。人間についていくのではない。人を通して神が預言していることについていくのです。これができないのです。

理屈は分かるでしょう。しかし本当に心から自分の態度、生活そのもので示すことができないのです。態度で示さなかったらいけないのです。生きているというそのことが、神の預言についていくことにならなければいけないのです。そうならなければいけないという理屈は分かりますが、なかなか態度で示すことができないのです。

異邦人である皆様は、本当の神の福音が分かりにくいのです。異邦人はこの世に生きるために生まれてきた人間です。この世というのは神の経綸の全体から言いますと、仮の世です。

なぜかと言いますと、この世は始まった時があるのです。始まった時があるというのは、終る時があるということです。これは仮ということです。

現世は仮に存在することを最も端的に説明しているのです。もし神の国でしたら、初めがないのです。神自体が初めですから、地球の初めというようなものが神にはないのです。

「我はアルパであり、オメガである」と神は言っています（ヨハネの黙示録22・13）。神自身が初めであり、終りです。これには世の初めというものはありません。

この世には初めがあり、終りがあります。創世記の一番最初はこの世の初めです。黙示録の終りはこの世の終りです。

この世は旧約・新約聖書一冊です。これは仮という意味です。仮ということがいくら分かっても、いくら生きても、仮の世に生きているのは仮に生きているのです。こんなことは分かりきったことです。

皆様はこの世に生きているのではないと思っているらしいです。しかし、生き方がどうしてもこの世の人なのです。自分を否定するということがどうも納得できないようです。これが異邦人です。

この世で生きていてもしょうがないのです。人間の人生は仮の人生です。仮の世に、仮の人間が、仮の姿で生きているのです。三つの仮があるのですが、これが分からないのです。

本当の世というのは神の国です。本当の人というのは、神と共に住み、神の宮に住んでいるのです。

「神の幕屋が人と共にあり、神が人と共に住み、人は神の民となり、神自ら人と共にいます」とあります（ヨハネの黙示録21・3）。

人は皆神の家に住んでいる。神が人と共に住んでいると書いています。これが本当の人です。

皆様がこの世に生まれる前は、神の家に住み、神と共に住んでいたのです。この世に生まれる前にはこういうことを経験していたのです。

ところが、現世に生まれた時に、生まれる前のことを全く忘れてしまったのです。神は公平ですから、日本人だけが例外ではなかったのです。

皆様は生まれる前は誠の人だったのです。神の家で神と共に住んでいたのです。その証拠がいくつもあります。その証拠に皆様は五官を与えられているのです。理性を与えられているのです。

皆様に与えられている五官、理性をよくご覧下さい。これはこの世のものとは違います。ところが人間はこの世に生きていると考えている。なぜそう考えるのでしょうか。

皆様の理性、良心、五官をよく見て下さい。神の形のように、神にかたどって造られたということが分かるはずです。

生まれる前はそうでした。これが誠の人です。仮の人ではない、本当の人です。

肉体人間は仮の姿です。肉体人間の男、肉体人間の女は、両方共仮の姿です。本当に信仰が板についてきますと、イエス・キリストにあれば、男もなし、女もなし、自由人もなし、奴隷もなし、金持ちもなし、貧乏人もなし、資本家も労働者もないとなるのです（ガラテヤ人への手紙3・28）。

男がある。女がある。肉体を持っている自分があるというのは、仮の姿の人間を見ているのです。現世にいてイエス・キリストを本当に信じれば、男もなし、女もなし、日本人もユダヤ人もない。約束の民になることができるのです。現世にいてもそうなるのです。

ましてや、新天新地へ行きますと、今皆様が感じている不自由さ、自分の思いに捉われたり、病気になったり、風邪を引いたり、死んでしまうという不自由さは全くなくなるのです。

そういうことに一切関係がない、完全な自由になるのです。全き自由になるのです。本当の幸せをしみじみと経験することができるのです。

本当の幸せというのは、仕合わせることです。神に仕合わせるのです。これをすれば、現世で幸せになれるのです。神の御心に合わせていけばいいのです。

仮の世に、仮の人間が仮の姿で生きている。これに気がつかなければいけないのです。ところが、この三つがなかなか分からないのです。

今、人々が持っている顔は嘘の顔です。人間の顔であって、魂の顔ではありません。せめて自分は人間ではない。魂であるということぐらいは最低限度自覚して頂きたいのです。

人間文明が始まってから地球が人間の住み処になっています。この状態をどう考えたらいいのでしょうか。人間が中心になって文明を営んでいる。この世代のことを七日目と言っています。このことが今の世界の人間に全然分かっていないのです。

この世は神が安息しているのです。人間の歴史が始まってから、イエス・キリストの王国が実現するまでの間を、七日目というのです。

七日目というのは妙な時代であって、大艱難時代がくる前に、一度夕暮になるのです。

人間の歴史が始まってから、もう六千年たちました。イスラエルが回復すると、イスラエルが中心になって七千年目が始まるのです。

千年は一日の如しというのが、神の歴史換算の原理です。また、一日は千年の如しとも言えるのです。人間歴史が始まってから千年王国の終りまでの全体が七日目です。

聖書に次のようにあります。

「神が造ったすべての物を見られたところ、それは、はなはだ良かった。夕となり、また朝となった。第六日です。

こうして、天と地とその万象が完成した。神は第七日目にその作業を終って第七日に休まれた。神はその第七日を祝福して、これを聖別された。神がこの日に、そのすべての創造のわざを終って休まれたからである（創世記1・31〜2・3）。

神がこの日にそのすべての創造の業を終って休まれた。つまり、人間の歴史が始まった時には、神は休んでいたのです。神が休んでいたから人間の歴史が始まりだしたのです。

もし神が休んでいなかったら、アダムが陥罪するはずがないのです。鼻から命の息を吹き入れて、やれやれと言ってエデンの園に住まわせたのです。この時、神はまだ働いていたのです。そうして、まだ安心できないと考えて、創世記二章の記事になっているのです。そうして、アダムに園の中央にある善意を知る木の実を食べたらいけないと言ったのです。

この時、神はまだ表面に現われていたのです。まだ休んでいなかったのです。人一人なるは良からずと言って、アダムのあばら骨の一本を抜き取って、女を造ったのです。その時はまだ、創造の業が続いていたのです。

アダムとエバは二人共裸であったが、恥ざりきという状態でした。これ以上、神は手を出したらいけないのです。これ以上手を出すと、現象世界を造った目的がなくなるからです。

現象世界は相撲でいう土俵であって、悪魔と人間のどちらが勝つかを、神が見ているのです。勝った方が来たらんとする新しい世界を治める王者になるのです。

現象世界という土俵ができたのです。土俵の登場人物が全部揃ったのです。そこで、創世記第二章が終った時に、神が安息したのです。創世記第三章の段階では、もう神は安息しているのです。

そこで、神の安息とはどういうことなのか。人間は安息の時にどのように生きればいいかということです。

安息日における人間の地位はすばらしいものがあるのです。人間のハート、精神構造は、実に驚くべき力を持っているのです。これを証明したのがイエスです。人の子は安息日の主であると言っています。もし安息日の主であるという自覚が持てたら、自分の大きさにびっくりするでしょう。

人間歴史が始まってから千年王国の終りまで、全部安息日です。ところが、ユダヤ人がこれに気づいていない。ユダヤ人がこれに気づいて、安息日の主役である責任を自覚すると、千年王国が実現するのです。

千年王国が実現したら、あらゆる病気、あらゆる犯罪はなくなります。病院も刑務所も消滅するでしょう。人間の生活それ自体が、神の安息に即応する生活になるのです。

人間は世界の平和を求めていますが、本当の世界の平和が実現するのは、病気の驚異、犯罪の驚異、災害の驚異が一切なくなった時です。人間が心から自由という言葉、幸福という言葉を味わうことができるのが千年王国です。

神が人間に地球上で暮らすことを許した年数が、七千年です。神はできたらこれを五千年にしようと思ったのです。その時にキリストが現われたのです。

五というのは恵みの数であって、地球が完成されてもよかったのです。そうなるべき可能性は十分にあったのです。ところがユダヤ人の不信仰によって妨害されたので、やむを得ずに二千年延長された。現在は延長戦を行っているのです。

現在はユダヤ人の不信仰によって、全く意味がなく歴史がだらだらと続いている。私たちはこの歴史にどうしても終止符を打たなければならないのです。

人間が地球上で生活できるのは七千年間というのが予め定められているのです。これは太陽系宇宙の自転公転の速度、遊星宇宙と銀河系宇宙の位置を神は計算していて、このように考えている訳です。

七千年以上、人間は地球上に住んでいてはいけないのです。後ごくわずかですが、イスラエルの不信仰によってこの期間は伸ばされることになるかもしれません。イスラエルが悔い改めなければ、千年王国が来ないからです。

イスラエルが悔い改めさえすれば、世界の歴史は一度に変ってしまうでしょう。神の約束が人間歴史の表面に現われるからです。これが千年王国です。

アダムの罪によって土が呪われた。地球が呪われたのです。ところがキリストの贖いによって地球が救われた。この事実が現われるのです。アダムの罪によって土が呪われて、キリストの贖いによって土が救われるのです。

土が救われるようになりますと、現在地球にある砂漠、ツンドラは全部解消します。気候、天候の状態が一変してしまうのです。

現在成層圏には核実験による死の灰、放射性物質がびっしり蓄積しています。人間の罪の固まりが放射性物質という形で、地球全体を囲んでいるのです。人間の罪が地球全体を囲んでいるのです。これがどうして処分されるのかということです。

太平洋も大西洋もインド洋も、七つの海に放射性物質が降り注いでいます。全部汚れているのです。この海がどのようにして癒されるかです。成層圏にある放射性物質が癒される。聖書には、これが驚くべき方法で癒えることをはっきり書いています。その結果、地球がどのようになるかが説明できるのです。

その結果、砂漠がなくなるのです。砂漠がなくなれば、アラビア半島だけでも五億人は住めるでしょう。地球は二〇一七年現在で、七十四億人ぐらいですが、それでも食糧不足の国があるのです。十億人くらいが飢え死に寸前の状態だと言われています。

神は、「生めよ、ふえよ、地に満ちよ」と言っていますが（創世記1・28）、一体どのくらいの人口になるのか。恐らく世界の人口は三百億人くらいになるでしょう。寿命も現在の十倍位になるでしょう。百歳で死んだら若死にと言われるし、八百歳、九百歳が当り前になるでしょう。千年王国が始まってから生まれて、千年王国が終るまで生きている人がいるかもしれないのです。

人間には幸福があるはずだと考えている人間の願いの何十倍かの幸福が実現するのです。人間の願いがあまりに小さすぎて、恥ずかしいと思うでしょう。

神がキリスト王国を本当に地球上に現わしますと、人間は何と幸福を知らなさすぎたと思うでしょう。呆れるほどの幸福が地球上に押し寄せてくるのです。

米でも麦でも、年に七回も八回も、取りたいだけ取れるのです。聖書に「種を蒔く人のあとから収穫する人がついてくる」とあるのです。

とにかく、空気の条件、気候の条件、水の条件、土の条件、太陽の条件が変ってしまいます。現在の太陽の条件、気候の条件、土の条件は、人間の罪によって汚染されているのです。

人間の罪によって地球が呪われているのです（創世記3・17）。呪われた現在の地球でも、季節ごとに色々な花が咲き、おいしい果物が実り、海の幸、山の幸によって私たちを喜ばせてくれているのです。

千年王国の神の栄光はこんなものではありません。南極大陸の氷が溶けて、そこにすばらしい都ができるでしょう。

とにかく、気候も天候もすべて変ってしまいます。猛獣も毒蛇も人間に危害を与えないのです。人間が万物の長であることがはっきり確立されるからです。そうして、人間の願いの何十倍か、何百倍かの幸せが地球上に訪れるのです。

神の栄光が全地に満ちるのですから、犯罪行為は一切なくなります。罪悪的な思想が消えてしまうのです。

私たちは千年王国実現のために、イスラエルの回復を祈っているのです。イスラエルさえ現在が神の安息日であることに気がつけば、世界全体が根本からひっくりかえるのです。私たちはそういう事実を来らせるために学んでいるのです。

聖書に次のようにあります。

「それだから、神の安息に入るべき約束が、まだ存続しているのにかかわらず、万一にも、入り損なう者が、あなたがたの中から出ることがないように、注意しようではないか。

というのは、彼らと同じく、私たちにも福音が伝えられているのである。しかし、その聞いた御言は、彼らには無益であった。それが、聞いた者たちに、信仰によって結びつけられなかったからである。

ところが、私たち信じている者は、安息に入ることができる。それは、

『私が怒って、彼らを私の安息に入らせることはしないと誓ったように』

と言われているとおりである。しかも、みわざは世の初めに、でき上がっていた。すなわち、聖書のある箇所で、七日目のことについて、『神は、七日目にすべてのわざをやめて休まれた』と言われており、またここで、『彼らを私の安息に、入らせることはしない』と言われている。

そこで、その安息に入る機会が、人々になお残されているのであり、しかも、初めに福音を伝えられた人々は、不従順のゆえに、入ることをしなかったのである。

神はあらためて、ある日を『きょう』として定め、長く時が経ってから、先に引用したとおり、

『きょう、御声を聞いたなら、
あなたがたの心を、かたくなにしてはいけない』

とダビデをとおして言われたのである。

もしヨシュアが彼らを休ませていたとすれば、神はあとになって、他の日のことについて語られたはずはない。こういうわけで、安息日の休みが、神の民のためにまだ残されているので

ある。

なぜなら、神の安息に入った者は、神がみわざをやめて生まれたように、自分もわざを休んだからである。従って、私たちはこの安息に入るように努力しようではないか。そうでないと、同じような不従順の悪例にならって、落ちて行く者が出るかもしれない」（ヘブル人への手紙4・1〜11）。


安息日の休みが神の民のためにまだ残されている、従って、安息に入ったもの、安息日の休みに入ったものだけが、本当の民であるということになるのです。

アダムが陥罪を犯してから今日までの間が、安息日です。安息は神が休んでいる日です。神が休んでいるから、神なんかあるもんかと言い、ロシアが日本の領土である北方四島を占領して平気でいられるのです。

現在の世界情勢と神の安息とどういう関係があるのか、政治、経済、社会の動きと、安息とがどういう関係にあるのか、こういうことが現在の世界のリーダーに全然分かっていないのです。

人間文明が始まってから七千年間は、神の安息日です。神が創造の業を終って、七日目を祝福した。創造の業が終った時に七日目の夜が明けたのです。七日目の夜は明けたが、まだ七日目の夕べは来ていないのです。

人間がこの地球上に住むことを許されているのは、創造の第七日目の一日だけです。神の計算でいきますと、一日は千年の如しです。しかも、この千年が神の完全数の千年ですから、七千年になるのです。神の完全数の年の七倍になるのです。

安息というのは神の完全を意味するのですから、この一日は神の完全数の一日になるのです。そうすると、一日が七日間になるのです。一日が七日間で計算すると、ちょうど七千年になるのです。

この後に地球が終ってしまいます。地球が消えるのです。人間歴史が消えるだけでなくて、地球が大混乱を起こして、消滅してしまいます。

聖書に次のようにあります。

「しかし、主の日は盗人のように襲って来る。その日には、天は大音響をたてて消え去り、天体は焼けて崩れ、地とその上に造り出されたものは、みな焼きつくされるであろう」（ペニーロの第二の手紙3・10）。

「原質がことごとく焼けとける」とあるのです。地球を構成している物理的原理が原質です。これがことごとく焼けてしまうのです。

以前に洪水で人間が滅ぼされたのですが、今度は地球が火で呑み尽くされるのです。これは多分、太陽が大爆発を起こして、太陽系宇宙の大崩壊を意味すると思われるのです。

神は七千年の間、人間を自由勝手に生かしているのです。神なんかあるもんかと言いたければ、勝手に言わしているのです。神は知らん顔をしているのです。

七千年の一番中心になるべき主、七千年全体を統括すべき人格はどういう人格かと言いますと、これが人の子です。

人の子は安息日の主です。もし人の子であるキリストを信じるなら、皆様自身も安息日の主になるべきです。安息日の主であるべき性格と神に対する責任を持っているはずです。

従って、現世における利害得失とか善悪に一喜一憂しているようでは問題になりません。あまりにもスケールが小さいのです。

私、私と二言目にはすぐ私と言い出しますが、私という悪い癖をやめたらいいのです。私ということを一切言わなかったらいいだけのことです。

人間は、地球上に人間が住んでいるという全体のことがらの主です。イエスが主であるように、イエスを信じる皆様も、イエス・キリストと共に千年の間王となるのです。そして、世界を治めることになるのです。これをよく自覚して頂きたいのです。

安息日ということで注意しなければならないことがあります。ヘブル人への手紙四章三節には、「彼らを私の安息に入らせることをしない」と言っています。また、五節にも、「彼らを私の安息に入らせることをしない」と言っています。私の安息という言葉があるのです。

私の安息とはどういうことかと言いますと、四節にあるのです。神は、七日目にすべての業をやめて休まれたとあります。これが私の安息と言われているものなのです。

七日目というのは、現在私たちが生きているこの世界が七日目の世界であって、今私たちは神の安息を見ているのです。神の安息を経験しているのです。これが分からない人は安息に入ることが許されていない人です。その人は地獄へ行くことになるのです。

アダムが陥罪する前に、神が安息したとはどういう訳なのか。神は人間にいうべきことを言い、すべきことをした。善悪を知る木の実を絶対に食べてはいけないと教えておいた。多分すばらしい美人であったと思えるエバを与えて、神は安息したのです。その途端にアダムは陥罪したのです。

もし神が安息していなかったらこの事件は起きなかったでしょう。善悪の木の実を食べようとした時に神が休まずに横でじっと見ていたら、食べられなかったのです。

神が安息して、何処に行ったか分からないから、食べたのです。それ以後、ずっと今日まで、旧約時代、新約時代を貫いて、神の安息は続いているのです。

その間に、神の安息の本当の意味を知った人は、イエスの時代には少数の人々だけでした。その他にたった一人神の安息を知っていたと思える人は、フランシスです。この人の考え方はキリスト教徒ではなかったのです。乞食になって、この世を捨てていたのです。オーガスチンはだめです。理屈ばかり言っていたのですから。とにかく、私たちは安息しなければいけないのです。

アダム以来、六千年の人間の時代が終りになります。正確には、終りかけるといった方がいいでしょう。日が暮れかかるのです。

ところが、ゼカリヤ書に妙な事が書いてあります。「昼でもない。夜でもない。夕暮れの頃に明るくなる」とあるのです。(14・7)。

異邦人にキリストの福音が伝えられる時が、夕暮れです。一度日が暮れかかるのですが、その時に、日出ずる所から、生ける神の印を持つ天使が現われる。そうして、地の四隅に立っていて、地にも海にも、木にも風を吹かせないようにしている御使いに向って、「待った」と大声で叫ぶのです(ヨハネの黙示録7・1〜4)。

これが私たちの役目です。異邦人の中から救われるべき人々が全部出たら、教会時代の終りになるのです。

風を引きとめるとは、御霊の働きをストップすることです。それをする天使が出てくるのです。そこで私たちが立ち上がるのです。風を引きとめる天使に向って大声で叫ぶのです。「ちょっと待て、風を止めてはいけない。私たちの神の僕らの額に神の御名の印を押すまでは、地と海とすべての木をそこなってはならない」と叫ぶのです。

艱難時代を早く来らせてはいけないと言うのです。風を引き止めてしまうと、艱難時代がやってくるからです。

地の四隅に立っている四人の御使いに対して、大声で叫ぶのです。全世界に向って発言するのです。父の御心を行っている者のみが歴史の回転を止めることができるのです。

六日目の夕暮れで、日を暗くしてはいけない。ちょっと待った。ユダヤ伝道を私たちがするまでは、全世界に混乱を来たらせてはいけないというのです。神に代って大喝一声するのです。

神は全世界と万物を人の手に委ねようとしているのです。だから、霊を渡さなければならないのです。こうなったら幼児が勝つのです。無邪気で素朴な人は勝つのです。理屈を言っている者は負けるでしょう。

「しかも、みわざは世の初めに、でき上がっていた」とあります（ヘブル人への手紙4・3）。神の安息というのは、創世記の二章一節、二節、三節にはっきり書かれているのです。

皆様は夕暮れに召し集められた働き人です。ぶどう園で雇われた一番最後の働き人です。この人が一番最初に賃金をもらうのです。夕方五時近くに雇われて一番短い時間しか働かないのに、一番先に日当をもらうのです（マタイによる福音書20・1〜16）。

キリストの再臨の時に私たちが一番先に携挙されるでしょう。そういう超特別の恵みによるのですから、よく考えなければいけないのです。

創世記の二章三節に、「神はその第七日を祝福して、これを聖別された」とあります。これはどういうことか。

私たちは第七日に生きているのですから、神が第七日を祝福したという事実をこの目で見ているのです。御霊を受けている人間に神の処置が見えないはずがないのです。従って、神の祝福とは何か。神の聖別とは何かを勉強しなければいけないのです。

御業は世の初めにでき上がっていたとあります。七日目に神の安息は成就しているのです。アブラハムの約束もなく、十字架もないのに安息ができ上がっていたとはどういうことなのか。そして、「彼らを私の安息に入らせることはしない」とあります（ヘブル人への手紙4・5）。これはどういうことか。今必要なのは、神が安息に入っているのと同じ安息が必要なことです。これがイエスの軛《くびき》です（マタイによる福音書11・29、30）。

イエスの軛が安息と同じ意味なのです。この安息に入れば初めて、この世に生まれてきた意味がはっきり分かるのです。神の安息を経験するために生まれてきたのです。

昨日まで生きていた自分は、安息に入っていなかった自分です。神の安息を十分知らなかったために、昨日までの自分が生きていたような気がしたのです。しかし、今日御声を聞いたのです。どのような御声かと言うと、神の安息に入らずに、自分の心で生きていたのは自分ではなかったということです。

それは肉の自分であって、まともな自分ではなかった。霊魂としての自分は、今日御声を聞いた自分です。今日、御声を聞いて、神の安息に入らなければならないということをはっきり自覚した。これが新しい命の自分です。

古い自分はもはやいない。新しい自分が今ここにいるのです。今日御声を聞いたら心をかたくなにするなとあります。

今までの自分の個人的な感情とか、個人的な自分の気持ちは古い自分であって、御霊を受けた自分ではない。肉なる自分を脱ぎ捨てて、神の安息に入るべき霊なる自分として、今日新しく生まれたと思うのです。今生まれた嬰児のように、福音に向かって無邪気に、素朴に進んでいけば、神は必ず神の一族として完成してくださるに決まっているのです。

現在、この世に生まれてきた皆様は、古き人でも驚くべき恵みの内に置かれていたのです。天使創造の昔から今日に到るまでのあらゆる生物、あらゆる有機物、無機物の一切の遺伝子が、人の中に集約されているのです。天地万物のあらゆる要素、有形的な、また無形的な、神ご自身でさえも皆様の中に集約されて表現されているのです。

人間存在というものは、神の最終の創造であって、神は神自身にかたどって、人を造ったのです。天地万物のすべてが皆様の中に集約されているのです。おまけに神の御霊も与えられた。これはめったに与えられないものです。

私たちのグループは神の御名が崇められているのです。神の御名をグループの旗印に掲げているのです。イエス・キリストの御名が先頭に立って、私たちを導いてくださるのです。

皆様の中には天地万物の遺伝子が全部集約されていますが、その上に、約束の実体である御霊が与えられているのです。万物の指導者として、キリストと共に千年の間イスラエルを治める王となる素質を与えられているのです。

そして、千年が終ってからは、新天新地の指導者として世々限りなく王となるすばらしい運命の霊魂になるのです。神の御霊によって、その手付が与えられたのです。

御霊を崇めて下さい。皆様は神の安息に入るだけの十分の資格があるのです。ただへり下って霊を渡せばいいのです。自分の人生を神に渡してしまえば、完全に神の家族になれるに決っているのです。

皆様はこういう幸いなグループの中にいるのです。神は皆様にすべきことはすでにしておいでになるのです。神の恵みは世の初めからすでにでき上がっていたのです。皆様を神の安息に入らしめようとしておいでになるのです。

皆様はただ自我意識を捨てさえすればいいのです。自分自身の気持ちさえ捨ててしまえば、皆様は立派に、イエス・キリストの花嫁として、天のエルサレムに召されるだけの資格は十分にあるのです。

7. 彼岸に渡る

般若心経は現世から出ることをやかましく言っています。彼岸へ帰れと言っている。彼岸へ渡るのですが、彼岸は何処にあるのか。彼岸はどういうものか。彼岸の内容はどういうものかについては説明していないのです。これが般若心経の欠点です。

彼岸へ帰れ、彼岸へ渡れと盛んに言っています。般若波羅蜜多と言っていながら、彼岸の説明を全くしていないのです。

波羅蜜多というのは、彼岸へ渡る知恵を意味するのです。彼岸へ渡るための上智と言っていながら、彼岸についての説明を一度もしていないのです。これが般若心経の欠点です。

仏典は彼岸へ帰れと言っていながら、彼岸の実体の説明ができません。これが仏教思想の間違いです。

釈尊は仏教を説いたのではありません。釈尊は仏法を悟ったのです。一見明星、明けの明星を見たことによって、大変なことを悟ったのです。

明けの明星を見たことによって、彼岸の真髄を見たのです。

彼岸を見たのですけれど、それを人々に説明しても分からない。そこで生活の心得のようなことを説いたようです。これがいわゆる仏教になったのです。

仏法と仏教とは全然違うのです。このことが日本の仏教家に全く分かっていないのです。一見明星が何であるのか。釈尊は何を見たのか。この説明ができる仏教家が日本に一人もいないのです。

実は明けの明星は聖書を調べなければ分からないのです。皆様のような素人でも、聖書を綿密に調べれば分かるのです。ところが、仏教家は聖書を全然調べていませんから、釈尊が明けの明星を見たということはどういうことなのか、説明できないのです。仏教大学の教授にもいないのです。日本の仏教大学の教授に、釈尊の本当の悟りが分かっていないのです。

般若心経を読んでご利益を期待する方が間違っています。ご利益を期待することが彼岸へ行っていないことを意味しているのです。

新約聖書の神の国を勉強しなければ、彼岸は絶対に分からないのです。

「人は誰でも新しく生まれなければ神の国を見ることができない」とイエスが言っています(ヨハネによる福音書3・3)。「水と霊とによって新しく生まれて神の国に入りなさい」とイエスが言っているのです。これが新約聖書の般若波羅蜜多です。

「神の国へ入りなさい」。これが新約聖書の目的です。新約聖書は神の国について書いているのです。

「時は満ちた、神の国は近づいた。悔い改めて福音を信ぜよ」(マルコによる福音書1・15)。神の国が近づいたから、悔い改めて福音を信ぜよと言っているのです。これが彼岸です。

新約聖書の神の国と、般若心経の彼岸は同じものなのです。そうしますと、釈尊は何を見たのか。釈尊が明けの明星を見たのは、イエス・キリストが説いた神の国を見ているのです。こういう関係になっているのです。

西洋文明の真髄と、東洋文明の真髄とは、一つのものなのです。これが世界的に初めて言われたのです。

私たちが言うのは仏教でもないし、キリスト教でもない。イエス・キリストの本当の意中は、釈尊の悟りと同じものなのです。釈尊の本当の悟り、仏性の本当の悟りはイエス・キリストを見ることなのです。

妙心寺の管長の山田無文さんが「悟ったらどうなるのか」と聞かれた時、「悟っただけではだめだ。イエス様のようにならなければいけない」と、盛んに言っていました。ところが、無文さんは本当のイエスを知らずに死んでしまったのです。

山田無文さんの言葉は本当ですが、無文さんは本当のイエスを知らなかったのです。イエス・キリストの復活を知らなかったのです。だから、無文さんは死んでしまったのです。

世間の宗教はいんちきばっかりです。無文さんのいんちきはよほど上等です。そこらの仏教大学の先生と比べれば、無文さんは正直です。

本当の真実は一つしかないのです。般若心経は彼岸と言っていますけれど、彼岸の実体を教えていないのです。

新約聖書は神の国という言い方で、彼岸の実体をはっきり教えているのです。そこで、宗教ではない般若心経を言うとしたら、聖書を勉強しなければならないのです。

般若心経全体で二百七十六文字ですが、その中に無と空を合わせて三十二字あるのです。般若心経は空と無を言いたいのです。

般若心経は空を言いたいのです。空が彼岸のことなのです。ところが、皆様が肉体的に生きていると思っていることが、空です。これが間違っているのです。

色即是空ということは、物質はないと言っているのです。物があるという感覚が色です。色即是空というのは物があるというその気持ちが、空だと言っている。

空即是色というのは、空が色になって現われているのだと言っているのです。物はない。ないということがらが、あるということがらになって現われているのです。

これはなかなか難しいことでして、皆様は物質があると思っているのです。現在の文明は物質があると思い込んでいるのです。物質があると思っているから、自然科学が幅をきかせているのです。

自然科学のおかげで現在の文明ができているようなものです。ところが、これが全部嘘です。物質があると思うから自然科学ができているのです。ところが、般若心経では色即是空と言っているのです。物質は空であると言っているのです。物がないというのがあるという格好で現われているというのです。

花が咲いていますが、これが空です。花というのは地球のエネルギーが花になって現われているのです。地球のエネルギーとは何でしょうか。これは自然の力です。これは地球ができるまでの天然の力が地球の中に入っているのです。これが花になって現われているのです。

これは花だけではありません。肉体のエネルギーも同様です。ミカンはミカンの味がします。これは地球ができる前にあった世界の味です。

地球ができる前に世界があったのです。地球の前の状態があった。地球のファウンデーションが地球になって現われているのです。

皆様が見ている花は地球のファウンデーションを見ているのです。地球の花ではないのです。地球のファウンデーションが花になって現われているのです。また、色、味、香りになっているのです。

色、味、香りは、地球ができる前の地球のファウンデーションが現われているのです。現在の地球ができる前に、地球の前準備があったのです。これが現在の地球の根源になっているのです。これが皆様に色、味、香りになって感じられるのです。

皆様の五官は地球ができる前の地球のファウンデーションを経験しているのです。だから、今の地球を見ているのではなくて、地球ができる前を見ているのです。これを般若心経は言っているのです。これと同じことを聖書も言っているのです。

聖書に次のようにあります。

「私は口を開いて譬を語り、世の初めから隠されていることを語り出そう」（マタイによる福音書13・35）。

現在の地球が造られる前に、地球の前準備があったのです。それが今の地球に現われているのです。だから、物質があるのではない。前準備があるのだと言っているのです。花が咲いているのではない。地球の前準備が花になって現われているのだと言っているのです。

これが聖書の本当の原理であって、こんなことは今のキリスト教では分かるはずがないのです。現在の人間文明は完全に行き詰まっています。その証拠に、私たちが現われて文明の間違いを証明しているのです。

西洋文明が間違っている。東洋文明が間違っているということを、神が私たちを通して言わせているのです。

学問が全部間違っているのです。科学も間違っているのです。哲学も間違っているのです。今の学問は物質があると思い込んでいるのですが、物質はないのです。物はないのです。般若心経は物質がないと言っているのです。物質がないことになりますと、現在の文明は成り立ちません。現在の学問、特に理論物理学では、物質がないことに気が付き始めているようですが、今までの学問をやめるわけにはいかないのです。

科学も物質がないということに気がつき始めていますが、今さら科学を押さえつける訳にはいかないのです。

今の文明は行く所まで行って、自爆するしかないのです。やがて、文明は潰れます。世界は大混乱に陥ります。

政治的にも、経済的にも、物理的にも、思想的にも大混乱するのです。本当のことが分からないままで政治、経済をしていますから、そうなるに決まっているのです。

今の政治には目的がありません。アメリカの大統領も、ロシアの大統領、イギリスや日本の首相が、本当の目的を持って政治をしているのではありません。来年のことか三年後のことは考えていますが、将来人間の文明がどうなればいいのかということが、皆目分からないままの状態で政治をしているのです。だから、行き詰まるに決まっているのです。

世界全体はめちゃくちゃになるでしょう。大崩壊するのです。そうして、新しい文明が始まるのです。

イエス・キリストが再び来るのです。イエス・キリストの再臨が実現します。イエス・キリストの復活の命が歴史の真ん中にやってくるのです。

イエス・キリストは殺されたのですが、復活したのです。これが歴史の実体になって現われます。そうして、人間の命に対する見方が全然変わってしまうのです。今までの政治、経済も完全に変ってしまいます。学問の根底がひっくりかえってしまうのです。

本当のことが知りたいのなら、宗教ではない般若心経と聖書を徹底的に勉強するしかないのです。これが嫌なら地獄しか行く所がないのです。

現在の学問も、宗教も思想も全部間違っているのです。物質がないのに、あると思い込んでいるのです。ないものをあると思っているからです。だから、文明は完全に行き詰まります。現在の文明の指導者は白人です。白人の指揮者はユダヤ人です。ユダヤ人が間違えたために、世界全体が間違えたのです。

現在の地球ができる前に、地球の前準備のようなものがあったのです。どんなことでも相当大きな仕事をしようと思ったのなら、前準備がいるに決まっているのです。地球の前準備の地球には前準備があったのです。これが創世記の第一章に出ているのです。地球の前準備の時の状態が、現在の地球のエネルギーの根源になっているのです。

現在の地球のエネルギーは、現在のエネルギーではなくて、地球ができる以前のエネルギーです。地球ができる前のエネルギーが現在の地球のエネルギーになっているのです。

地球のエネルギーが花になったり、味、命になっているのです。だから、現実の地球は地球ができるまでの前準備の状態が現在現われているのです。

皆様の五官の感覚というものは先天性であって、生まれる前に皆様の五官の本質が与えられていたのです。これが植えられた言葉です（ヤコブの手紙1・21）。

神の言葉が命の本質である五官として、生まれる前に準備されていたのです。これが現在肉体的に現われているのです。

皆様が現在生きているのは、生まれる前の命が肉体的に生きているのです。地球も生まれる前の地球が今あるのです。

　昨日の前準備があって、今日あるのです。昨日のエネルギーが今日になって現われているのです。今日のエネルギーが今日現われているのではないのです。昨日のエネルギーが今日になって現われているのです。

　今日という日は空です。昨日が実です。昨日という準備構造があったために、今日という現実が現われているのです。これが地球と人間との関係です。

　皆様が花を見てきれいだと思うのは、地球ができるまでの力を見ているのです。地球ができる前の力を見ているのです。地球ができる前のエネルギーを見ているのです。

　現在のエネルギーではない。地球ができる前のエネルギーを見ているのです。地球ができる前のエネルギーが今のエネルギーになって現われているのです。

　今の人間は、目の前に物があると思い込んでいるのです。学校教育によって、馬鹿にされてしまったのです。その頭で考えてもだめです。考え方を根本的に入れ替えてしまわなかったらだめです。これを五蘊皆空というのです。

　今までの物の見方、考え方を全部捨ててしまうのです。特に男はこれをしなければいけないのです。

　女の人は素直ですからまだいいのです。男よりもずっと素直ですからいいのですが、男が悪いのです。いばっているだけ悪いのです。

現在の社会の中心をなしているのは男です。男が悪いものを造っているのです。男性中心の文明は男が腐っていることを証明しているのです。

今までの自分の考えをはっきり捨ててしまえる人を究極涅槃と言っているのです。涅槃というのは、自分の考えを全部捨ててしまうことです。何もかも全部捨ててしまって、からっぽになるのです。これが涅槃です。

これが実行できない人は死んでしまうのです。死んでからひどい目にあうのです。

仏教には禅宗とか、真宗とか、浄土宗とか色々ありますが、これは仏教であって、仏法ではないのです。釈尊の本当の悟りというのは、仏法です。親鸞は釈尊の悟りの中の他力本願的な部分を勉強してこれだと考えた。日蓮は法華経を重視した。親鸞は三部経を重視したのです。

仏典には一万七千六百巻の経文がありますが、釈尊は明けの明星を見たことについて、説明しようと思ったけれども、本当のことを言っても人々には分からないのです。

釈尊は来るべき新しい世界を見たのです。明けの明星は太陽が出る前の星です。太陽が出る前の星を見たことによって、やがて本当の世界が来ることを直感したのです。

これを人々に言っても分からない。そこで、分かるような話をしたのです。これが仏教になって残っているのです。仏教というのは釈尊が言いたかったこととは違うのです。

釈尊は本当の世界のことを話そうとしたが分からないので譬話をしたのです。法華経二十八巻は譬話です。第一巻、第二巻には、たくさんの仏さんが集って会議をしていると書いています。これを取り上げないで、後の方の譬話ばかりを日蓮宗は取り上げているのです。

仏法は釈尊の本当の悟り、新しい国、新しい命がやってくると言っていますが、これを説いても人々には分かりませんから、分かるように譬を説いたのです。これが仏教になっているのです。

仏教と仏法は全然違います。日本に仏教はありますけれど、仏法は一つもありません。日本は仏教国であって、仏法国ではありません。これをよく考えて頂きたいのです。

五蘊皆空をよく考えて頂きたいのです。五蘊の土台となっているものが、色蘊です。色蘊というのは、物があるということです。目で見ているとおりの実物があると思えることです。これが皆様の霊魂を殺しているのです。これが皆様の咎の大きいものです。

人間の意識、生活意識、自我意識は色蘊が土台になっているのです。物があると思うことがすべての間違いの原因になっているのです。人間は物があるということに基づいて、考えるとか、記憶するとか、行動する、発明する、思索したりしているのです。

色蘊が一番厄介です。実はこれがイマジネーションなのです。イマジネーションとは心象です。目で見ているると見ているような気持ちがするのです。そういう気持ちが一つの世界を造ってしまうのです。心象の世界を造ってしまうのです。これが皆様の迷いの第一現象です。

子供のうちから、こういう迷いの中に入れられているのです。人間は四十年も五十年もこれをしているのですから、皆様の中に色蘊がしっかりと入り込んでいるのです。色蘊に従って、記憶が意識の中に、しっかりと根付いているのです。これが皆様の魂を殺しているのです。

今の皆様は魂が全く分からないでしょう。魂は何処あるのか分からないでしょう。皆様は人間としてばかり生きているのです。人間として生きているけれど、霊魂が死んでしまっているのです。これほど五蘊は恐ろしいものなのです。

目で見ている世界は幻の世界です。人間は心象の世界で生きているのです。

人間は目で見ているとおりのものがあると考える。現代文明は心象の世界が第一に考えられているのです。唯物論というのはそれです。マルキシズムは目で見ているとおりのものが存在していると考えているのです。これが唯物史観です。

唯物史観が十三億の中国を支配しているのです。唯物史観が政治、経済を動かしているという力を持っているのです。そのように心理構造が人間の歴史、政治経済、学理学説を造っているのです。

日本で一番最初にノーベル賞をもらった湯川さんが随筆に、「自分は学校では物質は存在しないと学生に教えている。物理運動が物質になっているだけのことであって、物質、物体は存在していないということを教えている。

しかし、家に帰ると物質があるような気持ちで家族と話をしている。自分は二重人者のような気がする」と書いていました。

湯川さんは正直な人だから、そのようなことを書いたのでしょう。湯川さんが言っていることは本当なのです。理論物理で言えば物質はないのです。感覚的にはあるように見えるのです。
これはどういうことかということです。皆様は目で見ています。見ているのは地球ができる前のエネルギーを見ているのです。地球ができる前のエネルギーを見ていながら、花という物質があると思っている。

目の働きは正しいのです。目の働きは地球ができる前を見ているのです。それを受けとめている皆様の生活意識が間違っているのです。

生活意識は肉の思いです。聖書で言うと肉の思いになるのです。般若心経ではこれを色というのです。色が色蘊になっているのです。

色、色蘊は人間の迷いです。色という迷いがあるために、何もかも皆間違っているのです。そのために、皆様の霊魂が死んでいるのです。

皆様は五十年、六十年生きていて、霊魂、本当の命が全く分からないでしょう。五十年、六十年この世に生きていて、何が分かったのでしょうか。

何も分からなかったでしょう。それは色蘊のためです。最も重大な間違いは結婚ということです。結婚という重大な間違いをしているのです。男と女の関係が根本から間違っているのです。これは恐ろしい間違いです。

女はこの間違いに何となく気づいているようです。男の欲望はどうも悪いようだと思っているのです。男は性欲は当り前だと考えているのです。女は何となく間違っていると思えるのです。

男は妻は自分に従うのが当り前だと考えているのです。この考えが土台から間違っているのです。

性の問題と、食の問題は、本能です。本能を根本的に考え違いしているのです。本能の意味が分からなくなっているということは、霊魂の本体が分からなくなっているからです。だから、女の貞操観念が皆間違っているのです。

女の人は肉体を持っていると考えているのです。肉体があると思い込んでいるのです。これが色蘊です。色蘊に基づいて貞操観念を持っている。道徳と言っても、倫理と言っても、貞操と言っても、土台から間違っているのです。

色蘊の間違いを知ると知らないとでは大変な違いになるのです。この世を去ってからどうなると思われるのでしょうか。

皆様は花を見る力を持っているのです。皆様の視覚力は花を見る力を持っているのです。視覚とか聴覚は感覚です。これは生まれる前からの感覚です。これを受けとめる生活意識が間違っているのです。

感覚は直感的に正しく花を見ているのです。ところが、それを受けとめている意識が間違っているのです。感覚は正しいのですが、意識が間違っているので、意識を転換しなければならないのです。これを究竟涅槃というのです。また、五蘊皆空というのです。色即是空というのです。意識をがらっと変えてしまうのです。そうすると、死んでから後の世界が見えてくるのです。

皆様の霊魂は死なない命を見るだけの十分の力を持っているのです。現在、目や鼻は花を見てきれいだと思えるのです。花がきれいだと見えるのは、滅んでいく地球ではなくて、滅びない地球を見ているのです。

先天的なエネルギーが花になっている。これを先天的な機能である目が見ているのです。先天的なエネルギーを先天的な目の力で見ているのです。この先天的な力を魂というのです。

皆様の魂は死んでいるのですから、生き返らせる必要があるのです。それを甦らせる必要があるのです。

これは宗教ではありません。パウロ以降、二千年の間、誰も分からなかったことをお話ししているのです。

皆様の社会に対する見方、人間関係の見方、生活意識が全部間違っているのです。することなすことが全部間違っていたのです。

六十年、七十年の間違いを、どうして取り返すのでしょうか。これはイエス・キリストの十字架と復活を信じて、新に生まれるしかないのです。新しい命を経験するしか方法がないのです。

彼岸に入るというのは神の国に入ることです。神の国に入る方法は一つしかないのです。私は本当の悟り、本当の霊魂の価値を皆様にお話ししているのです。

これは五回や十回くらい聞いても分かる話ではありません。勉強会に毎回出席して、辛抱強く、根気よく勉強して頂くことが必要なのです。自分の命をかけて、自分の生涯、人生をかけて勉強する気持ちが必要です。永遠の生命を得るためには、そのくらいの犠牲は必要です。

今のままで死んだら、大変なことになります。これを良くご承知頂きたいのです。

死んでいくのは自分一人ではない。何万人、何億人の人が死んでいくから、恐くない。世間の人が皆死んでいくから、自分も死んでいくのは当り前だと思っているのです。これが間違っているのです。

皆死んでいくから死ぬのは当り前だという感覚は、現在生きている人間の妄想です。人間の生活意識はすべて妄念です。死んだら友人に会えるとか、親しかった人に会えると思うのは大間違いです。

これは現世に生きている間の人間の妄念です。現世に人間が生きているということが、カルマです。人間が現世で肉体的に生きていることがカルマです。これをこのまま鵜呑みにしてしまうと、カルマが永遠に続くことになるのです。だから、カルマから永遠に逃れられないことになるのです。

現世に、二〇一七年現在で、七十四億人の人間が世界にいます。日本には一億二千五百万人の人が住んでいます。だから、私一人くらいはと考えることは間違っているのです。

死んでしまうと、自分一人の世界になるのです。全くの孤独になるのです。死というのは完全な孤独の世界です。そこで、永遠の苦しみに会うことになるのです。

性欲は間違っています。性行為が悪いのではなくて、心構えが根本から間違っているのです。食行為が間違っているのではない。食べることについての心構えが間違っているのです。

性も食も、すべて霊魂の問題であって、とこしえの命の問題なのです。死なない命をどうして見つけるかということが、性の問題、食の問題になるのです。これを本能というのです。

性を現世の生活構造だと思っていると、全部姦淫になるのです。全部咎められるのです。皆様の霊魂はそれを知っているはずです。特に女の人は良く知っているのです。男は当り前だと思っている。それだけ男が悪いのです。

皆様は六十年、七十年の間、霊魂のことを全く考えずに生きてきました。この世の生活ばかりに追いまくられて、命の勉強をしてこなかったのです。これを深く反省して頂きたいのです。

8. 悔い改める

聖書の勉強というのは普通の勉強とは違うのです。聖書の言葉は理解できますが、その人の今までの常識の範囲内で理解できたということでありまして、その人の精神構造の根底にまで届いていないのです。

精神構造の根底には霊魂という人間の本質、本性がありますが、そこまでは届いていないのです。

聖書は神の言葉ですが、日本人には神の言葉という意味が分からないのです。キリスト教でも聖書は神の言葉であると言いますが、神の言葉という意味が間違っているのです。

人間の頭で考える人間の論理、人間の常識的な考えによる人間の俗念と、聖書にある神の言葉とは本質が違うのです。

人間は常識で生きていますが、常識は聖書で言いますと肉の思いであって、死んでいる人間の思いです。

常識という概論的意識、常識が持っているセンスが死んでいるのです。肉の思いは死であると聖書は言っています。今の人間は全部死んでいるのです。

近世文明から現代文明にかけての人間の考え方は、ある種の考え方、つまり肉の思いによって統制されているのです。これが教育制度です。十六世紀から十七世紀にかけての啓蒙主義は人間の考え方を常識的に造り直したのです。肉の思いで何でも割り切るようにしてしまうことが文明思想です。そういう感覚で人間の思想を統制してしまったのです。

現在の皆様の精神のあり方は、文明構造の方式によってほとんど完全に押さえ込まれてしまっているのです。皆様は学校教育の制度によって考えること、新聞を読んだり、雑誌を読んだり、テレビ、インターネットによって物事を理解すること、ジャーナリズムの考え方によって理解することが普通の状態になっています。だから、聖書を読むことができなくなっている。不可能になっているのです。

本当の神の言葉である聖書を読むということは、現代人には不可能なことです。私が言うことが分からないのが当り前です。分かったと思っている人はどうかしているのです。

私は皆様に分からせよう思っているのではありません。日本に神がこのような不思議な聖書の読み方、信じ方が始まっていることを、世界の人々に知らせることが目的です。

私は日本人にキリストを信じさせようとか、聖書を理解させようとは考えていません。理解できないのが普通です。日本人の中に、本当の聖書が分かる人たちが若干はいるに違いない。極めて少ないかもしれませんが、そういう人々は理解できるでしょう。

現代文明から抜け出して、文明の外に出てしまうことができるような人間、魂の思いに従って生きる人、本当の般若波羅蜜多ができる人間、彼岸に渡ることができる人が日本にいるはずです。皆様方がそれに該当できる人であれば幸いです。私は喜んで一緒に聖書の勉強をさせて頂きたいと思います。

現代文明の思想は人間の肉性を助長すること、肉性をしっかり固めてしまうことが目的です。人間の魂を悪魔的な方向に追い込んでしまうこと、本当の聖書が信じられない人間にしてしまうこと、宗教観念で人間を丸めこんでしまうことが目的です。

般若心経の般若波羅蜜多という題目が般若心経の精神を示しているのです。この世に生きることを目的にしていないのです。彼岸に渡ることが目的です。

現世に生きていて、般若波羅蜜多をいくら唱えても何もならないのです。現世に生きている人間が現世から出てしまうこと、現世を出て彼岸へ渡ってしまうこと、こちらの岸から向こうの岸へ渡ってしまうことが、般若心経の目的です。聖書も同じことを言っているのです。

イエスは、「時は満ちた、神の国は近づいた。悔い改めて福音を信ぜよ」と言っています（マルコによる福音書1・15）。英訳にはお前たちという言葉があるのですが、日本語訳の聖書はこれを訳していません。お前たちというのはユダヤ人を指しています。現代で言えばキリスト教徒を指しているのです。

キリスト教徒に悔い改めよと言っています。聖書を信じている人間、または聖書を信じたと思っている人間に、悔い改めて福音を信ぜよと言っているのです。

今まで聖書を信じていたというその態度が間違っているのです。だから、悔い改めて福音を信じよと言っているのです。何故かというと、時は満ちた、神の国が近づいたからです。

時は満ちたとありますが、何の時が満ちたのかということです。これは太陽系宇宙の構造を言っているのです。太陽系宇宙の構造が変質すべき時が来たと言っているのです。太陽系宇宙が物理的にも心理的にも、その存在自体が変質してしまう時が来たと言っているのです。

現在の人間には太陽系宇宙が変質するということは何のことか全く分からないでしょう。地球が変質するということも分からないでしょう。皆様の頭はそれほど常識に固まってしまっているのです。地球はこういうものだ。太陽と地球の関係はこういうものだというように考えこんでしまっている。皆様の頭は強く固まってしまっている。それほど間違っているのです。

太陽系宇宙が実在している状態を、変革すべき時が来たのです。イエスは神の国が近づいたと妙なことを言っているのです。

これは創世記の第一章の基本的なことが分かりますと、時が満ちているということが分かってくるのです。創世記の第一章は、第二章、第三章と全く異なる成立過程になっているのです。第二章以下が編算された時には、第一章はなかったのです。創世記の一章は後から書かれたのです。

創世記の一章は普通の人間が読んでも分かるものではありません。創世記が分からないように、時が満ちたという言葉も分からないのです。

時は満ちた、神の国は近づいた。「汝ら悔い改めて福音を信ぜよ」ということが正確に、また正当に理解されて初めて、聖書を信じるという言葉が使えるのです。

キリスト教ではこれができていません。だから、現代文明の感覚で教会経営ができるように曲げてしまったのです。これがカルビン・ルターによる宗教改革です。宗教改革というのは、人間の文明に合うように教義を造ったということです。

カトリックという宗教が間違っていた。プロテスタントになってさらに間違ったのです。神の国と現代文明とどういう関係にあるのか。神の国の実質とはどういうものか。神の国になれば人間はどのようになるのか。地球はどのように変革されるのかが、キリスト教に全然分かっていないのです。

皆様は今のままで生きていれば、死ぬに決まっているということを、真剣に考えて頂きたいのです。人間文明は潰れるに決まっているのです。めちゃくちゃになるでしょう。

人間の文明に目的がありません。政治も経済も目的がないのです。教育も宗教も一切間違っているのです。聖書を正しく信じる者だけが救われるのです。救われると言いましても、今のキリスト教が考えているものとは全然違います。精神的にも肉体的にも、現在の人間の外に出てしまうのです。

皆様は人間社会で生きていながら、聖書を勉強しているのです。聖書を本当に正しく読んでいくと分かるのですが、イエスは「私は天から来たけれども、おまえたちは地から来た」と言っています。

天から来た人間と地から出た人間がいる。天と地の違いがあるのです。地から出た人間が天から来たイエスを信じることができるはずがないのです。それを、キリスト教はイエス・キリストを信じなさいとしきりに言うのです。そんなことはできるはずがないのです。

そこで、悔い改めて福音を信じよと言っているのです。それでは悔い改めるとはどうすることか。簡単に言いますと、人間の考えの外へ出てしまうことです。イエスは「人間の外へ出て、私の言うことを信じなさい」と言っているのです。

私は人間社会では生きていますけれど、私の精神状態は人間社会の外へ出てしまっているのです。

イエスは天から下ってきてなお天にいたとありますが（ヨハネによる福音書3・13）、皆様が本当にイエスを信じることができますと、精神的に人間社会から出てしまうことができるのです。人間社会の外に立って聖書を読むことはできるのです。

人間社会の外に立つことが神の国に入ることです。神の国に入って人間社会の利害得失に関係なく生きるのです。自分の命にさえも関係ない生き方ができるのです。日本社会に生きているという感覚を持たなくてもいいのです。そうすると、福音を信じよということが実行できるのです。

悔い改めるということは、生活意識を全く変えてしまうということです。これは一朝一夕にはできませんが、まず般若心経の五蘊皆空から始めなければできません。般若心経の五蘊皆空、色即是空を、忠実に実行していただくのです。

皆様は死ぬに決まっている人間としてこの世に生まれたのです。その自分を見切ってしまうのです。イエスが主であるということに切り替えるのです。自分自身の命の本質を変えてしまうのです。

そのためには、まず自分自身の精神構造を変えなければならないのですが、精神構造を変えるといっても、早速しましょうという訳にはいかないでしょう。まず本当にそのような気持ちになれるかどうかを考えて頂きたいのです。

人間には主観的存在と客観的存在がありまして、主観的存在は死ぬべき肉なる人です。客観的存在は死なない霊の人です。主観的存在の人間を捨てて、客観的存在の人を掴まえて頂いたらいいのです。

キリスト教の神学は、聖書の教条を述べています。教条はいくら勉強しても信仰にはなりません。この点から言いますと、内村鑑三氏は根本的に間違っているのです。

彼は聖書の教条を説明しました。これは料理の本みたいなものです。料理の本をいくら読んでも、味も栄養もありません。料理の本は嘘ではありませんが、本当の料理ではありません。キリスト教の教条は料理の本みたいなものです。

私がお話ししているのは料理そのものです。本当の信仰と宗教の教条とはそれだけ違うのです。

9. 死ぬ命からの脱出

女性は話を聞いて直感的に受け取ることが上手ですが、整理することは下手です。女は生活目的を持っていません。生活目的を持っていないことが服装に現われています。女性の服装は目的論的な服装ではないのです。ファッションはありますが、目的論ではありません。

男性は社会目的が服装の原形になっているのです。男性は現世で社会を造っていかなければならないという責任感を持っているのです。これが悪いのです。

現世を基準にして考えますと、男性は現世に拠り所を持っているのですが、女性は拠り所を持っていません。現世に拠り所を持っていない女性は、来世に拠り所を持たねばならないという求道心を持ちやすいのです。男性は現世的な意味での中心構造を心得ていますから、来世的な求道心を持ちにくいのです。

人間は死ぬに決まっています。しかし、死ぬに決まっているという自分から抜け出すのです。これが人間に与えられた絶対的な命題です。

死ぬに決まっている人間から抜け出すことが、聖書を勉強する基本的な原理です。

人間から抜け出すとどうなるのか。魂になるのです。魂になって神に帰る。これが魂の目的です。

創世記の二章七節に、「主なる神は土のちりで人を造り、命の息をその鼻に吹き入れられた。

そこで人は生きた者となった」とあります。これが人間存在の根源です。生けるものとは生きている魂、リビングソール（living soul）です。土のちりとは、ザ・ダスト・オブ・ザ・グラウンド（the dust of the ground）です。地のちりである人間に形を与えたのです。

地のちりとは何か。現在の地球が造られたこと、太陽系宇宙が成立することになった根源に、地のちりが非常に大きい役割を演じているのです。

空に大空が張られています。大空の内容が地のちりです。人間の角度から言えば、地のちりですが、宇宙構造から言えば、大空になるのです。大空である人間に形を与えたと読んでもいいのです。

大空は太陽系宇宙でどういう役割を演じているかを考えるとよく分かるのですが、地球を取り巻いている大空が人間の原形です。それに形が与えられた。これが人間です。そうして、命の息を鼻から吹き込まれた。これが人間の生理現象です。人間の生理現象は神の命の息そのものです。この中に人間の人格が入っているのです。

生理現象は物理的なパワーであり、人格現象は霊的なマイトです。パワーとマイトが組み合わされているのです。これが人間の原形です。これが太陽系宇宙の需要な要素になっているのです。

命の息を吹き込まれたことによって魂になった。命とは神ご自身の命です。神ご自身の命を吹き込まれたとは、神ご自身を吹き込まれたのです。だから死なないのです。神ご自身が人間に吹き込まれているからです。

だから、人間は死ねないのです。人間に自由はないのです。人間自身に自由があるというのは、大きな間違いです。それはユダヤ人の自由主義の考えであって、人間に自由はありません。だから、神の言いなりにならなければならないのです。

現在生きている皆様の命は神の息が吹き込まれた結果の生命現象であって、皆様の命ではありません。自分の命はありません。自分が生まれたいと思って生まれたのではありません。従って自分の命はないに決まっているのです。

人間の霊魂は神の命の続き柄です。死にたいと思っても死なないのです。そこで、生きている間に、神の御心をどうしても知らなければならないという絶対的な義務があるのです。知ったものは救われますが、知らなかった者は滅ぼされるのです。

救われるにしても、滅ぼされるにしても、死ぬこととは関係がありません。人間は死なないのです。だから現世を去ってしまいますと、現世ではない別の命の状態において、永遠が待っているのです。

キリスト教ではこういうことを教えてくれません。キリスト教の牧師さんがこういうことを全然知らないのです。キリスト教の教義ばかりを勉強しているからです。牧師さんは聖書の読み方を知りません。だから、聖書を教える資格のある人間は、キリスト教には一人もいないのです。全くひどいことになっているのです。

人間は死にます。数十年間この世に生きていて、現世を去ると、ひとりぼっちになるのです。人間はこの世に生きている間は大将になっていますから、魂は押さえつけられているのです。奴隷状態になって、ひきずり回されているのです。

魂は自分を主張することができない状態です。肉の人間が大将になっているのです。気の毒なことに、皆様の霊魂は引きずり回されているのです。霊魂の発言権はほとんどありません。皆様の霊魂は人間の発言で踏みにじられているのです。その状態で死んでいくのです。後に残るのは霊魂だけです。皆様はその時どうするのでしょうか。これをよく考えて頂きたいのです。

10．業を果たす

聖書を勉強していて、聖書どおりの信仰が持てる人はめったにいないのです。なぜでしょうか。

聞いた話を人に伝達することはできても、聞いた話を自分自身が受けとめることが難しいのです。どうしてそういうことになるのかと言いますと、聖書についての考え方が間違っているからです。

聖書は勉強すべきものではなくて、聖書の中へ入ってしまわなければいけないものです。聖書の中へ入ってしまわなければいけないと何回も言いますが、それがなかなか実現できないのです。

御霊を受けたということは、聖書の中へ入る断片的な経験をしたということです。これが御霊を受けたということになるのです。

誰でも御霊を受けた人は、アダムの末である自分はいないということを、色々な角度から悟らされたに決まっているのです。そのように悟らされなければ、絶対に御霊を与えられないのです。

今生きている人間は自分が考えていたようなものではない。別のものだということが、聖書に書かれているのです。御霊を受けたという人は、聖書の言葉に関連して御霊を受けたに決まっているのです。聖書の言葉が自分自身の実体であることが分かったのです。分かったから御霊を受けたのです。

御霊を受けたということは、聖書の言葉を受けたということです。その時に、言が肉となったということを経験したはずです。

聖書は私について証しているとイエスが言っていますが、御霊を受けた人は聖書が自分自身であるということを示されたのです。こういうことがどんどん言える状態に成育していくはずなのです。

御霊を受けて、二年、三年、五年、長い人で十年も経っている人がいますが、そういう人がいっこうに聖書どおりに成長していないというのは、何処に原因があるのかと言いますと、聖書の中に入っていないからです。

聖書の中に入っていくということは、聖書全体がそのまま自分自身の生き写しであるという意味になるのです。

イエスは旧約聖書に対して、旧約聖書は自分のことが書いてあるというように受けとめていたのです。そのような受けとめ方ができなくても、もっと広い意味で聖書は自分のことが書いてあるというように受けとめられたらいいのです。これが最低限度の聖書の証し人になるのです。

聖書を思想的に理解する、または論理的に理解するというだけではなくて、生活的に実感することが必要です。そうしないと、必ず行き詰まりがあるのです。

リーダーである人は、ただ聞いたことを伝達するだけでなくて、指導されているメッセージを生活で具体化することが必要です。これがリーダーの第一条件です。

十字架のことを聞いても、自分自身の生活にそれが浸透しない。十字架の内容が十分に分かっていないということがありましたら、どんどん神に聞いたらいいのです。神に質問したらいいのです。

御霊を受けている人は、もっともっと御霊を崇めて、御霊に聞いたらいいのです。聞けば必ず答えてもらえるのです。

神は生きています。リビングということが神ですから、人に教えてもらわなければ分からないという情けないことを言う必要はないのです。

ヨハネは次のように言っています。

「助け主、すなわち、父が私の名によって遣わされる聖霊は、あなたがたにすべてのことを教え、また私が話しておいたことを、ことごとく思い起させるであろう」（ヨハネによる福音書14・16）。

「けれども真理の御霊が来る時には、あなたがたをあらゆる真理に導いてくれるであろう。それは自分から語るのではなく、その聞くところを語り、来たるべきことをあなたがたに知らせるであろう」（同16・13）。

ヨハネは御霊を受けた者は、人から教えてもらう必要はないとさえも言っているのです。ヨハネは御霊を非常に高くかっていた。庶民的な言い方をすると、御霊を拡大拡張していた。卑近な言い方をしますと、御霊をこき使っていたのです。

何でも分からないことは御霊に教えてもらうのです。魂の訓練のために、御霊自身に稽古台になってもらうのです。だから、人から教えを受けなくてもいい、御霊に質問をすれば、御霊が答えて下さるとヨハネは言っているのです。

御霊に質問したらいいのです。受けた御霊に聞けばいいのです。それをしないから信仰が空回りしているのです。

パウロは「人間は一度だけ死ぬことと、死んだ後裁きを受けることが、人間に定まっている」と言っています（ヘブル人への手紙9・27）。

人間とは何かということについて、昔から色々と言われてきました。人間とは何かについては、哲学的な、また人文学科学的、社会科学的な定義がなされています。

聖書は人間をどのように位置づけているか、定義づけているかと言いますと、次のように述べています。

「われわれのかたちに、われわれにかたどって人を造り、これに海の魚と、空の鳥と、家畜と、地のすべての獣と、地のすべての這うものとを治めさせよう。神は自分のかたちに人を創造された。すなわち、神のかたちに創造し、男と女とに創造された」（創世記1・26、27）。

もし今の人間が神のかたちに造られたものだったら、死ぬはずがない。死んで裁きを受けるはずがないのです。

神のかたちのように造られた人間が、なぜ死ななければならないのか。ヘブル書の九章二十七節で言っている人間と創世記一章二十六節の人間とは違うことになるのです。

犬や猫は死にますが、裁きは受けないのです。これはみずからの自我意識を持っていないからです。自分が生きているという意識はありません。犬全体に通用する生命意識みたいなものがあるだけです。

どこの犬でも共通した生命意識は持っている。しかし、生命認識ということを感じていないのです。とにかく、生命を認識しない生命意識を持っているのです。

これは植物が持っている生命意識よりもやや高等であって、植物も動物もあまり変わらない意識がありますが、これは人間の語法でいう意識には該当しない意識ですから、これは裁きの対象にならないのです。

人間は裁きの対象になる意識を持っている。これが業《ごう》なのです。人間が生きているというのではなくて、むしろ業が生きているのです。

業は人間だけのことです。神の業と言えないこともないのですが、これは神の御心というように聖書では言われていることなのです。

業という言葉は聖書にはありませんが、聖書では罪という言い方をしているのです。この罪という言い方をもう少し広げるとよく分かるのです。

人間は死にたくて死ぬのではありません。罪というのは人間の主観的意識に関係があるように扱われているのです。

パウロも広い意味で捉えているのです。「私は肉につける者であって、罪の下《もと》に売られている」と言っているのです（ローマ人への手紙7・14）。この場合の罪というのは人間の主観的意識には関係がない宇宙に存在するカルマのことを言っているのです。

人間はカルマの下に置かれたのです。魂がこの世に生まれる前には、神の内にあったのです。I am in the father.という状態であったのです。父の内にあるということが皆様自身だったのです。

これはカルマとは言わないのです。父の内にある。父と共にあるという状態は、カルマではない。宇宙本来のあり方を示しているのです。宇宙本来の状態から逸脱した状態をカルマというのです。これが業です。

皆様はこの世に生まれる時に、インザファーザーという条件から離れてしまったのです。だから、人間は例外なく業になったのです。

一度死ぬことと、死んで裁きを受けることが人間です。死ぬことと、死んで裁きを受けるということが業です。

皆様がこの世に生まれてきたことが業です。皆様が承知してもしなくても、一度死ぬことと、死んで裁きを受けることが業なのです。

業というのは固定負債みたいなものです。固定した負債です。これを果たさなければいけないのです。これを果たさなければ、一度死んで、裁きを受けることが決まっているのです。

このことが執行されるのです。人間は死刑囚みたいなものです。刑を執行された後に、裁きを受けるのです。

なぜそうなるのかというと、人間は生きているうちに、誰でも自分の業を直感しているのです。直感はしているが冷静に認識してはいないのです。感じてはいるが受けとめていないのです。みすみす感じていながらそれを受けとめていないために、皆、業に引っかかってしまうのです。そして地獄へ行くのです。

皆様は今まで何十年か生きてきたと思っているでしょう。二十歳の人は二十年生きてきた、三十歳の人は三十年生きてきたと思う。何十年間か生きてきたと思うその記憶が業なのです。

その記憶が間違っていたのです。これが根本的な誤解です。人間が何十年間か生きてきたという事実はないのです。ただ人間がそう思っているだけなのです。

人間の体は電気の働きによって成り立っているのです。電気現象です。電気現象というのは瞬間の働きです。

人間が何十年間か生きてきたという事実はないのです。ただ人間がそう思っているだけです。そういう思いを持っている間は必ず裁かれます。

現在人間が生きているという事実を正確に認識すれば、人間の業はなくなるのです。自分が生きていないという事実は分かるのです。分かろうと思えば分かるのです。

今皆様が椅子に座っているとします。それは皆様自身ではないのです。皆様自身となぜ思うのでしょうか。

自分がいる、自分がいると勝手に思っている。自分がいると考えなければならない理由が何処にあるのでしょうか。

人権が与えられていると思うことによって、人間はますます苦しくなるのです。苦しくなる前に傲慢になるのです。傲慢になったら泣きたくなる、そしてひがんでいくのです。

大体、現在の人間は本当に何も分かっていないのです。へり下っていれば苦しんだり悲しんだりする必要はないのです。傲慢だから苦しむのです。

仏教には人間苦という言葉があります。愛別離苦という言葉がある。人間は傲慢だからそういう苦しみがあるのです。愛する者に別れなければならないと平気で言っているのです。これは仏教という教えがいかに傲慢な教えであるかを証明しているのです。

人間の苦しみを認めるのは自分自身が傲慢だからです。イエスのようになったら、人間苦はないのです。

私は柔和謙遜であるとイエスが言っています。柔和にして謙遜である人は、人間苦というものを背負う必要がないのです。

人間は自分の利害得失をいつも持っているのです。これが男性自身になって現われるのです。皆様はなぜ自分の業を果たそうと思わないのか。なぜもっと気楽に生きようと思わないのでしょうか。人権があると思うことによって何の得があるのか。人権があると思うことによって第一に傲慢になるのです。第二に苦しくなる。何処にいい所があるのかと言いたいのです。

現象的に生活が苦しいと、おいしいものが食べられませんが、これは本当の苦しみではないのです。こんなことは慣れてしまえば何でもないのです。

貧乏とか金持ちというのは比較論です。比較論はただの概念です。人間は概念によって勝手に苦しんでいるのです。これは自業自得です。貧乏というのはただの観念です。社会主義というのもただの観念です。ひがんでいる人間の観念です。勝手に苦しみ、勝手に悲愴がっているのです。

人間は一度死に、死んで裁きを受けることが分らないのです。貧乏よりも死ぬ方がもっと重大です。人間は死ぬことよりも貧乏のことを考えている。これがおかしいのです。

川上肇が貧乏物語という本を書いていますが、全くあほらしいことを書いているのです。貧乏が日本に存在するようなことを書いているのです。

カール・マルクスもそうです。世界に階級が存在して、搾取が絶対に存在するように書いていますが、それはただの観念です。観念を勝手に描いて人間は苦しんでいるのです。そのように考えるのが道楽かもしれません。そうでも考えなければ、時間をもてあましたのかもしれないのです。

そんなことよりも、人間は一度死ぬことと、死んで裁きを受けること、この業を考えなければいけないのです。人間の本質はカルマであって、カルマが人間という格好になって化けているのです。これを自分だと思っているのですが、なぜそれを自分だと思わなければいけないのでしょうか。

人間はよほど死にたいらしいのです。死んで裁きを受けたいのです。人間がこの世に生まれて今日まで生きてきたその記憶が、全部間違っているのです。すべて間違っているのです。

人間の考え方の土台は、何十年間かの人生経験です。その経験のしかたが全部間違っているのです。肉の思いで経験していたからです。肉の記憶ばかりを頭に詰め込んでいるのです。そのために、一度死んで、死んでから裁きを受けなければいけないのです。

何が裁かれるのかと言いますと、皆様の記憶が一つひとつ裁かれるのです。これが神の命の文に記された人間の罪業です。

人間はいないのです。業が人間の格好をしているだけです。皆様も業のことを自分だと勝手に思っているのです。固有名詞は業です。イエスはそんなものは全然考えていなかったのです。

ケデロンの谷にいたイエスを捕り手の集団が来た時に、イエスが「誰を捜しているのか」と聞いた。彼らは「ナザレのイエスを」と言った。それに対してイエスは、「私がそれである」と言われたとあるのです（ヨハネによる福音書18・4〜8）。

「私がそれである」というのを英訳では、I am he. となっているのです。その答えがおもしろいのです。I am he. という英語が成り立つのかどうかです。一人称は即ち三人称であると言っているのです。

聖書は業がない人間のことを書いているのです。業のない人間の言行録が新約聖書ですが、業の塊のような人間が考えると、イエスが何を言っているのかさっぱり分からないのです。

人間は自分の考えに凝り固まっているから、イエスが全然分からないのです。自分という業に捉われているからです。だから、十字架が必要なのです。

仏教では愛別離苦怨憎会苦と言いますが、そんな事実は何処にもないのです。さすがに般若心経はそんなことは言っていません。無苦集滅道、無智亦無得、以無所得故、菩提薩埵と言っています。四諦八正道はないと言っているのです。これが般若心経の良い所です。

生まれてきたということがカルマです。自分が生まれたいと思ったのなら自分の人生ですけれど、人間は自分が生まれたいと思わないのに生まれてきたのだから、業であるに決まっているのです。

そうしたら、なぜ自分の業があるのかを冷静に考えなければいけないことになるのです。これが聖書を勉強する第一歩になるのです。業がある以上はどうしても業を果たさなければならないことになるのです。果たせるに決まっているのです。

現世に生きているうちに、自分の考え違いを見直すこと、自分の記憶をやり変えなければ大変なことになるのです。もし現世でできなければ、死んでから暗い所へ行って、永遠に独房に放り込まれて、おまえの記憶の何処が間違っていたのか、初めから終りまで、記憶を全部修正しなさいと言われるのです。これが地獄です。できなかったらそれに相応する刑罰を与えられると厳命されるのです。

結局、皆様は自分が存在していることについて根本的な考え違いをしているから、永遠の裁きの中へ放り込まれるのです。そして、さんざん恥しめられるのです。

皆様は食物でも、服でも家でも、ある程度好きなように選択することができます。ある程度という限界がなぜあるかです。お金持ちとか、貧しい人によって、着るものや住む所が違ってくる。これがすばらしいのです。

服でも一度に百着や二百着与えられても困るのです。家でも、お城のような豪邸を百軒も二百軒も与えられたら困るのです。そうすると、人間が住む家でも、着るものでも、衣食住のすべてに限界があるのです。これはどういう訳なのか。これがあるからこそ有難いのです。地獄の裁きにもある程度の限界があるのです。ある程度の裁きで押えられることになるのです。

とにかく、人間は衣食住において選択の自由が与えられている。選択の自由というのは、神が持っている自由です。神だけが持っている自由を人間は与えられている。

松の木や菊の花には選択する自由がないのです。選択ということさえ知らないでしょう。菊の花は鉢に植えられても当り前だと思っているでしょう。それを自分自身で価値判断することができないのです。

ところが、人間は生活において選択の自由、思考の自由、判断の自由を与えられている。これはすばらしい特権です。神の特権が人間に与えられているのです。こういう特権を与えられていながら、自分の業から逃れることができない。何と情けないことかと言わなければならないのです。

とにかく人間は馬鹿みたいなことをしているのです。人間が生きていることを冷静に見ると、すばらしいものであることが分かるのです。だから、当然カルマを果たすことができるはずです。一体カルマを果たすにはどうしたらいいのか。どうしたら業を果たすことができるのか。

業というのは小乗仏教で言えば善悪の行為、現世の報いということになりますが、大乗仏教ではその範囲がとても広くなります。目が見えることが業ですし、耳が聞こえることが業です。性欲はもちろん業です。肉体を持っていることが業になるのです。

「私は肉なる者にして、罪の下に売られた」とパウロが言っています。肉体を持っていることが罪の下に売られたことです。これが業です。

ところが、業がないと救いが分からないのです。神が人間を罪の下に売ったのはなぜか。人間に業を押しつけたのはなぜかと言いますと、人間を救うためです。そのために、神は人間を罪の下に閉じ込めたのです。神はすべての人をあわれむために、すべての人を不従順の中に閉じ込めたのです（ローマ人への手紙11・32）。

業を果たすというのはどういうことか。現在、肉体的に生きている人間は一度死ぬことと、死んで裁きを受けることが業です。業を果たすためには肉体的に生きている人間をやめたらいいのです。これをしたらいいのです。

肉体的に生きている人間が業である。肉体的に生きている人間の感覚、肉体人間が実体であるという思想が偽りです。肉体的なもの、物質的なものが実体的に存在するという感覚が偽りです。そのような偽りの意識、または認識を発明したのは悪魔です。これが肉の思いです。

物質は何処に存在しているのか。物質が存在すると考えることによって、何の効果と価値を持っているのか。

自然科学が人間に与える幸福とか自由は、どういうものか。業が生きているだけです。しかし、業から抜け出すことは絶対にできないのです。

自然科学は人間生活に幸福みたいなものは与えるでしょう。それによって、人間の業が果てるかというと業が果てない。やはり人間は死んでいくのです。死んで裁きを受けなければならない。

そのような業が人間にまとわりついている以上、人間はいつも苦しんだり、悩んだりしなければならない。不安と不満がいつも人間の心中に渦巻いているのです。

どんな英雄でもどんなに偉い人でも、結局は死んでいかなければならないし、死んだら裁きを受けるのです。とにかく人間は一度死ぬことと、死んだ後に裁きを受けるということを、真面目に見つめるのです。自分の業を真面目に見つめてみるのです。ヘブル人への手紙の九章二十七節をじっと見つめていくと、業を果たす方法がおのずから分かってくるのです。御霊が教えてくれるからです。

肉体人間が存在するというその思いが、宇宙における一過性の現象です。地球という惑星が存在することが、宇宙における一過性の現象です。

水がたっぷりあって、森羅万象が満載している惑星は宇宙の突発現象であって、全くありえないことが起きているのです。

一体地球というのは何か。人間の思想ではとても分からないものが存在しているのは何か。これは神を信じる以外に分からないのです。Be動詞さえ分かれば、すべてが説明できるのです。

地球『である』ということが地球『がある』がある状態になっている。これがBe動詞であり、神です。だから、人間が一度死ぬことと、死んで裁きを受けることが、Be動詞である神が分かれば、すべて分かるのです。

神を教えるために、地球という物理現象を現わしているのです。そのために、地球という物理現象を顕現しているのです。学校の先生が生徒に教材を見せているのと同じです。

地球が教材です。人間が存在することも教材です。「人間のことは人間の霊でないと分からない」とパウロが言っています（コリント人への第一の手紙２・11）。皆様は自分の霊を持っているでしょう。

人間の霊とは人間の人生です。皆様の人生は神が皆様に与えた教材です。神は皆様一人ひとりに教材を与えていて、それを見たら業を果たすことができるようにできているのです。

よく静かに考えてみて下さい。肉体が存在しているという事実は何処にもありません。皆様がそう思っているだけです。実は客観的に見れば、神から見れば、人間の肉体は全く存在していないのです。人間の感覚意識が肉であるために、肉体が存在しているような気がするのです。

ところが、肉体が存在するような気がするということは、非常に有難いことなのです。非常に良い面と非常に悪い面とがあるのです。

肉体が有形的に存在するということにこだわっていると、その人を滅することになるのです。肉体が存在することを霊的に理解すると、すぱっと救われるのです。業が果てるのです。カルマが消えてしまうのです。

だから、人生は自分の見方によって、自分を地獄へ引きずり込むことになりますし、また、神の国に入れる材料にもなるのです。

とにかく人間は、人間が考えているようなものとは違います。時間は流れています。いつも流れています。時間が流れているということは、肉体も流れているのです。

肉体は存在しているのではなくて、流れていると考えたらいいのです。一年前も、五年前も同じ自分の肉体があると思えるのです。ところが、一年前の自分も、五年前の自分も存在していないのです。

時間が流れているように、人間の肉体も地球も流れているのです。ところが、学者は地球ができてから四十五億年も経過していると思う。地球がないのに、なぜ四十五億年も存在していると言えるのかです。

時間は年中流れています。地球ができた時から流れているのです。その状態がずっと続いているのです。それと同じように、人間の肉体も流れているのです。昨日の自分になぜ執着しなければならないのかと言いたいのです。

人間は自分がいると思い込んでいるのです。神の教材を真正面から見たら、自分がいないということくらいは分かるはずです。

今の人間の考えそのものが、業《ごう》にひっかかっているのです。業に押え込まれているのです。業と一緒に考えているのです。だから、自分がいると思い込んでいるのです。考え方が間違っている。考え方をすぱっと切り替えたら、自分はなくなるのです。

大体、皆様は自分で考える力はないでしょう。空気や水を自分の力で造っているのではない。

太陽も風も、塩も砂糖も自分で造っているのではないのに、いつもそれを使っている。

これはどういうことかと言いますと、神に生かされているからです。なぜ神が生かしているかと言いますと、神が親だから子である皆様を生かしているのです。

親は子を養わなければならない。親が子を産んだ以上、養わなければならないのです。

英語にはボーン（born）という言葉と、ビーゴットン（begotton）という言葉があるのです。女親が子供を産むのはボーンですが、男親が子供を産むのはビーゴットンです。

男女の交わりによって子供が生まれますが、生理現象の結果子供が生まれるのです。生理現象は神ですから、神から人は生まれるのです。

現世的には母親の胎内から生まれるのですけれど、生理的、根本原理的には神から生まれるのです。だから、本当の親は神です。神が父です。ただこれを自覚したらいいだけのことです。

自分は神の子であるとはっきり自覚したら死ぬこともないし、死んで裁かれることもないのです。人間は救われるに決まっているのに、自分の心構えが悪いから、勝手に救われない迷路に入り込んでしまうのです。

近代の学校教育は、人間の魂を全くの泥沼に引きずり込んでしまったのです。これがユダヤ人の政策です。イエスをキリストと信じたくないために、こういう政策を取ってきたのです。

学校教育という非常に悪いやり方のために、世界中の人間が毒されているのです。皆様は学校教育の悪さをひっくり返すためにどうしたらいいかと言いますと、「清い心と正しい良心と偽りのない信仰」を持つことです（テモテへの第一の手紙１・３）。

清い心とはピュアーハート（pure heart）です。これが一番大切で、これを持たなければいけないのです。ピュアーハートとは何か。例えば、恋をするとそれだけで非常に純真になるのです。初恋の時は特にそう言えるのです。

人間には必ず初恋の経験があります。その状態がピュアーハートです。そういう純真な感覚で神に恋をすると分かるのです。

皆様は神が親であって、皆様は神の子です。これは絶対的な事実です。皆様が信じても信じなくても皆様が神の子であることは、現在皆様が生かされているという事実によって証明できるのです。

今生かされているということが神の子である証拠です。ここにしっかり立って貧乏揺りもしないようになって頂きたいのです。これがイエスの御名の大原則です。生きているということ、生かされているということは、皆様自身が神の子であることを客観的に証明しているのです。これを信じたらいいのです。

人間が生きているというのは主観的に生きているのではなくて、客観的に生きているのですから、これを認識することが一番自然です。

この一番自然のことをしたらいいだけのことです。そうしたら、一度死んで、死んでから裁きを受けることがなくなってしまうのです。

この簡単明瞭なことを世界中の誰も知らないのです。十字架を負うとはどうしたらよいのか。自分の気持ちを捨てたらいいのです。

十字架が分からないという人がいますが、自分がそう思っているのです。その気持ちを捨てたらいいのです。どうも神が良く分からない。どうも信じ方が分からないということを、誰が思うのか。自分の気持ちでただそう思っているだけです。

この気持ちを捨てたらいいのです。イエスは自分の気持ちを全然問題にしていませんでした。イエスは十字架にかかる前に「わが父よ、もしできることでしたらどうか、この杯を私から過ぎ去らせてください。しかし、私の思いのままにではなく、御心のままになさって下さい」と言っているのです（マタイによる福音書26・39）。

イエスの気持ちはこれです。神に係る大問題でさえも神の方が大変なことになると思うから、この杯は飲めませんと言ったのです。これは自分の気持ちを通そうとしたのではなく、神に対する親孝行のためにそう思ったのですが、それさえもあなたの御心のままにして下さいと言ったのです。

皆様方はどうでしょうか。もう一つ聖書が分からないとか、信仰が徹底しないと言われるのです。そういうことを一体誰が思うのでしょうか。自分の気持ちにこだわっているから、神が信じられないのです。無条件で十字架が信じられないのです。原因はすべて自分の気持ちです。

イザヤは言っています。
「牛はその飼主を知り、
ロバはその主人のまぐさおけを知る。
しかし、イスラエルは知らず、
わが民は悟らない」（イザヤ書1・3）。

ロバでも牛でも、皆動物は飼主を知っているのに、人間は飼主を知らないのです。皆様を養っているのは神に決まっています。

人間を飼っているのは神に決まっています。ところが、人間はそれを全く知らない。自分が自分の力で生きていると思っているのです。天然自然の法則、自然法がなかったら、どうして生きられるのでしょうか。

自然法を誰が経営しているのか。宇宙を経綸するのは誰なのか。少し冷静に考えたら誰でも分かるはずなのに、分からないという。日本人は本当に馬鹿な国民です。

純真な気持ちになりさえすれば、神が分かるのです。そのためには清き心と良き良心がいるのです。清き心がまず必要です。

皆様は神の子ですから、救われるのが当り前です。これは清い心を持てばすぐに分かるのです。純真な感覚で聖書と自己存在を見れば、すぐ分かるのです。

11. 生ける神の印

人間は死なねばならないことは分かっているのです。死なねばならないことが分かっていながら、なぜ死なねばならないのかということを考えないのです。

死なねばならないことは仕方がないこととして、それに対して、何か手を打たなければならないはずだということが考えられなければならないのですが、考えようとしないのです。

これを考えようとしたら、普通の人間の考えではだめです。ただ聖書の勉強をしているだけではだめです。

本当に死を乗り越えるということは、頭で聖書の勉強をするくらいのことではだめです。皆様の聖書の勉強はやや本格的になりつつあるのですけれど、まだ霊魂の底に届く所まで行っていないようです。皆様の質問の内容がそうなっているのです。

皆様は自分自身の命のどん底を見つめていないようです。うわついた考えで勉強しているのです。もっともっと真面目に考えて頂きたいのです。死ぬということをもっと真剣に考えて頂きたいのです。

死ぬということを真面目に考えたら、上調子ではいられないのです。

神は皆様の現在の状態を非常に重視しているのです。ですから、何とか皆様をもう少しひき上げて、本物にしてやろうという神の御心があることはよく分かるのです。しかし、皆様の現在の状態ではまだだめです。

まだ皆様は本気になっていません。世間並の人間から見れば、格段の相違です。世間並の人間が悪すぎるのです。

天皇制の問題について、日本人は真面目に考えようとしないのです。天の皇《すめら》とはどういうものなのか。日本の天皇制は日本だけで言っているのであって、白人社会にも通用するのであろうかと考える人がいますけれど、白人社会にも通用するのです。

エンペラー（emperor）という言葉が英語にありますから、これは白人社会に通用するに決まっているのです。

日本の国柄は大変なものです。皆様はもっと真面目に考えれば、分かるのです。

聖書に次のようにあります。

「ちょうど、稲妻が車から西にひらめき渡るように、人の子も現われるであろう。

その時、人の子のしるしが天に現われるであろう。またその時、地のすべての民族は嘆き、そして力と大いなる栄光とをもって、人の子が天の雲に乗ってくるのを、人々は見るであろう。

いちじくの木からこの譬を学びなさい。その枝が柔らかになり、葉が出るようになると、夏の近いことが分かる」（マタイによる福音書24・27、30、31）。

いちじくの木というのはユダヤ人のことです。いちじくは花が咲かずに実を結ぶのです。花が咲かずに実を結ぶのは、もう一つ蓮があります。蓮といちじくは普通の植物ではないのです。

蓮の方は仏法が取り上げている。いちじくは聖書が取り上げているのです。

聖書ではいちじくはユダヤ人の代名詞になっているのです。いちじくの枝が柔らかくなって、葉が出るようになると、夏が近いと言っているのです。

これは現代文明が潰れてしまって、地球が完成することを示しているのです。地球の本当の文明が現われるのです。従って、現代文明が潰れてしまうことを予告しているのです。

現代の文明は跡形もなく潰れてしまいます。現代文明は一種のファウンデーションです。現代文明は本当の文明のファウンデーションです。

地球にはまだ本当の文明が現われたことがないのです。機関銃や大砲で国を守らなければならないような文明、駆け引きしながら外交をしなければならないような文明、領土問題で争わなければならない政治、核兵器廃絶ができないような文明は、本当の文明ではないのです。建前と本音を使い分けしなければ商売ができないというのは、本当の文明とは言えないのです。

お互いに偽りの外交をしているのです。現在の文明では人間の真心が通用しないのです。正直が通用しないのです。こういう文明を造っているのがユダヤ人ですが、ユダヤ人が真人間ではないからこういう文明になっているのです。

ユダヤ人は地球全体の指導民族です。全世界の中心民族です。指導民族がていたらくであるために、こういう文明を造ったのです。

ユダヤ民族はモーセの十戒を信じています。神をまともに信じない、命をまともに見ようとしないのです。

神は「私は有りて在るもの」（I am that I am.）と言っています。これがユダヤ人には分からないのです。白人も分からないのです。神はI am that I am.ということを言っているのです。これが日本の天皇制の大前提になっているのです。

いちじくの枝とはどういうことなのか。皆様は人間の正体を全くご存じないのです。死ぬに決まっている人間の正体は、でたらめであるに決まっているのです。全世界七十四億の人間は、徹底的にでたらめなのです。本気になって生きていないのです。

皆様は死ぬことが分かっていながら、死ぬことに対して本気になって処置をしようと考えているのでしょうか。

天皇は日本国の象徴であると憲法で謳っています。また、国民統合の象徴であると言っています。国民統合の象徴とはどういうことなのか。国の象徴というのは、何とか観念論で誤魔化せます。国民統合の象徴とはどういう意味なのか。これが分からないのです。

国民というのはお互いに、私たち一人ひとりを指しています。私たち一人ひとりが統合するというのです。これはどういうことでしょうか。

私たち一人ひとりが統合するということは、ありうることでしょうか。国民統合の象徴であるという意味が、日本人に分かっていないのです。昭和天皇が崩御された時、日本国民が落ち込んだのです。これはどういうことでしょうか。

国民統合の象徴とはどういうことでしょうか。これは聖書が分からない人には、絶対に分からないことです。聖書が分かると言いましても、キリスト教的な分かり方をしている人には、絶対に分かりません。

キリスト教は聖書が本当に分かっているのではありません。率直に言いますと、皆様はこういう極めて重大な問題について、全くご存じないのです。

こういうことに対しては、今の学問は何の役にも立ちません。大学で教えている学理、学説は、何の役にも立たないのです。全く役に立たないのです。

人間社会の基本問題、憲法の基本問題について、全く役に立たないのです。ノーベル賞くらいのものでは、天皇制については全く分からないのです。

現在の文明は非常にレベルが低いのです。低すぎるのです。国民統合の象徴というのは、聖書の原点と同じ意味なのです。

人間の人格は統合することを目的としなければ、人間が人格を持つという意味の説明ができないのです。

例えば、七十四億の人間が七十四億の人格を持っていたのでは、全部死んでしまうだけです。こういうことは白人の哲学では説明ができないのです。ドイツ観念論でも説明ができないのです。

　カントの哲学では、国民統合ということが分かりません。キリスト教の神学でもだめです。こういうものはレベルが低すぎるのです。

　現代文明は人間のファンデーションみたいなものです。女性が化粧をする場合には、ファンデーションという下地を塗るのです。化粧だけでなくて、下着もファンデーションを考えるのです。

　人間の社会構造、文明構造にも、ファンデーションがなければならないのです。化粧にも、下着にも、ファンデーションがいるのです。下着にファンデーションがないと本当のプロポーションを出すことができないのです。

　きちっとした服装をするためには、ファンデーションがなければならないのです。

　人間の文明が完成するためには、ファウンデーションがいるのです。国際連合、WTO、ILO、WHO等はただのファンデーションです。ノーベル賞もファンデーションの一部にすぎないのです。

　学問、学理学説と言いますけれど、単なるファンデーションです。人間の本当の学というのは命を勉強することです。社会構造とか、政治構造というのは、学というほどの価値はないのです。

　こういうスケールで聖書を勉強しないと、本当のことは分かりません。

国民が統合しなくてばらばらにいる状態は、下地ができていない段階です。天皇制というものの自体がファンデーションであって、これが理解できなければ日本の国は完成しないのです。

日本の国が完成しますと、いちじくの枝が柔らかになるのです。枝というのはやまと（大和）という言葉の語源になるのです。皆様は目を開いて、自分自身の命の根底を深く大きく見て頂きたいのです。

いちじくの譬を学べということは、いちじくの枝が柔らかくなって、葉が出だしてくると、世界の文明が終りになるということです。それまでの文明はファンデーションであって、やがて本当の文明が現われると言うのです。

ユダヤ人が本気になって聖書を見るようになると、本当の文明が現われて、文明の実を結ぶようになるのです。命の本物が全世界に現われることになるのです。これを王国時代というのです。キリスト王国が現われるのです。

聖書はこういう大きいことを書いているのです。皆様も本当の聖書を学ぶのでしたら、これくらいのスケールで見て頂きたい。世界歴史全体を鳥瞰するような感覚で見て頂きたいのです。自分が分かったとか分からないという小さなことを言わないで、もっと大きく考えて頂きたいのです。

国民統合ということは成り立つのか、成り立たないのか。日本の憲法は果して具体化するのか、しないのか。これと私たちの人生観とどういう関係があるのか。聖書と日本の憲法とが、どういう係りがあるのかということです。

皆様は死ぬということについて、真面目に考えて頂きたいのです。死ぬということについて、もっと真剣に考えて頂きたいのです。これを真剣に考えると、世界の歴史に対して新しい芽が開くであろうと言えるのです。

世界歴史の秘密ということ、日本歴史の秘密ということ、ユダヤ歴史と日本の歴史の相関関係、天皇の本性が世界の歴史にどのような作用をしているのかという問題です。こういうことを深く考えて頂きたいのです。

天皇制について色々な人が考えてきましたが、天皇制をこじつけて、御伽話みたいなものにしてしまったのです。これは皆様の霊魂のためには良くないのです。

だから、皆様の魂の問題と、日本の国柄の問題と全世界の問題とを一つにするような感覚でしっかりと捉えて頂きたいのです。

そのためには、人間が死なねばならないという問題をもっとはっきり、真剣にお考え頂きたいのです。

死ぬということはどういうことなのか。これを真面目に考えて頂きたいのです。

聖書に「一度だけ死ぬことと、死んだ後裁きを受けることが、人間に定まっている」とあります（ヘブル人への手紙9・27）。死ぬということは、肉体が不完全ですから、死ななければならないとしても、死んだ後に必ず裁きを受けると言っているのです。なぜ裁きを受けるのか。

裁きを受けるというのは、霊魂の審判を受けるという意味であって、魂の審判というのは人間の歴史が終った後のことなのです。地球上における人間の歴史が終った後に、神による人間の霊魂の裁きが行われるのです。

それまでは人間の霊魂に裁きが行われないのです。死んだ人間は黄泉《よみ》という待合所に入れられるのです。黄泉において待たされるのです。

人間の歴史が全部終って、人間として生きるべき人が終ってしまいますと、神がすべての人間を全部甦らせて裁きを実行するのです。

すべての人を甦らせた結果、死なない人間になるのです。死なない人間にしておいて、霊魂の審判を行うのです。このことがヨハネの黙示録の二十章十一節から十五節に書いているのです。これが神による霊魂の審判です。

霊魂の審判というのは、人間が死なねばならないことが分かっていながら、死に対して真面目に考えなかったということが、神が人間の霊魂の審判を徹底的にするという一番大きな原因になるのです。

皆様は死ぬことが分かっているのです。分かっているどころか、死ぬために生きているようなものです。

人間は死ぬべく生きているのです。現在の人間の命というのは、死ぬべく生きている。死ぬという一点に向って歩んでいるのです。これが生きているということです。

人間は死に向って歩んでいることが生きているということなのです。このような生き方を、人間は強制されているのです。死ぬべく強制されているのです。ところが、死ぬべく強制されることに対して、恐れもせず、わななきもせず、死なねばならないということを真正面から取り組まずに逃げている。死に対して知らん顔をしているのです。

これが神をばかにしている人間の面構えです。神に逆らっている人間の態度です。神が人間を徹底的に裁かなければならない原因は、神が人間に死を与えているにも係らず、それに対して何の反応もしていないということです。これは神をばかにしているのです。神を虚仮《こけ》にしているのです。

神を虚仮にしている状態が、人間の霊魂を、嫌でも裁きに渡すことになるのです。死を慎重に、真面目に考えようとしないことが、人間の霊魂の最も悪い癖です。

国民が統合するとはどういうことなのか。統合することによって、死を免れることができるからです。国民の一人ひとりが人格的に統合することによって、一人ひとりの死が消えるのです。

ここに国民統合ということに非常に大きい意味がある。これを日本の憲法第一条に謳っているのです。統合という言葉の意味が分からないのに、国民統合の象徴は天皇であると言っているのです。これは誠に不思議千万な言葉です。

こういう憲法が日本で政治的に通用しているのです。国民統合という言葉をもう一歩進めて言いますと、人格の統合になるのです。人格が統合すること、人格が統一されることによって、人間は死ななくなるのです。これが死を免れる唯一の方法です。

人格が統一することを、聖書はイエスが主であると言っているのです。イエスが主であると言い現わすことは、人間の人格が統一されることを意味するのです。

こういうことを、日本の憲法では政治的に現わされているのです。聖書は霊魂の真理として言われているのです。こういう関係があることを、よく承知して頂きたいのです。

日本人はこれを信じる責任があるのです。また、これを世界に発信する責任があるのです。ジーザス・アズ・ロードということは、イエスが主であるということです。人格が一つになることです。何処で人格が一つになるのか。これが新約聖書の原理です。

大体、七十四億の人間がばらばらに生きていることが無意味です。日本人は一億二千五百万人いると言われていますが、これが無意味なのです。個々の人間、固有名詞の人間は全部死んでしまうに決まっているのです。

死んでしまうに決まっている人間が死んでしまわないようになるためには、ジーザス・アズ・ロード以外にありません。私はこれを人格の統合という言い方をしているのです。ばらばらに分かれている固有名詞の人間は、必ず死ぬのです。死ぬのが嫌なら、地獄へ行くのが嫌なら、火の地へ投げ込まれることが恐ろしいのなら、ジーザス・アズ・ロードに賛成しなければならないのです。これが嫌なら地獄へ行くしかないのです。

死ということを真面目に考えられない、死が実感できないという人がいますが、これは現在の人間が生きていると思っているからです。

現在、皆様は固有名詞の人間として、神から離れているのです。これを生きていると思っているのです。これは生きているのではなくて、死んでいるのです。既に死んでいるのです。

既に死んでいるにも係らず、生きていると思っているのです。だから、死が分からないのです。

死とは何か。命を持っている者が神から離れてしまっていることが死です。命の主は神です。命の主が神であるにも係らず、神の前から離れてしまっている。

「汝、我が前に歩みて全かれ」と神がアブラハムに言いました（創世記17・1）。ところが人間は神の前に歩むということをしないのです。神の後ろに立っているのです。そうして、神と別々に生きているのです。

人間は「神なんかあるもんか」、「地獄なんかあるもんか」と思って生きているのです。「仏ほっとけ、神かもうな」と言っている人もいるのです。これは死んでいる感覚を意味しているのです。

死んでしまっている人間には神は分からないのです。皆様は固有名詞の人間として生きているのです。自尊心と自我意識、基本的人権という思想によって生きているのです。

皆様は自分の命があると思っているのです。これが死んでいる証拠です。死んでしまっているから死が分からないのです。

皆様は神を真面目に考えていないのです。真面目に考えていないというよりも、基本的に皆様の魂は神を信じていないのです。実体的に言いますと、皆様の霊魂は神の前に出ていないのです。

あまりにありのままのことを言いますと、皆様はやる気がなくなってしまいますから、私はあまりきついことを言わないようにして、皆様を神の前へ連れていこうと思っているのです。皆様を甘やかしながら、神の前へ連れていこうとしているのです。これでもしないよりましですから、そうしているのです。

皆様は自分自身が固有名詞で生きている以上、皆様の霊魂は神を知らないのです。固有名詞で生きていることをやめなければ、神は分かりません。固有名詞で生きることをやめると、神の前にいることがはっきり分かってくるのです。

固有名詞で生きることをやめると、アズ・ロードになるのです。人格が統合するのです。固有名詞で生きている間は人格はばらばらです。七十四億の人格に分裂しているのです。

現在一人の人格が七十四億の人格に分裂しているのです。皆様は七十四億の人間の中の一人として生きていて、自分自身の利害得失を考えているのです。これが現代文明の根本的な間違いです。現代文明は個々の人間の人格を認めているのです。人権を認めているのです。これが間違っているのです。

信仰とは何か。生きていることがそのままイエスであるという実感が持てることをいうのです。イエスの名において自分が見れるような状態を指すのです。

この経験がないのは神から離れてしまっているのです。だから、死が恐ろしくないのです。死に対して純粋な、霊魂が震えるという素朴さ、純真さがないのです。これがないことが現代のキリスト教の最も悪い点です。

自分が神様を信じて自分が天国へ行こうと考えている。これはけしからんことなのです。自分が生きていると思っている。こういう人間は、全部死んでしまうのです。

固有名詞の自分を自分だと思っている人間は、死を恐れるという純真な気持ちを神が与えないのです。そういう素朴な気持ちを神が与えてくれないのです。

本当に地獄へ行くのが恐ろしいと言える人は、素朴な気持ちがある人です。地獄へ行くことだけは本当にご免蒙りたいと心から思う人は、神に近い人だと言えるのです。

現代では、そういう人は非常に少ないでしょう。皆様にはそういう人になって頂きたいのです。

皆様は神から離れています。固有名詞の人間で生きています。これが間違っているのです。だから、死が恐ろしくないのです。既に死んでしまっているから死が恐ろしくないのです。

死に対する恐れを持つということが、聖書を本当に勉強したいという気持ちを持つことになるのです。水と霊によって新に生まれて神の国へ入りたいと思うのなら、今の自分から出てしまいたいという願いがなければだめです。

まず、固有名詞の自分から出ることです。そうして、神に生きるのです。皆様の心臓が動いていることが神です。目が見えることが神です。この神に従うのです。

皆様は心臓が動いていることに従って生きていません。自分の常識、知識に従って生きているのです。これをやめて頂きたいのです。

肉対人間としての自分が生きていると思っているでしょう。これを肉の思いというのです。肉の思いを持っていることが死んでいることです。パウロは「肉の思いは死である」と言っているのです。

肉体的に生きている自分を自分だと思っている人は、既に死んでいるのです。これが聖書の見解です。こういう正しいレベルで聖書を見なければ、聖書を勉強する値打ちがないのです。

現在、皆様は見たり聞いたりしています。これを感じているのが魂です。これが分からないのです。皆様は目で見ているのですが、これは固有名詞の人間が見ているのではないのです。霊魂の働きが見ているのです。

五官は前世からのつながりです。霊魂は前世からの命の機能性です。五官の働きが見ているのです。これは固有名詞の人間には関係がないのです。この世に生まれてこなくても、皆様に見る力はあったのです。

この世に生まれてきたので、この世で見ているのです。これは固有名詞とは何の関係もないのです。その証拠に、私が見ても、皆様が見ても、赤いものは赤く見えるのです。

もし自分が見ているのでしたら、加藤さんなら加藤さん独特の見方ができるはずです。私の見方とは違った、別の見方が出来るはずです。もし本当に個人がいるのなら、個人個人が人とは全く違う見方をしているはずです。

五官の機能は皆様の機能ではないのです。砂糖をなめて甘いと思うのは、自分の舌とは違うのです。前世からの本能性が甘いと思っているのです。

五官の働きは前世からの本能的な機能性です。これを霊魂というのです。霊魂には固有名詞はありません。固有名詞に関係はありません。これを人の子というのです。

人の子というのは客観的な機能性を指すのです。霊魂の働きをいうのです。

人の子は名前がありません。五官の働きとか、人間の視覚、聴覚はすべて人の子です。この人の子と天皇制は大関係があるのです。

天皇は固有名詞に関係がないのです。国民総合のシンボルとはこのことを言っているのです。統合というのは固有名詞が統合するのではないのです。国民の人格が統合するのです。

人格は固有名詞と何の関係もないのです。山田さんでも田中さんでも関係がないのです。人の子になってしまうのです。

「いなずまが東から西にひらめき渡るように、人の子も現われるであろう」とあります。これが天皇です。

人の子の印が東に現われる。これが西へ行くのです。これがキリストの印です。

皆様はイエスが主であることを信じたかったら、自分の五官を信じたらいいのです。固有名詞をやめるのです。山田であるとか、加藤であるとかいうのはどうでもいいのです。

自分の名前は親が勝手につけたものです。そんなものにこだわらないで、皆様の五官の働きを信じて頂きたい。

皆様のリビングは五官の働きの機能性を指しているのです。リビングは神の延長線上にあるのです。だから、自分自身のリビングをじっと見つめれば、神の元へ帰ることができるのです。

人間はリビングを見ようとしないで、自分の固有名詞を見ようとするのです。自分の利害得失だけを考えようとするのです。皆様にはこういう悪い癖があるのです。

自分の利害得失を考えたらだめです。自分の利害得失はないのです。

本当に死にたくないと思ったら、本当に死から脱出しようと思ったら、自分の利害得失を全部捨てたらいいのです。

皆様の五官の働きは、生まれる前の天から自然性です。天からの自然性がこの世に現われているのです。これが霊魂です。

固有名詞の人間は目的を持っていないのです。この世では目的がありますけれど、固有名詞の人間は、やがて死んでしまいます。この世はやがて潰れるに決まっているのです。この世で貯金をしても、家を建てても、この世の権利はやがてだめになるのです。

この世では固有名詞の人間が価値あるように思えるのですけれど、神の前には一切通用しないのです。神の前には存在価値は一切ありません。神の前に通用するのは五官の働きだけです。人の子の方だけです。

人の子は固有名詞に関係がないのです。千人いても万人いても、固有名詞の人間はこの世だけしか通用しないのです。

固有名詞の人間は一切目的を持っていません。これをよく考えて頂きたいのです。

皆様は固有名詞の人間が何か利害を得なければならないように考えているのです。固有名詞の自分が救われなければならないと思っています。これは現世における人間の妄念です。本当の自分の願いではないのです。

皆様の霊魂は自分が救われたいとは思っていません。霊魂の本質は本当のことを知りたいと思っているだけです。今、ここで、本当のことを知りたいと思っているだけです。なぜなら、今ここに、神がいるからです。

今ここに、神がいるのです。死んでから神に出会うのではないのです。この神を掴まえて頂きたいのです。私は、今ここに神がいると言っているのです。この神には抵抗できないのです。私が神に生きているという事実をお話ししているからです。これが世間の宗教家には絶対できないのです。

今、ここにいる神を掴まえなければ死んでしまうのです。信仰とは、今ここで神を掴まえることです。今、ここで神を掴まえることが信仰です。明日、明後日に掴まえるのではないのです。今ここで神が掴まえられなかったら、それは宗教観念です。

なぜ神が掴まえられないのかと言いますと、固有名詞の自分を信じているからです。魂だと思わずに、山田太郎だと思っているからです。

人間の魂の原形と、固有名詞の人間とが、どんな関係になっているのかということです。エデンにおけるアダムと、現世における七十四億の人間との関係が、どのようになっているかです。なぜ一人の人が七十四億に増えたのか。

一人ひとりが、固有名詞を捨てて、人の子に帰ることができるような人柄になって頂きたいのです。名なしの権兵衛の集まりになって頂きたいのです。

現世では固有名詞はいりますが、これは人間の本体ではないのです。人間存在という点からだけ考えますと、人間は存在していないのです。

肉の人間は神の前には一切存在していません。イエスは「肉は益なし」と言っているのです（ヨハネによる福音書6・63）。益なしとは利益がないという意味ではなくて、何の役にも立たないということです。

役に立たないということは、何の目的もないし、有害とか無害とかを一切言えるものではない。空々寂々と同じ意味です。全く空である。

現在の人間社会の状態は、神の前には全く益がないのです。人間の歴史は全然目的を持っていないのです。国際連合に何の目的があるのでしょうか。今のアメリカに何の目的があるのでしょうか。今の日本に何の目的があるのでしょうか。

国は滅びるに決まっているのです。現在の人間の歴史は名誉を語っているだけです。内容は何もないのです。肉は益なしです。

皆様が生きているのは、肉体人間として生きているのですが、肉体を持って生きているということは、五官が肉体的に生きているということです。目で見たり、耳で聞いたりする機能が生きているのです。

この機能が神の言葉を見ているのです。皆様の目や耳の働きは、地球のファウンデーションを見ているのです。

地球のファウンデーションが地球になっているのです。地球のファウンデーションがなかったら地球ができるはずがないのです。ファウンデーションが甘い味や、色々な味になったり、香りになったり、形になったりして現われているのです。

それを皆様の目が見ているのです。地球ができる前の原形が前世にあったのです。その前世の時に、皆様は自我意識はなかったのですが、アダムが罪を犯して善悪を考えるようになった結果、個我が発生したのです。

善悪利害を考えることは、神から離れることになるのです。そこで神の国から追い出されたのです。そして、この世に来たのです。

神の国から追い出されたものがこの世にきたのです。この世に生まれた人間は、死んでいるのです。生まれた時に死んでいたのです。誕生日は命日なのです。誕生日にお祝をすることがおかしいのです。

この世に生まれた自分が死なない命を掴まえるためにはどうするかを考えて頂きたい。それは前世に、罪を犯す前にいた自分を引っぱり出したらいいのです。

前世にいた自分というのは、五官の働きです。五官の働きを引っぱり出したらいいのです。これがリビングです。これを受け取ることがリビングのシール（seal）を受け取ることです。

これが生ける神の印（the seal of the living God）です（ヨハネの黙示録7・2）。

赤いものを見て赤いと感じることが、生きている証拠です。神の実物を掴まえるのです。これが神です。

人間が生きていることとは、神と一緒にいることです。神はこれにいつ気がつくかをじっと見ているのです。神は皆様と共にいるのです。これがインマヌエルです。この神にいつ気がつくかを見ているのです。

生きているということが神そのものです。神の実物が皆様と一緒にいるのです。五官の働きはそのまま神の実物になるのです。これを掴えたらいいのです

12. 天使長ルシファーの反逆

聖書はマナーを問題にしています。態度は問題にしていません。生きている心構えを問題にしているのです。人間は理論的に分かっていても、実際の生活で分かっていない。これが弱点になっているのです。

ペテロはオール・マナー・オブ・リビング（all manner of living）を清くせよと言っています。生活のすべてのマナーを清くせよと言っているのです。

私たちは人類のトップリーダーになることを、神に要請されているのです。イスラエルは神に反抗しているので期待できません。私たちがイスラエルのリーダーになるという意識を持っておれば、ユダヤ人には感じる所があると思われるのです。

ユダヤ人とは誰か。新約聖書には血族的なユダヤ人ではなくて、霊なるユダヤ人が本当のユダヤ人であると言っています。御霊を受けた人、聖霊を受けた人こそ本当のユダヤ人というべきです。

この意味からすれば、日本の国内にも自分で意識していないユダヤ人がいるのです。日本にはそういう人がたくさんいるはずです。私たちが一般の日本人を相手にしていても、ユダヤ人を相手にしている場合があるのです。

私が話している内容は、異邦人には分かるはずがないのです。異邦人は現世に生まれて、現世に生きるためにいるのです。神の国と神の義には関係がないのです。神の国と神の義を求めるのが、本来のユダヤ人です。

異邦人の一家族の中でも、ユダヤ人的な素質を持っている人と、全く持っていない人がいるのです。

人間の中には、ユダヤ性と異邦性と、二つの人格があるのです。ユダヤ性は物の裏を見ようとするのです。現象をそのまま素直に受け取らないで、物事の裏を見ようとするのです。自分ではそのように意識しているつもりはありませんけれど、普通の人が考えないようなことを考えるのです。人が悪いように見えますが、悪いのではなくて、物の見方がシビアーなために、人が悪いように見えるのです。

例えば、アングロサクソンの白人は、ジョン・ウェンみたいな人が多いのです。彼はあきれるほど単純でした。単細胞でした。これがいいか悪いかは別として、彼はそういう性格の持ち主でした。

日本人は聖書に対して、またキリストに対して性格的に反抗するのです。キリストという言葉を聞いただけで反感を持つのです。これには封建制度とかキリシタンバテレンに対する反感もありますが、日本人のあり方そのものが、キリストに反発する感覚を持っているのです。

例えば、日本の大名で小西行長とか高山右近は、熱心なクリスチャンだと思われていますが、そうではないのです。

彼らはキリストに感心したという面はありますが、本当に心からキリストを知っていたかというと甚だ疑わしいのです。

高山右近は自分の城も国も棒に振って、キリストを信じていたと言われていますから、本当の信仰を持っていたように見えますけれど、結局、宗教観念でした。

頭で分かっていても、実際マナーになりにくいのです。概念的、思想的にキリストと一致することができても、魂がキリストに一致しないのです。

イエス・キリストの信仰に同化するということは、一朝一夕にできることではありません。私たちは長年聖書の勉強をしてきました。御霊に導かれてきましたけれど、元々異邦人です。世間のキリスト教信者から見れば比較にならない程、聖書が分かっていますけれど、まだ聖書の言葉が本当に命になっていないのです。

その間違いは女性には分かりますが、男性には分からないのです。男性が女性を勉強しなければならないというのは、そういうことです。

女性は分かっています。男性よりも分かっているのです。個人差もありますから、全部の女性が分かっている訳ではありませんけれど、大多数の女性は分かっているのです。

女性的なセンスが豊かな人とそうではない人がありますが、女性から見ると男性の欠点が分かるのです。

私たちの何処がどう間違っているか。御霊を受けても御霊が崇められない。霊が渡せない原因は何かです。霊を渡したと言っても、まだ頼りないのです。

なぜかと言いますと、本当に霊を渡したとすれば、物の考え方が変ってしまうのです。本当に霊を渡すと、女になるのです。イエス・キリストにある時には、男もない、女もないとパウロが言っています。女が男的になり、男が女的になる。これが通例です。だから男もなし、女もなしと言っているのです。

私たちは弁解する必要もありませんし、甘い点数をつける必要もありません。ただ聖書にどうあるのかを考えたらいいのです。聖書に対する捉え方が甘ければ、それを直したらいいのです

聖書に対する甘さということについて、パウロは次のように述べています。

「彼らは神を知っていながら神を崇められていない。神が神であることは、造られた万物において明らかに認められるはずである。人間はそれを言い逃れることはできない」と言っています(ローマ人への手紙1・19、20)。

また、「彼らは神を知っていながらそれを神として崇めていない。そのために、愚かな気持ちが暗くなった」と言っている(同1・21)。

私たちの気持ちが愚かで暗くなっていないかどうかです。

神を知りながら神として崇めていない。こういう欠点が男にあるのです。男はお人好しです。考え方が粗雑です。女性の方がずっと綿密に、正確に、シビアーに考えています。

本当に聖書を正しく捉えるためには、考え方を逆転しなければいけないのです。

神が男性に女性を与えたのは、女性が骨の骨であることを男性が知ることによって、自ら骨の骨であることを学ぶためです。

神はアダムの一番良い所を引き抜いて、女性にしたのです。アダムはその美しさに仰天したのです。今でも男性は女性の美しさに仰天しているのです。女性の本当の値打ちを見ると、男性の欠点が分かるのです。

女性は結婚すると自分の肉体は夫に与えますが、心は絶対に与えません。夫に従っているような形になっていますが、その方が得だからそうしているのです。実際には心を夫に与えることはしないのです。どんなに貞淑な女性でも、こういう性格を持っているのです。

肉体は与えるが心は与えない。女の家庭生活の姿は本当の姿ではないのです。肉体を与えるが心は与えないという女性は何か。女性は結婚するけれども、本当に夫に心を与えない。これを男性から見ると、女性は片意地、頑固に見えるのです。片意地、頑固ではない、神は霊魂の本来のあり方を教えているのです。ここに秘密があるのです。

男性は女性よりも考え方が浅いのです。男の頭の回転は現世向きです。この世のことについては、ピュアーな感覚で見るのです。

女性は現世向きにできていないのです。自分のことをよく知らないのです。仄かに天国を求めているることを知っているのです。男はそれが分からないのです。

男でもある人はこういうことを感じているのです。しかし、感受性は薄いのです。女性は本当の天国をねらっている。厚かましいのです。

男が本当に責任を自覚するといいのです。男は正攻法で勝負しようと思って、神の国を攻めるという気持ちでいますが、正攻法ではだめです。

女は待っているのです。結婚したらもう待つ人はいないはずです。ところが待っている。結婚しても女は待っています。八十歳になっても、九十歳になっても待っている。おばあさんになっても待っている。なぜ待っているのか。

とにかく偉大なものを待っている。これがユダヤ的なのです。これがユダヤ人の本当のど根性です。ですから、日本人はキリストを信じないのです。

日本人は悪い意味で女性的です。面従腹背は女性的です。へいへいの糞くらえというのは女性的です。表面上は政府に非常に従順のように見えますが、心の底から本当に主権者に従おうとしないのです。そこに天皇制が乗っているのです。

日本人は本当に腹の底から人に従うということがありません。君主に従おうとしないのです。従っていないと損だから従っているだけです。ここがジョン・ウェンと違う所です。ジョン・ウェンは嫌なら嫌とはっきり言うのです。

日本人の土性っ骨がユダヤ的です。日本人の根性の骨の髄を洗うと、ユダヤ人の根性が出てくるのです。キリストにどうしても従えないのです。

日本で福音を説くというのは、まさにユダヤ人に福音を説くようなものです。キリストという名前を聞いたら、もう拒否反応を起こすのです。

女は待っている。何を待っているかと言いますと、キリストと意識してはいないですけれど、キリストしかないものを待っているのです。ここが女の特長です。宗教ではない神とは一体何かということです。

「人間は神を知っている。知っていながら神として崇めていない」とパウロが言っていますが（ローマ人への手紙1・21）、これはどういう事でしょうか。

女は自然の用を知っている。知っていながら自然の用をはっきり認識しようとしていない。自然の用を不自然の用に変えてしまっているのです（同1・26）。

女性は自然の用を知っているのですから、女性は尊い存在です。世が世であれば、男性が女性に向って「おいこら」とは言えないお方です。現世が罪の世ですから、しょうがないから夫に従わなければならないようになっているのです。この世にいる間は、男に従わなければならない。これが神の処置です。

従わせている男が、女性に学ばなければならないのです。聖書は男女のことを学ぶ非常に正確な教科書です。神の教科書です。

聖書を正しく学んで、初めてエデンの園でアダムがエバに驚いたように、女性を見なければならないのです。その時、アダムはエバをどのように扱っていたのか。その扱い方を勉強しなければならないのです。

そうすると、夫婦の内容が変わってくるのです。そうして、夫なるキリストが妻である教会をどんなに愛しているかが分かるのです。

私たちはキリストの妻にならなければいけないのです。人がキリストの妻となるのは、全く驚くべきことです。

命が分かったらいいのです。これが人間がこの世に生まれてきた目的です。私たちが生きているということは、言葉で表現できない程、大したことになるです。人間が考えている事の何千倍、何万倍のすばらしいことです。

ユダヤ人問題は、聖書を勉強すると、手に取るように分かるのです。ユダヤ人がどれほど愚かで、神がユダヤ人をどれほど愛しているかが分かるのです。それと同じように、私たち自身がどれほど愚かで、神が私たちをどれほど愛しているかが分かるのです。

ユダヤ人を勉強すると私たちが分かる。こういう仕掛けになっているのです。

地球が存在するのは、地球計画の現われです。これは宇宙計画と言ってもいいでしょう。地球計画という宇宙計画が、聖書になっているのです。

地球が存在する秘密が、ほとんど聖書に出ています。不思議な本です。地球があれば聖書はなくてもいいですし、聖書があれば地球はなくてもいいのです。地球と聖書と人間存在の三つは、同じものです。私たちの値打ちは聖書の値打ちです。地球がある値打ちと、私たちの値打ちは、同じものです。

人間は肉体的に生きているのを自分だと思っている。これは自分の入口にすぎないのです。私たちが生きている間に、自分が読めただけ神が読めるのです。神が読めただけ自分が読めるのです。人は神にかたどって造られた。自分自身を読んだら、それだけの分量で神を読んだのです。

私たちは、折に適った忠実にして賢明な番頭にならなければならないのです。忠実にして賢明な所まで行かなければならないのです。

本当に、聖書を正確に読めば、神の本物が分かりますし、命の本物が分かるのです。そうすると、今生きている現世の人間から離れてしまうのです。

脳波が宇宙に流れています。脳波が脳に働いているから、考えられるのです。脳波が命のエネルギーです。命のエネルギーは思想です。本当のエネルギーは思想です。思いです。

脳がなければ考えられないのとは違います。神が分かると大変なことが分かるのです。脳波の根源が分かります。だから、脳が灰になっても構わないのです。

イエスは、「私を信じる者は、たとい死んでも生きる。また生きていて、私を信じる者は、いつまでも死なない」と言っています（ヨハネによる福音書11・25、26）。

なぜイエスはとこしえに死ぬことがないと言っているのか。現在生きているうちに、永遠の命の実物に移ってしまうからです。人間として生きることをやめて、神の子として生きるルールに乗り移ったらいいのです。これをするのです。絶対にしなければならないのです。生ける神の子というルールに移ってしまうのです。

自分で考えている間はだめです。必ず死んでしまいます。神を信じるとは恐ろしいエネルギーを信じることです。だから、自分が生きている必要がありません。自分が生きていたらいけない。自分が生きていたら、神の邪魔ばかりしているのです。異邦人の分際でこういうことが分かるというのは、破天荒の恵みです。

宇宙には命の実物があるに決まっています。人間の頭で考える必要がないのです。自分の頭で考えなければならないということを、人間が勝手にそう思っているのです。

人間の能力の根源が、何処かにあるに決まっています。宇宙には永遠の命の流れがあるのです。なければ地球が自転、公転するはずがないのです。太陽が照るはずがないのです。

太陽はやがて消えるでしょう。太陽は消えても、太陽を働かしている力は消えないのです。太陽を働かしているのは、宇宙の命が働かしているのです。

太陽の働きには時間的な限界があるに決まっています。太陽にも耐用年数があるはずです。太陽は有限の物体ですから、やがてなくなりますが、太陽を働かしている力はなくなりません。

この力を地上で捉えなければいけない。人間の常識ではできないと思うかもしれませんが、それをしなければ、永遠の命を掴まえることができないのです。人間の常識はそれを捉えられないと思うのです。捉えられなければ死ぬしかないのです。

神は神のことを全然考えていない人間でも、生かしています。雨を降らし、太陽を照らしている。皆救われる可能性があるから、そうしているのです。神のことを全然知ろうとしない人間でも、神から見れば見込みがあるから、生かしているのです。

信仰の実体を認識して、その方向へ歩みよろうとする姿を神から見れば、女性になるのです。男性は神の栄光です。女性は男性の栄光です。女性をじっと見ると自分の栄光が分かるのです。その栄光を男性が自覚しなければならないのです。何を自覚するのかと言いますと、女性が待っているということを自覚するのです。

その待ち方を男性が勉強するのです。女性の真似をして、女性の長所を自分のものとして受け取るのです。

女性の良さは、待っているという姿です。待っているという姿勢が、ウーマンボディーに現われているのです。女性のボディーは待っているボディーです。待っているという姿勢がボディーに現われているのです。

男が女を愛したくなるのは、待っているからです。待っているという姿勢が、女の色気です。男は女が男を待っていると考えるのです。ところが、女は男を待っているのではない。男を貫いて、もっと上のものを待っているのです。

男は神の栄光です。それを女は知っていて、男の上にあるものを待っているのです。

神の栄光として男が現われている。男の栄光が女として現われている。これが骨の骨です。もしエバがアバムの骨の骨であるとすれば、アダムは何なのか。女の直感は恐ろしく鋭いものです。女は自分で自覚していないけれど、直感しているのです。

すべてのものは神の言葉で造られているから、すべて読みものです。人間の立居振る舞から、人間がしていることすべてが読み物です。

毎日の新聞に亡くなった有名人が社会面に出ていますが、全部地獄へ行くのです。自分として生きていたからです。人間がいると思っていたからです。

自分が生きていると思っている人は、皆地獄へ行くのです。仕事をした。社会奉仕をした。学理学説を発見した。こんな業績を残した。こんな歌を作った。こんな本を書いたと思っています。皆自分がしたと思っている人は、神の命を泥棒しているのです。

私たちはユダヤ人を相手に文句を言わなければならないことになるのです。これは神の戦いです。これはエホバの戦いなのです。

神は太陽系宇宙の秘密、地球が完成される秘密を、私たちに教えようとしているのです。

神のとこしえの力という点から考えると、地球が四十五億年存在しているように見えるのです。これは神の力が継続的に働いているのです。エバーラスティングパワー（everlasting power）が働いているからです。

神の力は二通りあるのです。瞬間的に働く力がエターナルパワー（eternal power）です。エバーラスティングというのは神の力が継続的に働いているのです。この二つの面があるのです。断という面と続という面とがある。これがいなずまの特徴です（ヨハネの黙示録4・5）。いなずまの特徴がそのまま神の永遠性を示しているのです。断ということも続ということも同じです。どちらでも言えるのです。

肉の思いは感覚を重んじますから、続の方だけしか見ていません。断の方を見ないで、続の方だけを見るのです。ですから、地球が四十五億年間あるとか、五十億年間あるとしか見えないのです。

この見方しかできないということが、人間が陥りやすい欠陥です。存という字も、在という字も、両方共長らえると見えるのです。これが間違っているのです。

人間は実体の世界を見ないで、感覚の世界しか見ようとしないのです。ところが、人間は断の世界と続の世界を両方意識しているのです。

人間は座っている時でも、同じ姿勢を長い間保っていられません。動かすということが伴わなければ、同じ姿勢で座っているわけにはいかないのです。人間の心理状態がそのまま姿勢に現われているのです。

人間の心理状態はいつでも動いています。心理状態の動きが、人間が生きていることの実感であり実体なのです。これが断の面です。

デカルトは、「人間の心、心理的なものはいつでも変化する。しかし、物理的なものは変化しない」と言っています。

これは彼が故意に歪んだ言い方をしてると思われますが、もし本気になってそう言っているとしたら、デカルトの見方は誠に皮相的な見方をしていた哲学者であったと言っているのです。

人間の心は神の性格においてしかありえないことを意味しているのです。動かさずにおこうとしてもそうはいかないのです。心はいつでも動き続けていなければ、心にはならないのです。これがいなずまの原理です。

一方、雷《いかずち》の面があるのです。神の面にいなずまの面と、雷の面とがあるのです。ごろごろと鳴っているのです。

ヨハネの黙示録の四章五節には、「御座からは、いなずまと、もろもろの声と、雷鳴とが発していた」とあります。神という絶対から、いなずまと、もろもろの声と、雷鳴が発していて、目に見える現象世界と、目に見えない味の世界、香りの世界、栄養の世界、美の世界、愛の世界など、様々の世界を形成しているのです。

雷はごろごろと鳴っていますが、実体はありません。いなずまは主体がありますが、いかずちは実体がないのです。

現象世界が断続的にあるように見えるのは、いかずちの面を耳で聞いているからです。自分自身の心理的な面と生理的な面を知ることが大切です。

創世とは何か。闇が淵の表にあったという条件を踏まえて、初めて創世が成立するのです。この条件を踏まえなければ、創世の原理は発生しないのです。これをよく考えてみる必要があるのです。

今、存在と呼んでいるものは、闇が淵の表にあったということを原理にしているのです。闇が淵の表にあったという原理がなかったら、存在という事がらが発生しないのです。

私たちが今現象と考えているものは、全く感覚の世界です。感覚の意識的継続を、現象と呼んでいるのです。ただ意識的な継続があるだけであって、実体ではないのです。ただ雷がゴロゴロとこだましているだけです。

ところが、聞いている感覚で言いますと、実際にあるように見えるのです。ごろごろとなっている間は、いなずまが継続的にあるように思えるのです。地球環境があるだけで、実体はないのです。

感覚の世界から抜け出してしまえば、現象が実体ではないということが、よく分かるのです。自分の感覚の世界に捉われないということを意識に実感する工夫をして頂きたい。禅宗では進歩の工夫と言います。進歩の工夫をしないと、色即是空といくら口で言っても、その実感がありません。色即是空の実感がないから、現象の事にこだわることになるのです。

私たちがこの世で経験したことは、ことの大小にかかわらず全部虚像です。親子は虚像です。兄弟も虚像です。夫婦も虚像です。目に見えるものは皆虚像です。

この世に生まれてから、肉体的に生きているという条件で経験した事は、全部嘘です。嘘の中から本当のものをつかみ出すのです。

私たちは嘘を経験しているのです。嘘を経験しているという条件の中から、本当のものをつかみ出すことができるかどうかが、勝負になるのです。

経験していることの中のどういう部分が本当であったのか。どういう部分が嘘であったのか。虚と実を自分で見分けることができると、イエスが生きていた心境が分かるのです。

どんな理由があっても、私たちは大なり小なりイエスが生きていた心境に達するのでなかったら、私たち自身が真理を知ることができないし、救いも経験することができないのです。

生きている間にナザレのイエスと同じ心境に達することが絶対的な神の要請です。イエスの心境に達して、イエスほどの継続的にその心境に留まることができなくても、イエスの心境を自分で実感できるような状態にまで、どうしても行かなければいけないのです。

そうして、できるだけその時間を長続きできるように訓練しなければならないのです。長続きするようにということは、生活でそれを具体的に表現するということです。

イエスと同じ心境に到達することが第一です。その次に、到達した心境をできるだけ持続することです。持続の時間が長いか短いかによって、キリストのボディーとしての位置が決まるのです。

キリストの手もあり足もあり、目も鼻もあります。パウロはそれをメンバーと言っています。

メンバーの一つになれるとしても、メンバーのどこに位置するかが違ってくるのです。持続の仕方の上手下手によって、メンバーの位置が決まるのです。これが報いです。救いではなくて報いです。

救いというのは、イエスの心境をそのまま実感することです。これは絶対にしなければいけないことです。後は、それをどれだけ持続して実践するかということです。持続とは実践を意味するのであって、ヨハネは次のように述べています。

「人を生かすものは霊であって、肉は何の役にも立たない。私があなたがたに話した言葉は霊であり、また命である」（ヨハネによる福音書6・63）。

この言葉の深さを実感して頂きたい。人を生かすものは霊です。命を与えるのは霊です。神の御霊の働きです。これがエネルギーです。

エネルギーという言葉の本質は、精神的なものです。物理的なものではありません。これがエネルギーの本質です。

人間の命のエネルギーは精神的なものであって、これは御霊の働きを意味するのです。

人に命を与えるものは、神の御霊の働きです。肉は何の役にも立ちません。肉というのは、神の御霊の働きが形態的に人間に感じられることです。そのように感じられるものが肉です。

そう感じられるのは、人間が肉体を持っているからです。生かされているということが、肉体的なもののように見えるのです。そのように感じられるのですが、これは益がありません。

益がないということは、実体がないということと、全くの映像であって、幻覚にすぎないということです。

肉体的に生きていると思うその感覚は幻覚です。これは原罪に基づく幻覚作用です。

五官の働きと言いましても、五官が肉体的に働いている感覚は幻覚です。目で見ているというのは、その意識的な面は幻覚です。映っていることが実体です。

客観的に物事を捉えていくのです。そうして、自分が生きているという事実を解脱していくのです。これができなければ、イエスについて行くことはできません。

なぜそうなるかと言いますと、闇が淵の表にあったということが、創世の原点になっているからです。悪魔の意識が土台になっていなければ、現象世界、物理的な世界ができるはずがないのです。

闇が淵の表になかったら、現象があるはずがないのです。

宇宙はガス体であることが本体です。物体があっても仕方がない。地は形なくむなしくということが、宇宙の原形です。闇が淵の表に座り込んだということが、おかしいのです。

悪魔はありもしない淵を自分の幻想の中で描いたのです。これがルシファーと呼ばれる大天使の創造原理になっているのです。

天使長ルシファーは、この世があるべきだと考えた。創世記一章二節の段階では、現象があるはずがないのです。海も川もないのです。海も川もないためにどうして淵があるのでしょうか。

淵はある時、ルシファーの中に生まれた幻想です。そういう幻想が起きたことが、神への反逆になったのです。闇が淵の表にあったというのは幻想です。幻想がルシファーの中に発生したのです。これが創世の原理になっているのです。

神がそれに乗ったのです。乗って悪魔を自滅させようと考えた。これが天地創造の根本原理です。

神は悪魔の反逆を、神の完成、神が神であることを宇宙に闡明《せんめい》するチャンスにしたのです。穿《うが》った見方をすると、神はそういう下心があって、ルシファーを天使長に任命したと言えるかもしれないのです。

しかし、イエスの言い方を借りれば、「人を躓かせるものはある。人は躓づくことがあるに決まっている。しかし、人を躓かせるものは災いだ」と言っているのです。ここです。

躓きがあるのはなぜか。神が弁証法的に自己完成をするとすれば、宇宙に躓きが発生するはずです。現象意識が宇宙に起きたとしても、それは当り前です。それがなければ、弁証法的な神自身の完成が考えられないからです。

だから、神は自分自身を完成するために、闇が淵の表に座るということがあるのは当然です。そういうことが宇宙に発生するのは、当然だというのです。

イエスは躓きはある。それはあって当り前である。しかし躓く原因になったのは災いであると言っています。

ルシファーは当て馬に使われたと言えるかもしれないのです。淵の表に座りこむ可能性を、ルシファーは持っていた。それを神は承知して、大天使（天使長）に任命したのです。果して彼は躓いた。

神は予め躓きを予想して、ルシファーに大天使の役目を与えたのです。

これが闇が淵の表に座ったということです。

まだ淵も地球もない時に、淵の表に座った。なぜかと言いますと、淵というものがあるべきだとルシファーが構想した。大天使ルシファーが構想したので、宇宙に甚大な影響を与えることになったのです。現象体というありもしない幻が、発生することになったのです。

太陽系以外の外宇宙を考えると、すべてガス体です。星霊の世界はガス体です。ガス体の世界には、天も地もないのです。ある必要がないからです。

アンドロメダ星雲には、三億、四億の星が集っていますが、そこには天はありません。形なくむなしくという状態においては、天も地も要らないからです。これが宇宙の原形です。一切無の状態です。

一切無というのが、宇宙の原形です。そこへ、神はルシファーという大天使を任命すると同時に、天と地という原理を設定したのです。これは悪魔が反逆する前です。神は悪魔の反逆をはるかに見通して、天という原理と、地という原理を設定した。

そこで神の大完成が想定されたのです。

13. 悪魔の反逆

聖書の一番難しい点は、第一創造（現在の天地創造）の本質が分からないことです。天使長の反逆によって、宇宙に矛盾が発生した。これが具体的にどういうことを意味するのかという問題が、現在の人間に一番分からない点です。

魂が現世に出てきました。そして、理性と良心を持った人間という奇妙な生き物がいる。黙示録第四章に記されている四つの生物が内包されている人格、性能、心理機能が、肉体をとってこの地上に現われている。これは全く奇妙な現象です。

人間は現世に生きている状態が、当り前だと思っている。現世に生きている人間から考えると、人間が現世にいることが当り前だと思えるのです。

例えば、商売人が商売をしていることが当り前だと思っている。これは今日という時点で商売をしているだけであって、一ヶ月先、一年先に、何かの事情で商売をやめなければいけない事情があるかもしれないのです。

三年先も五年先も商売人であるとすれば、自分が商売人であることが当り前と言えるかもしれません。商売人が自分だと思っているでしょう。ところが、商売人であることがその人自身であるのではなくて、その時、その時点において、そのような事情境遇におかれているだけなのです。

天使の長が反逆したのです。これは大変なことです。現世に生きている人間をそのまま承認している状態では、天使長の反逆がどういうことか、さっぱり分からないのです。

肉体的に生きているのが自分だと思っている。従って、人間が生きていることの不思議さが、全く分からないのです。そういう無知蒙昧の状態で生きている。神を知りながら神として崇めていない。また、感謝もしていない。だから、心が暗くなっているとパウロが言っているのです。

神を知りながら神として崇めていないとはどういうことか。神は宇宙存在の本源そのものであり、すべてのものの上にいますお方で、すべてのものを貫いて、すべてのものの内にいますのが神です。

現在、色々な形において存在と言えるもの、Be動詞的に存在と言えるものが神です。Be動詞というのは、私たちが現世に生きていることの最も平凡で、最もありふれた一般的なことです。

このありふれた一般的、普遍的な、当り前のことが神だというのですから、分からないのが当然だと言えるでしょう。

人間の概念から言えば、神という言葉それ自体が、非常に特別の特定の別格の存在に思えるのです。つまり、衣冠束帯の神という考え方、ある超人格、絶対的なものということになるのです。従って、そこらにころがっているようなものだとは思えないのです。

当り前のこと、普遍的なこと、最も平凡なことが神だという着想は、人間自身としてはとてもありえないことになるのです。

私たちは何となくこの世に生きています。太陽があるのは当り前、地球と太陽の微妙な関係が保たれているのは当り前と考えている。

自分が生きているのは当り前だと考えている。そういうことを当り前だと考えている感覚では、その当り前と思える事実が神だとは思えないのです。

人間は神というのは超特別な存在でなければならないと見ているのです。神というものの持ち味から言えば、すべてのものの上にあり、すべてのものの内にあるとなるのですが、これは特別のものと言えるのです。

また、同時に、神においてでなければ、万物が存在しえないということにもなるのです。神においてでなければ万物が存在しないということは、万物存在がそのまま神であると言えるのです。これは概念としては分かるとしても、実感的に、意識的に了得することが、大変難しいのです。そこで、人間は神を知りながら、神として崇めないという心理状態になってしまうのです。

人間はあまりにも神の真ん中にいすぎて、あまりにも目の前にいすぎるために、それが神だとは思えないのです。神の内にいすぎるために、神が分からないのです。

そういう感覚で見ていますから、すべてのものが存在するのが当り前だと思っている。当り前だと思っている俗念、常識で考えますと、天使長が反逆したことが分からない。なぜ聖書にそう書いてあるのか、分からないのです。

エゼキエル書などの預言を見ますと、悪魔の正体は天使の長であったと記されています。現世の異邦人として神の約束に係りのない、全く先祖代々神の御霊、神の約束による導きを受けていなかった民族の子孫として考えてみますと、天使の長が反逆したことが何のことか全然分からないのです。

ここの所を深く理解しなければ、神の福音の大原則がなかなか理解できないのです。

この点を簡単に言いますと、現在このような現象世界が現われているということが、天使長の反逆を証拠だてる唯一無二の絶対的な証明になるのです。

神は霊なるものです。霊なるものが肉なる形で現われるはずがないのです。現象的な形で現われるはずがないのです。

現象的な形で現われている原理を言いますと、物理が働いて現象体ができています。物理的な原理が働いてそうなっているということは、そうしなければならない理由があったからです。神がそのように仕向けなければならない理由があったからです。理由があったからそうなっているのです。

神はすべてのものの上にある。上にあるというのは霊なることをさしているのです。または、天なることをさしているのです。これは人間が考える物証的な意味での上とか下とは違います。霊であり天であるのが上です。

神は霊なるものでありまして、天そのものです。これが肉として、地として現われなければならないはずがないのです。肉は地です。物は肉であり、地です。神は天ですから、地として現われることはないのです。

天使はいわゆる神の使いです。風となり、炎となすとありますように、風は動くことでもあり、力でもある。また、絶対性を意味することでもあるのです。神の絶対性、動的な形が風として現われているのです。

炎としての天使は、暖かさとか、光として現われています。

風的な面と、炎的な面の働きが天使です。天使は元来そういうものであって、これが物理として現われなければならないものではないのです。風は風です。炎は炎です。物ではありません。物理的に現われれば物になりますけれど、本来天使は霊なるものです。

ところが天使長は反逆によって、固定した感覚によって誇示しようと考えた。有形の世界が現われるべきだし、現われなければならないと考えだした。天使長がそういう思想を持ち出したのです。これがいわゆる天使の反逆の内容です。

神はそれを、あえて止めようとはしなかった。そうするならそうしてみなさいと考えた。果してそれが正当なのかどうかを見ることにしたのです。

天使というのは、本来神の御心によらなければ働けないのです。天使が天使自身の心によって働くということは、違法行為です。

ルシファーという輝ける天使長が、違法行為を始めた。そこで、宇宙に矛盾が発生したのです。物理という霊なることが、肉なることとして現われる機縁が発生した。そのようなチャンスが到来したのです。これが天地創造の原理です。

霊なる天使長が肉なる思いを持った。そこで、物理が物体となって現われる起縁となったのです。

神はあえてそれに反対しようとはなさらなかった。なぜなら、物理が物体となること自体が、間違っているからです。

物理は霊なるものですから、どこまでも霊であるべきなのですが、それが肉として現われることになった。もちろん神は全知全能ですから、それを押えようと考えたら、押えられたに決まっているのですが、神は押えようとはしなかった。

天使のなすがままに任せておいて、神は神自らの御心に従って、「光あれ」と言われたのです（創世記1・3）。「光あれ」というのは、物理が物体となることはよろしい。ところが、物理が物体となることの原理が、光でなければならないのです。言がなければならない。

光は言《ことば》です。命です。命である言が、物体として現われているのならよろしい。しかし、言という法則によらなければならないと神が言われた。これには天使長も反抗できなかったのです。

天使の働きは、法則によらなければ活動できないのです。闇の力、悪魔の力は、言の働きを用いなければ悪魔が悪魔たりえないのです。物理が物になりえないのです。

物理が物になるためには言のルールに従って働かなければならない。このことを悪魔は見落としていたのです。

闇はそれを悟らなかったとあります。英訳では、the darkness apprehended it not となっています（ヨハネによる福音書1・5）。闇はそれを理解できなかった、予知できなかった、意味を捉えることができなかったのです。

言が神であることを悪魔は悟ることができなかった。物理は物であればいいと、簡単に考えたのです。

ところが、物理が物であることの根源が何処にあるかと言いますと、言、命、光が働いて物理が物になるのです。神がこのような条件をつけられたことは当然です。

宇宙には宇宙自体の大鉄則があります。霊なる大鉄則は神ご自身であって、これを破ることは絶対できないのです。神は絶対ですから、絶対を破ることは、天使長でもできないのです。天使長は物理が物体となったことで、満足していたのです。「わが事はなれり」と考えたのです。ところが、ここから天使長の滅びが、始まっていたのです。

物理が物となるということ自体が、神の言の働きを持たなければ、実現しないのです。ところが、神の言は霊なるものですから、物理が物体となる必要はなかったのです。物質的現象が生じなければならないことはなかったのですが、神の御心によって、悪魔の反逆を一時許して、一時的にそれを容認する形をおとりになった。それは、悪魔の考え方が根本から間違っていることを指摘するためだったのです。

一時的に霊なるものが肉なるものとして現われることをお許しになったのですが、現われる道程の絶対原則として、言によらなければならないと設定されたのです。これがヘブル人への手紙二章二節の「御使たちを通して語られた御言」ということです。

神の言の働きによって、物理が物体となった。これを聖書的な言い方をしますと、御使いたちを通して語られたということになるのです。

実は神が語っている御言が、現象世界になって現われているのです。しかし、現象体という事がらの持つ意味が肉なのです。

現象体が生成発展していく原理は、霊です。霊なる原理に基づいて、肉なる状態が生じているのです。

このことを考えますと、御使いたちを通して語られた第一創造というものは、本来的に神の御心によるものではなくて、天使長の反逆によるものです。それを、現在の人間はそのまま鵜呑みにして、あたかも神の御心によって現象世界が存在するものであるかのように思い込んでいるのです。

神の御心によって、神の言が働いていますけれど、霊なるものが肉なるものとして現われる根源的な原因は、天使長の反逆によるのです。

神がこのような有形的な現象世界を喜んでお造りになったのではないのです。神は万物を通して神の神たること、神性と永遠の力を万物を通して現わしておいでになるのです。

神の言によって万物が造られたのですから、神ご自身の力が、万物を通して現われるのは当然ですが、万物をお造りになられたこと自体が、神の喜びの御心から出たものではないのです。天使長の反逆によって、一時的にそのような状態をお許しになったのです。

これが人間には全く分かっていない。だから、現象世界に生きているということが、あたかも上等のもののような気持ちになっているのです。これがすばらしい神の大創造の内にいるように思っているのです。

確かに現存する万物は、神の創造に決まっています。神が許したまわなければ、こんなものができるはずがないのです。しかし、有形的な現象は脆弱な諸行無常と言えるような形でなければ存在しえないものなのです。

天使の反逆という矛盾が宇宙に発生したことによって物体が発生したのですから、物体が今存在している原理は、いわゆる弁証法的に存在しているのです。弁証法でなければ存在しえないのです。

宇宙に矛盾が発生して物ができた。従って、物があること自体が矛盾しているのです。矛盾においてでなければ物は存在しないのです。

弁証法という矛盾性を基礎にしなければ、物が存在しない。矛盾を土台にしなければ、物は発生し、存在しえないのです。

物質が創造され、保存され、やがて完成されていくという方式は、そのまま弁証法ですが、弁証法の原理は哲学的に言えば矛盾そのものです。

弁証法は矛盾そのものだということを考えても、現存する万物が天使長の反逆によってできたことが分かるのです。

天使長の反逆という矛盾が発生しなければ、物が存在するはずがない。これがなかなか現在の人間に了得できないのです。

人間が何のためにこの世界に遣わされたのかと言いますと、物質が存在することは悪魔の反逆によるものだということを見極めるためです。

神は霊であって肉ではないということを確認して、肉的現象世界にありながら、霊に従って歩むものとなるために、人間の魂が肉体をとってこの地上に遣わされたのです。

肉体をとってこの地上に現われたということは、現象的な矛盾というコンディションをそのまま魂が持たされて、この矛盾を克服して矛盾ではないもの、いわゆる神の当体にたどりつくということが、魂に与えられた重大な使命なのです。

「肉の思いは死である。霊の思いは命と平安である」とパウロは言っています（ローマ人への手紙８・６）。私たちは現世において、霊の思いに追いつかなければならないのです。肉の思いを脱却して、これを脱皮して霊の思いに到りつくのです。それで自分自身を完成することができるのです。これ以外のどの方法を用いても。魂の完成は不可能です。

私たちは神から出てきました。この世を去ってまた神に帰るのです。父から出てきた魂が、この世を去ってまた父の元に帰るのです。父の元に帰るには父がどのようなお方であるかを正しく弁えなければならないのです。

神が善であって、喜ぶべくよきものであることを弁えるために、心を更えて新にせよとパウロが言っているのですが、このことを実行して頂きたいのです。

現世における肉体生活の矛盾をつきとめて、神に帰るのです。現世において霊的に弁えることです。これをしなければ、父の元に帰ることはできません。父の元に帰ることができなければ、永遠に迷うしかないのです。

父の外に放り出されることが、外の暗きに放り出されることになるのです。人間の魂は父の元に帰らなければ暗きに行くしかないのです。

宇宙の大法則は、神の言による大法則、約束に基づく大法則ですが、それを弁えて神の約束、神の言の中にいるのでなかったら、神の言の外に放り出されてしまうのです。神の言の外に放り出されたら、必然的に裁きにつながっていくのです。神から出てきたものが神を弁えない状態であるために、神に辱められることになるのです。

人間は父ご自身の機能を与えられている。父に帰らないで自分自身の中を彷徨っていれば、当然神の外に追い出されることになる。これが外の暗きです。外の暗きに放り出されて、悲しみ歯がみして悔しがることになるのです。

人間は本来、神の子であるという十分な恵みを受けていながら、神の子であるという身分を正しく弁えないで、天使長によって生じた現象世界をそのまま鵜呑みにしていますと、天使長の反逆に同意した者と見なされる。そうして、神から誅伐《ちゅうばつ》を受けることになるのです。辱めを受けることになる。これが霊魂の裁きです。

これから逃れようと思えば、好んでも好まなくても、第一創造における矛盾性を自覚して、第二創造への神の処置をそのまま受け取ることをしなければならない。これがキリストの復活を信じるということになるのです。

第一創造は御使いを通して語られた言によってできています。これでさえも、神の法則、時間、空間の法則を曲げることはできません。

天使たちを通して語られた神の言でさえも、あらゆる罪とか不従順に対して、正当な報いが加えられるのですから、ましてや、イエス・キリストを通して神が語った福音に対して、聞き従わない者に対しては、その刑罰は大きいのです。

神は人間の魂をなぜこの世に遣わしたのか。人間という奇妙な生物がなぜこの地上に存在するのかということについて、神が直接示されたのです。

天地万物は御使いを通して神が語られたのです。これは物質的現象を通して、神が語ったという意味です。

ところが、福音はそうではない。福音は神の御子なる一人子が、神の一人子自らがこの世に肉体を取って来たりたもうて、ご自身の口によって語られたのです。

「この救いは、初め主によって語られたものであって、聞いた人から私たちに証されたものである」とあるとおりです（ヘブル人への手紙2・3）。

神は天地創造の原理を、アブラハム、モーセに示された。エノクやアベルにも黙示されたのです。そして、預言者たちを通して語られたのです。

イエスは神の預言に従って、この地上においでになったのです。肉体を持っている神として、一人子の栄光を現わしになったのです。

恵みと誠がイエスによって現わされた。恵みと誠が神の福音の実体ですから、これが万物を通して、物によって語られたようなものではないのです。

物によって語られるのは、人間が肉体を持ってこの地上にいるということについてです。ところが、主イエス・キリストによって語られたことは、人間がこの地上に住んでいることについて語られたことではないのです。人間の魂の本源、本来あるべき状態、神の国、または、神の計画に従って、新天新地が現われるべきこと、神の国の奥義が語られたのです。

御使いたちを通して語られたことは、現世の生活における基本を語られたのです。ところが、イエス・キリストを通して語られたことは、神ご自身の永遠の経綸、永遠の計画に従って、神の約束の大精神を語られたのです。

現象世界はやがて消えてしまう。そうして、霊なる神の国が現われる。これをイエス・キリストがお示しになったのです。

人間の魂が現世において、神の福音、神の約束に着眼して、イエス・キリストによりて語られた事実を人間の魂が了得する時に、人間の魂自身が神の計画を受け入れることができるのです。

イエス・キリストは自らそれを信じておられたし、また、イエス・キリストの信仰が神によりて承認されたのです。そのしるしが復活です。

イエス・キリストの復活によって、神の勝利が完成されたのです。神が完成されたという事実を聖書によって知り、現実の人間歴史の底を流れている神の約束の成就によって、これを悟ることができるのです。

今や、神の約束は成就しています。これが二〇一七年という年号によって現われていますし、日曜聖日を守るというあり方によって、現われているのです。

このような事がらが福音という大原則であって、復活という観点から考えますと、現象世界は一つの物語に過ぎないのです。現象世界は実体ではないのです。現象は真実ではないのです。

現象世界はどうしてできたのか。天使長の反逆によって、神はこのような世界を現わさなければならなかったのです。一時的にこのような世界が現われていますが、神の言の働きよって現わされているだけであって、物体が実体的に存在するのではないのです。

私たちは幻の世界に、幻の命を与えられているのです。幻の世界において、神の永遠性、神の神たることが、御子キリストによりて語られたのです。

主イエス・キリストこそ、救い主であり、命であり、誠であって、イエスは血と水と御霊とによって来たのです。血は万物の命の代表であり、水は地球の代表という意味です。毎日、毎日、生かされていることが御霊の働きですし、聖書を勉強して少しずつ理解できるということも、御霊によるのです。

私たちも血と水と御霊によって生かされているのです。イエス・キリストと同じ過程を生かされているのであって、神の御子の証がそのまま私たち自身の証として与えられるのです。

現世はどこまでも幻の世界であることを確認しなければならないのです。このことを確認する時に、初めて神の御心に従って、父を見ることができる。従って、父の元に帰ることができるのです。これがイエス・キリストによって示されたのです。

14. 悪魔に勝つ

皆様は現在、生きていることを経験しています。目が見えることが生きていることです。耳が聞こえることが生きていることです。生きているということは何かです。

人間は生きていることを実際に経験しているのです。だから、お腹がすくのです。商売ができるのです。仕事ができるのです。ところが、生きているということを経験していながら、生きていることがどういうことかが分からない。だから、死んでしまうのです。

生きているということがどういうことかが分かれば、死なないのです。生きているとはどういうことかが分かれば、死ななくなるのです。

毎日、寝たり起きたり、食べたり飲んだりしていることが、死なない命を勉強しているのです。肉体は死にます。肉体が死ぬという問題と、霊魂が死ぬということは別のことです。

肉体は実存しているのではありません。仮存しているのです。仮に存在しているのです。仮に存在している肉体は脱ぎ捨てなければならないに決まっています。肉体を脱ぎ捨てることは当然あるべきことです。

心臓が止まることが死ではありません。人間はそれが死だと思っているのですが、間違いです。人間が肉体的に生きていることだけを命だと思っているから、そういう間違いをしているのです。

人間は本当の命を知りません。命に対して誤解をしているのです。心臓が止まることが死だと、医学で勝手に考えているのです。これは間違っているのです。こういう間違った概念を捨ててしまえば、死なない命は誰でも分かるのです。

なぜ聖書を信じないのでしょうか。聖書と医学のどちらを信じるのでしょうか。日本人は万人が万人共、医学を信じるというでしょう。

霊魂の観点から言いますと、皆様は命が分かっていないのです。生活のことを命だと思っているのです。現世に生きていることは命ではありません。これは生活です。生きているということは、神の国に生きることをいうのです。

イエスは「神の国に入れ」と言っています。「水と霊とによって新しく生まれて、神の国に入れ」と言っています（ヨハネによる福音書3・5）。これが命です。生きていることです。

水と霊とによって新しく生まれて神の国に入っている人は、生きていると言えるのです。このことを経験している人はほとんどいないのです。

日本人はキリスト教を信じていますが、聖書を信じていません。宗教ではない聖書があるとは思っていません。キリスト教の聖書も、宗教ではない聖書も、ほとんど同じものと考えているのです。

復活したイエスは、現世に生きている人間とは違った命を生きていました。人間とは別の命を生きていたのです。

イエスは神の国に入っていました。皆様は現世で日本に生きています。ここが違うのです。皆様に改めて言います。神の国に入って頂きたい。水と霊とによって新しく生まれて神の国に入ってください。聖書はこれを強く提唱しているのです。現世から出てしまうのです。

まず水と霊とによって新しく生まれるのです。洗礼を受けることによって、この世から消えてしまうのです。そして御霊を受けるのです。御霊を受けることによって、考え方がすべて御霊の考えに変わってしまうのです。

本当の洗礼は日本にはありませんし、本当に御霊を受ける、聖霊を受けることも日本にはありません。幸いにして私はこの二つを正しく経験させられたので、お話ししているのです。

死ぬということは大変なことです。皆様はどうしても避けることができない問題です。この問題を御霊によって考えていかなければならないのです。

人間は見ることができるのです。これは信じることができるということです。believe in Godという言葉が聖書にあります。これは神において見る、神において信じるということです。これは霊的に見るとほとんど同じ意味になるのです。

現象的に見るという機能が、心理的に作用することを信じるというのです。そういう機能が人間の中にあるのです。

人間の心理機能の働き、五官の働きは、生まれる前に神に植えられたものであって、神のロゴスが植えられていたのです。受動性のロゴスが植えられていたのです。

神の創造は能動性のロゴスです。これを受け止めるロゴスは、受動性のロゴスです。これはちょうど愛するという働きの男性的なロゴスと、愛されるという女性的なロゴスと同じです。こういう能動性のロゴスと、受動性のロゴスがあると考えたらいいのです。

人間にも、物を造るとか、考えるという意味での能動的なロゴスがないわけではありません。しかし、神に対しては、見る、聞くという形で、ほとんど受動性のロゴスになっているのです。

ところが、これが制限されているのです。空中の権を取っている司によって、五官として人間に植えられているロゴスの働きが制限されているのです。五官は本来、霊的に働くべき性能を持っているのですが、神から与えられている感覚性のすばらしい面を、現象的な面だけに押さえられているのです。霊的に働きことができないように、仕向けられているのです。

人間自身が自分の心理作用の働きの自由を持っていない。そこで、現象的には感受できるけれども、霊的には感受できないという状態になっているのです。

舌で味わうことができますが、魂で味わう味が全く分かっていないのです。舌で味わう味の中には、おのずから魂で味わう味が含まれているはずですが、それが分かっていないのです。

一つの存在には、天の面と地の面があるということを、聖書に書いています。そのように、両面がありながら、地の面は理解できるけれど、天の面が全く理解できないという情けない状態になっているのです。これが原罪による罪人の無明煩悩ということです。

人間は無明によって縛られている。ここに原罪動物としての悲しさがあるのです。現象的には見ることができるが、非現象的、霊的には全く捉えることが出来ないのです。

少し考えてみれば誰にでも分かりそうなことですが、現象世界のすばらしい状態は、現象的にのみ存在すると考えるのはおかしいのです。

一軒の家を建てるとしますと、まずどういう家を建てたらいいのか考えるでしょう。日本風にするのか、西洋風にするのか。外観の形、色、間取りなど、様々なことを考えるでしょう。大体の考えがまとまったら、その考えをまず図面に書いていきます。図面を書いては消し、また、書いては消していって、自分の理想どおりの図面を仕上げるのです。そういう原図、原型ができなければ、家は建てられないのです。

小さな小屋を建てるなら図面がなくても、いきなり組み立てることもできますが、何十年も、何人もの人が住もうという住宅を建てるためには、それだけの準備をしなければいけないのです。

五十階や六十階という超高層ビルを建てようとしたら、膨大な量の図面と、計算書類がいるでしょう。ましてや、森羅万象が存在する地球を創造しようと思えば、創造者の考えの中に、まず天地万物についての大構想が練られたに決まっているのです。その大構想に基づいて、計画が造られたに違いないのです。

地球の場合には原図はありませんが、全知全能の神が神の全能において計画されたのです。

大体、人間の思考能力とか製造能力は、神の形のように神にかたどりて造られているものですから、人間のやり方を霊的に広げて考えてみると、神の性格、能力が想像できるのです。

家を建てる時の人間のやり方を言いましたが、神の天地創造の場合も、当てはまるに決まっているのです。まず、神の思考、構想があった。それから、試行錯誤を経て、天地が創造された。これが創世記の第一章に記載されているのです。

そうすると、地球が造られる原案、原図は何であったのか。思考能力が健康な人なら、大体の想像ができるはずです。

霊の流れを見ても、神の御心が何であるかということが、大体分かるはずです。夕焼けの空を見ても分かるはずです。

「雲が西から来るのを見れば、お前たちは雨が降ることを感じるであろう。また、南風が強い時は、暑くなると思うだろう。そのように、お前たちは天候や気候の状態を見ることができる。それなのに、時のしるしが分からないのか、偽善者め」とイエスがパリサイ人を叱っているのです（マタイによる福音書16・1〜3）。

実際、人間は天候を見ることができる。気候を感じることができる。それほどの叡智があれば、時のしるしくらいのことは分かるはずです。

イエスの時代、新約の時代とは何であるのか。西暦紀元の新約の時代とは何であるのか。これがユダヤ人に分からないはずがないのです。ところが、ユダヤ人は新約の時代が分からない。イエス紀元の時代が分からないのです。分からないと言って頑張っているユダヤ人の頑迷さはひどいものです。

　ところで、異邦人の皆様はいかがでしょうか。イエス紀元とは何のことでしょうか。なぜイエス・キリストの誕生によって紀元元年ができたのでしょうか。こういうことは、現世における歴史的段階をよくよく考えれば、目に見えない神の御心が何であるのかということくらいは分かるはずです。

　山の姿を見る。リンゴの形を見る。牛の姿をじっと見れば、牛を牛とする原形は分かるはずです。

　牛の原形とは何か。犬が走っていますが、犬の原形とは何か。なぜ神が犬を造ったのか。それくらいのことは分かるはずです。

　皆様は食べたら味が分かります。食べて味が分かる人は、味の原形が分かるはずです。それが分からない人は食べる資格がないのです。

　神はそれを知る能力を皆様に与えているのです。もう少し自分の理性に従って五官を考えたら、生まれる前に植えられた神のロゴスが自分の魂の本源であることが分かるはずです。

　五官を持っているということは、神のロゴスを持っているということです。これをはっきり認識すればいいのです。

　ヤコブの言い方をすれば、植えられている御言葉を受けるのです。それを受け止めさえすれば、自分の魂の本性の性能が何であるかが分かります。分かりさえすれば、霊の目を開くことができるのです。

ところが、それができない。なぜできないのか、肉の思いによって押さえ込まれているからです。自分自身の肉の思いで、自分の心が束縛されているのです。

人間全体の肉の思いが積もり積もって、空中の権ができているのです。人間社会のの権威を造っているのです。人間社会のオーソリティーを造っているのです。これが学問の権威です。常識の権威です。知識の権威です。人間自身の経験の積み重ねという恐るべき権威です。これが空中の権となって、人間の心を縛り上げているのです。

そういう縛られたままの心で見ているから、御霊が分からないのです。

人間は現実において、霊的に見るだけの本性を与えられているのです。霊的に見る本性を与えられていながら、その本性を活用していない。そうして、肉性ばかりで生きているのです。

これは人間の本性がへびであることを示しているのです。

元々、へびの本源はルシファーと呼ばれる天使長です。天使の長であった輝けるものルシファーが、創世記の第三章ではサーペントという文字で現わされているのです。

天使長は神に対して、自分自身の存在を主張した。自我意識を創作したのです。神を離れて自我が存在しうるという新しい概念を自分で造ったのです。これが虚偽の創造の第一原理になっているのです。

自我の確立が近代文明の第一原理になっているように、自我意識の創作が宇宙の罪の第一原理になっているのです。へびはこれをしたのです。神から離れて自分が存在するという意識を創作したのです。

その結果、天使長の位を取り上げられて、天から追い落とされた。ところが、本人は自我意識が悪いとは思っていないのです。

現在の人間も、自我意識が悪いとは思っていません。デカルトに至っては、「我思う故に、我あり」と、自我意識は当たり前だと堂々と言っているのです。これははっきりへびの意識です。そういう意識によって、西洋文明が造られている。また、今日の学校教育ができているのです。

民主主義の基本概念は自我意識を持った人間の概念ですが、この根本原理を造ったのは天使長である悪魔です。へびです。へびの思いが、「我思う故に、我あり」という原理を造ったのです。

私は思っている。思っているから神から離れて独立することができると考えたのです。デカルトの考えは、そのまま天使長ルシファーの考えだったのです。

天使長は天から追い落とされたけれど、彼には「我あり」という意識は少しも衰えていません。

宇宙に自尊心という妙なものが発生したのは、自我意識から来ているのです。自我意識がなければ、自尊心というばかなものはあるはずがない。従って、不平不満とか、欲求不満というものがあるはずがないのです。

強迫観念、被害妄想、取り越し苦労、恨み、苦しみ、悩み、悲しみは自我意識があるから発生するのです。犬や猫にはそういう気持ちは一切ありません。自我意識がないからです。人間は自我意識があるために、勝手に苦しんでいるのです。これははっきりへびの意識です。へびの意識が人間の中にあって、とぐろを巻いているのです。

へびにはそのような威張って踏ん反り返る面がありますが、もう一方で、おどおどして、私はだめだ、私はだめだ、自分みたいなものはだめだという意識があるのです。

私はだめだというのは、天から追い落とされたへびは、天には帰れない。だから、私はだめだと思っているのです。

ところが、もう一方では、自尊心を振りかざして威張っているのです。他方では、私はだめだと思い続けなければならないような、哀れな運命にあるのです。

へびは死そのものです。神に呪われたのですから、いくら謝っても神は許してくれません。また、謝ろうという気持ちが起きないのです。絶対に反省しないのがへびの気持ちです。

皆様は私はだめだと思いながら、本当に砕かれようという気持ちにならないでしょう。だめだと思いながら、自分の気持ちを投げ出すことができないでしょう。これが皆様の気持ちがへびの気持ちであることの証明になるのです。

へびは天から追い落とされて、死んでしまった。死んでしまっているが、現在の状態はまだ活動しているのです。この世がある間は、人間がへびを崇めているために、人間を自分の手先にしているのです。

人間がへびの根性を自分自身の根性だと錯覚している間は、人間の上に乗って生きているのです。人間を自由に使っているのです。

へびは本当は死んでいるのです。本当は死んでいるのに、人間がそれを甘やかしている。人間がへびを信じている。へびを尊敬しているために、へびは生きて、世界の政治、経済、宗教、文化を支配しているのです。人類全体を支配し続けているのです。

自尊心はへびを尊敬する気持ちです。そういう気持ちが人間にあるから、へびはのうのうと生きていられるのです。これが空中の権になっているのです。

へびに権威を与えているのは人間です。皆様は自我意識を認めています。自我意識を認めていることは、へびを認めているのです。皆様は自我意識を認めているどころか、白我意識を尊重しています。自我意識を尊重していることは、へびを崇めていることになるのです。

ところが、もう一方において、自分は死ななければならないと思っている。死ぬに決まっていると思っているのです。私はだめだ、私みたいなものは死ぬしかないと思っている。これはへびの思いがそのまま皆様の思いに移っている証拠です。

私はだめだ、本当にだめに違いないと思っている。へびの気持ちが皆様に移っているから、だめだと思っているのです。そして、地面（現世）を這いずり回っているのです。

「一生、地に腹ばいて、ちりを食う」とありますが（創世記3・14）、それを人間はしているのです。この宣告は元来へびに与えたものですが、人間がそれを実行している。人間がへびの子になったからです。

現在、皆様の頭の中にあることは、地上のことばかりです。あの人が良い、あの人が悪い、あの人は得をした、自分は損をしたとそういうことばかりを考えている。ちょっと損をすると、自分が大損をしたような気持ちになって、落ち込んでしまうのです。地に腹ばいて、地のことでうろうろしているのです。

そこで、パウロの忠告を聞いて頂きたいのです。

「このようにあなたがたはキリストと共に甦らされたのだから、上にあるものを求めなさい。そこでは、キリストが神の右に座しておられるのである。あなたがたは上にあるものを思うべきであって、地上のものに心を引かれてはならない」（コロサイ人への手紙3・1、2）。

上にあるものを思うべきの「思うべき」というのは、英訳ではセット・ユアー・マインド（set your mind）になっています。お前たちの精神を上に置いておきなさいと言っているのです。

上という言葉は非常におもしろい言葉です。上を英訳ではアバブ（above）となっています。

アバブは上下の上という意味に使います。頭の上という意味もあります。

本来、アバブは頭の上という意味から来た言葉のようです。人間は頭の上が見えないのです。顔を上に向けると大空が見えますが、頭の上は見えていないのです。

結局、目に見えないことをアバブというのです。頭蓋骨の上のことです。目に見えない所へマインドを置けというのです。そうすれば、へびに勝てるのです。

現実的に生きている自分は、死ぬに決まっている自分です。死ぬに決まっている自分を自分だと思い込んでいる人は、絶対にへびには勝てません。勝てるはずがないのです。死んでいくに決まっている自分を自分だと思うことは、へびを自分だと思っていることですから、へびに勝てるはずがないのです。死に勝つことができない。神を信じることができないのです。

キリスト教の人々で、神を信じたいと思っている人はいるでしょう。しかし、神を信じている人は一人もいません。

聖書の勉強をしている人はたくさんいますが、聖書を勉強していても、神を信じていることにはならないのです。

聖書の勉強をしている人は、その瞬間だけ神を信じているつもりになっていますが、勉強をやめると、神を信じた気持ちから離れてしまうのです。

聖書を勉強している人で、御霊を受けていない人は、背伸びをして聖書の中を覗いているだけです。普通に勉強している人は、神の国が見えていないのです。ところが、見えていると思っている。これが宗教観念です。

こういうことを何年しても、何十年しても、神を信じることはできません。聖霊を信じていないからです。聖霊により頼んでいないからです。

聖霊により頼まなければ、聖書の本当の奥義は教えてもらえません。ユダヤ人が現在もなお、旧約の掟の中に首を突っ込んでいる。ユダヤ人は聖霊降臨という大事実を知らないのです。全く知らないのです。

ヨーロッパの人々は聖霊降臨祭、ペンテコステを祝っていますが、ユダヤ人はそれに反対して、臍を曲げているのです。

ペンテコステは元々ユダヤ人の祭りです。ユダヤ人の祭りにユダヤ人が臍を曲げている。ペンテコステはユダヤ人が臍を曲げる記念日になっているのです。こういうおかしなことをしているのです。

ユダヤ人はペンテコステの本当の意味が分からないのです。それは地面を這いずり回って、上のものを見ていないからです。

ユダヤ人は下にあるものばかり見ているのです。地の上のこと、地上のことばかりを見ているのです。地の上のことを思うなとパウロが言っています。

今のキリスト教の人々でも、自分の魂の救いのことばかりを考えている。皆様にもその傾向がないとは言えないのです。

自分の魂の救いを考えるというのは、ニコデモの考えと同じです。ニコデモがイエスと話した時に、人間が新しく生まれるということが問題になったのです。

イエスが人間は新しく生まれなければならないと言った時に、びっくりしてニコデモは、「もう一度、母の胎内に入って生まれるのですか」と聞いたのです（ヨハネによる福音書3・4）。「地のことを私が言っているのに信じない。天のことを言ったらどうして信じられるのか」とイエスが言ったのです（同3・12）。

地のことというのは、人間が新に生まれるということです。人間が新に生まれることでさえも、地のことであるとイエスが言っています。皆様が考えていることは、ほとんど地のことです。自分が聖霊を受けたいと考えている。自分の信仰が増し加えられるようにと考えている。

自分の商売のことはもちろんですが、聖書を学んでいることさえも地のことに結び付けているのです。自分の中にいるへびをどうしようかと考えている。これは地のことです。そのへびを退治したかったら、上のことを思えばいいのです。

へびは地面を這いまわっています。地のことを考えている。地上に生きている自分のことを考えているのは、それが霊的なことのように思われても、実は本当に霊的なことではないのです。地のことです。天のことではありません。

それでは、天のこととは何か。そこでは、キリストが神の右に座しておられるのであるとあります。これが上（天）のことです。これだけではありませんが、これは上（天）のことの根本です。

上のことの土台は、キリストを思うことです。地のことの土台は、自分のことを思うことです。たとえそれが信仰的なことであっても、自分のことを中心に考えている人は、やはり地のことを思っているのです。

キリストのことを考えている人は、幼稚な考えであっても、上にあるものを思っているのです。これをして頂きたい。自分のことを考えないで、キリストを考える癖をつけるのです。そうすると、へびに勝てるのです。地の思いに勝てるのです。世につける思いに勝てるのです。

人間の歩みというのは、本質的には肉の自分が生活しているのでなくて、生活させられているのです。ことに商売をしている場合は、一人ひとりの客を自分が引っ張ってくるのではない。すべて、与えられた条件によって商売をしているのです。与えられた条件によって商売をしているということは、神の導きによって商売をしているということです。

ところが、自分が商売をしていると思っている。そして、年中あくせくしているのです。いつも焦っているのです。こういう愚かなことを考えないで、神の右にキリストが座しておいでになることだけを考えて下さい。

皆様はキリストを信じているつもりでしょう。皆様が信じているキリストは、神の右に座しているのです。

神の右とは何か。全知全能の神が宇宙で一番偉いのですが、そのお方の右というのは、神よりもう一つ位が上です。キリストが神の右に座しておられることを考えて、皆様がもし本当にキリストを信じているとすれば、皆様の願いはそのまま宇宙のあらゆる事がらより優先することになるのです。イスラエルを救いたまえという私たちの願いは、宇宙のあらゆる事がらよりも優先されるのです。

地球が自転、公転しているということよりも、私たちの祈りの方が神の前には大きい力を持っているのです。

イエスは風が吹いているということよりも、自分の信仰の方が大きいことを知っていた。だから、風に向かって「静まれ」と言ったのです。そして、風が静まったのです。

本当にキリストを信じて頂きたい。本当にキリストを信じたいと心に願っていることは、宇宙のあらゆる事がらに優先するのです。

モーセはイスラエルの民に祈ったから、自然現象よりもモーセの祈りが優先したのです。紅海の水が裂けたり、岩から水が噴き出したりしたのです。

イエスはイスラエルの人たちにパンを与えるために神に祈った。パンがない所からパンが湧いてきたのです。

奇跡というのは、自然法的な宇宙の法則より優先することをいうのです。大自然の法則より優先するのです。だから、水が葡萄酒になったのです。水の上を歩き、死んだ人を甦らせたのです。

キリストに対する祈りは、大自然の法則よりも勝っているのです。地球が回転していることより、太陽が輝いていることよりも、さらに強力なものです。これがキリストが神の右に座したもうという事実です。

だから、モーセが祈ると、大自然の動きが止まったのです。地球の回転よりも大きいこと、銀河系の流れよりも大きいことは、キリストが神の右に座したもうという驚くべき大事実です。この事実を信じる人だけを、キリストを信じるというのです。

人間は誰でも、自分が信じて何とかしなければならないと思っています。十字架でも、自分が信じなければならないと思っている。その自分がへびです。だから、いくら信じてもだめです。

自分が十字架を信じなければならないと考えている。そう考えている自分がへびです。へびがそう思っているのです。

へびは妙なことをするのです。へびは元々天にいたのですから、神をよく知っているのです。ヤコブの手紙にもありますが、神が神であることは悪魔でも信じているのです。悪魔でも神を怖がっていると書いています。

ヨブ記を見ますと、サタンが堂々と神の前に出てきて、神と問答をしているのです。だから、へびはなかなか偉いのです。皆様の中にいるへびは大した向こう気を持っているのです。福音でも十字架でも理屈は知っています。聖書の言葉をよく知っているのです。宗教観念というのは、すべてへびが聖書を学んでいる気持ちをいうのです。

悪魔はもし神が許してくれるなら、その方が得だという計算ができるのです。しかし、また、自分は絶対に許してもらえないという気持ちがあるのです。それが人間の宗教心になって現われているのです。

人間が考えていることは、良いことを考えても、悪いことを考えても、全部へびの考えです。親孝行を考えると、それがへびの考えです。親孝行よりも、神信仰を考えなければいけないのです。親孝行よりも神に孝行することが本当です。

自分の肉体を養うことよりも、魂を養うことの方が大切です。この世の商売よりも、聖書の信仰の方が大切です。ところが、そんなことをしていたら、ご飯が食べられなくなるとか、生活ができなくなると考えるのです。そういう考え方はへびが信仰しようと思っているから起きるのです。

へびが信仰しようと思っていると、商売をしなければ信仰ができない、生活の安定があっての信仰だと考えるのです。こういう考え方が根本から間違っているのです。

商売があっての自分と考えるのは、自分で自分の商売を握っているのです。自分の人生は自分のものだと考えているのです。

キリストが神の右に座しておられるのです。現在のイエス紀元の時代においては、地球が回っているということが、そのまま神の国になっているのです。

今、ここに私がいるということが、そのまま神の国にいることになるのです。ところが、神の国だと考えずに、現世だと思っている。だから、考え方が全部、地につける思いになるのです。これは愚かな考えです。

地球全体がイエス・キリストの十字架によって贖われている。ユダヤ人を初めとして、人間全体はこれを知らないのです。

十字架というのは、自我を否定するという辛い面もありますが、結構な面がはるかに多いのです。人間の自我意識で考えると、辛い面が多いのです。自分を捨てよとか、自分の命を憎めという面があるのです。

これはイエスが十字架にかかるまでのことですから、そういう言い方を強調したのですが、今やパウロが言うように、私たちは皆キリストと共に甦らせられたのです。

従って、十字架以前の人間は一人もいないのです。現在、すでに神の国が来てしまっているのです。聖霊が降臨したというのは、そのことを言っているのです。

ところが、皆様はまだこの世がある、十字架によって自分は死ななければならないと考えている。皆様はもう死んでいるのです。三節に、「あなたがたはすでに死んだものであって、あなたがたの命は、キリストと共に栄光のうちに現わされるであろう」とあるのです。

死んでいるあなたがたが救われなければならないとか、行いを正しくしなければならないとかを、なぜ考えるのでしょうか。なぜこの世の常識に従わなければならないのでしょうか。

皆様は死んでいるのです。死んだ人間が常識に従えるのでしょうか。

皆様はすでにお墓になっているのです。ところが、皆様はちょっと悪口を言われると、かっとなって怒るのです。自分の気持ちを理解してもらえないと、なぜ心配しなければならないのでしょうか。

自我意識、自分の思いである肉性は、死んでお墓になっているのです。肉体人間はすべてお墓です。ところが、自分はお墓ではないような気がするのです。食べ物があれば食べたらいいし、なければ食べなくてもいい。この世に生きていられたら生きていたらいいし、生きていられなかったら、この世を去ったらいいのです。どんなことがあっても、いちいち気にしなくてもいいのです。

私たちの運命は、良くても悪くても、すべて神の手に握られているのです。私たちはいないのです。もっと太っ腹に、大胆に、自我を投げ出してしまうのです。投げ捨ててしまわなくても、すでに死んでいるのです。

コロサイ人への手紙の三章三節を元訳聖書で見ますと、「それ、汝らは死にし者にして、その命はキリストと共に神の内に隠れあるなり」とあります。

それ汝らは死にし者にしてというのは、こんなことが分からないのかという強い言い方です。

夏のとても暑い日でしたら、「それ汝らは死にし者にして」と言ったらいいのです。そうすると、涼しくなるでしょう。死んだ者が取り越し苦労をしたり、思い煩ったり、不平不満を持ったり、自尊心を持つのはおかしいのです。

自分のことを一切問題にしないというのが、十字架を受け取ろうと思えば、すでに自分のことを問題にしているのです。自分で十字架を受け取ることです。これがへびの考えです。

十字架をもっと知りたいと思うのは、自分がそう思っているのです。これはへびに担がれているのです。それ汝らは死にたる者であって、自分がどう思うかに関係なく、上にあることを思うのです。

例えば、今日は頭が重い感じがして、聖書を読んでもさっぱり分からない。それ汝らは死にし者にしてと考えても、一向に分からない。一向に実感がないのです。実感がないから、今日の私の霊的状態は駄目だと思う。自分の霊的状態を自分で見ているからいけないのです。

自分の頭が重かろうが暗かろうが、そんなことを問題にしない。自分の頭が重いというのは地のことです。地上にあることです。だから、地のことを思わずに、天のことを思ったらいいのです。頭が重かろうが、気分が悪かろうが、信仰的に考えられなくても、そういうことに一喜一憂する必要はないのです。

神を信じるというのは、どんな場合でも、自分の思いを信じないのです。自分の思いを信じないことを、神を信じるというのです。

コロサイ人への手紙の三章で、へびに勝つ方法をお話ししました。そこで、エペソ人への手紙二章に帰りますが、二節には、「かつてはそれらの中で、この世のならわしに従い、空中の権をもつ君、すなわち、不従順の子らの中に今も働いている霊に従って、歩いていたのである」とあります。

不従順の子とは何かと言いますと、自分が生きていると思っている人です。従順とは何かと言いますと、自分が生きていないと考えることです。

十字架は神の処置ですから、神の処置に対して従順である人は、自分は生きていないと思うはずです。ところが、自分が生きていると思っている人は、神の処置に反抗しているのです。十字架の処置に反抗しているのです。そして、自分が生きていると思っているのです。

そういう不従順の人間の腹の中には、空中の権を取る君、悪魔という王様の力が働いているのです。悪魔は十字架によって頭が砕かれているのです。十字架によって、へびの権威がなくなっているのです。頭が砕かれたということは、権威がなくなったということです。だから、へびにいくら逆らっても、へびが今の人間に仇することができないのです。

例えば、日本のある田舎で、ムカデは神さんの使いだという迷信がありました。ムカデが出てきたら、殺さずに逃してやればいい。殺すといくらでも出てくるというのです。ムカデが人間に仇すると考えられていたのです。

悪魔が十字架につけられるまでは、それくらいの力を持っていたかもしれない。十字架以後の悪魔は、私たちに仇をすることができないのです。肉体を殺すことができても、魂を殺すことができない者を恐れるなとイエスが言っているのです。

今や、悪魔は私たちの魂をどうすることもできません。例え、毒へびが噛んだとしても、本当にキリストが天において神の右に座したもうと実感している人間には、毒が回らないかもしれない。害虫に噛まれても毒がないということが、聖書に書いてあるのです。

パウロの手にマムシが噛みついたのですが、そのマムシを火の中へ振り落としたのです。パウロに全然毒が回らないので、人々が驚いて、この人は神さんだと言ってびっくりしたという記事が新約聖書にあります。

キリストが第三の天において、神の右に座したもうというのは、その位の威力があるのです。災いが皆様の身体に及ぶことができないのです。

キリストが第三の天において、神の右に座したもうことを本当に信じて下さい。これは大自然の法則よりも大きいのです。

空中の権を取るものと言えども、神の御座の右に座したもうお方には敵わない。ましてや、十字架によってへびの頭が砕かれているのです。頭を砕かれているというのは、へびの思想が粉砕されてしまって無力になっているのです。

現に私は皆様の中にいるへびの悪口をどんどん言っていますが、私の口を封じることはできないのです。自尊心はへびの産物だ、不平不満はへびの考えだと言っても、皆様はそうではないということができないのです。私の考えに反対することができないのです。

本当の人間なら、自尊心とか不平不満という妙な感覚が人間の中にわいてくるはずがないのです。正常な人間なら、ご飯が食べられる、お天とうさんがあれば、ありがたいと思うはずです。

ところが、ご飯とお天とうさんだけでは満足できない。もっとお金がほしい、もっと財産がほしい、人よりも得をしたいという気持ちがわいてくる。これはへびの思いに決まっているのです。犬や猫ならご飯とお天とうさんがあれば、喜んで転がって寝ているのです。

人間は生かされているだけでは満足できません。この考えはへびの考えに決まっています。へびの根性に違いないのです。

生かされていたら、それで結構なことです。自分が考えるのをやめるのです。キリストが第三の天においでになることを、いつでも頭に置いておくのです。そうすると、自分に代わって、キリストが考えて下さるのです。自分の人生のことをキリストに考えもらうのです。自分の魂のことを、キリストに考えてもらうのです。

そうすると、悪魔に必ず勝ちます。時には負けそうな気がするかもしれませんが、これは試みというものです。試みに勝って、自分の運命をキリストに任せるのです。

キリストに考えてもらうのです。そうすると、必ず勝ちます。これをして頂きたいのです。自分で考えてはいけない。良い行いをしようとか、もっと信仰を増やしてほしいと考えてはいけないのです。

へびの分際でありながら、神を信じようとする。それでうまくいかないのです。どうも聖書が分からない。はっきりしないと考える。はっきりしないのは当たり前です。へびがキリストを信じようと思っているからです。このトリックに引っかかったらだめです。

皆様は自分で信じたらいけないのです。信仰は自分が信じないことです。神を信じるのは人間が信じないことであって、ただ神を見るのです。命を見るのです。信じることは見ることです。

第三の天に置いて、キリストが神の右に座したもうことを見るのです。これを信じるのです。見ることをしないで信じようとする。だから、宗教観念になってしまうのです。

ことに現在、空中の権を取る者は、人権という非常に悪質な権利を持っているのです。ただ自分がいるだけではない。自我意識がだんだん発展して、今では基本的人権という考えに成長しているのです。へびが龍になっているのです。へびが赤い龍になっているのです（ヨハネの黙示録12・3〜18）。

自我意識は単なるへびです。ところが、人権主義というのは龍です。王さんです。空中の王さんです。空中の王さんが天と地の真ん中でがんばっているのです。そうして、私たちの心が神に通じないようにしているのです。空中で妨害しているのです。これが人権思想です。これを捨ててしまえば、へびは小さくなるのです。

人権という思想を持っていると、いつまでも自分が苦しまなければならないのです。人をばかにしやがってと思うからです。

徳川時代には人権という考えはなかったのです。百姓や町人がばかにされるのは当たり前でした。下に下にと言われたら、地面に座って平伏していたのです。

人権という愚かな妄念が、世界中に広がっているのです。基本的人権を無視して、政治ができないのです。これが赤い龍です。赤い龍が現代文明において、はっきり空中の権を取っています。神よりキリストよりも、赤き龍の方が偉いのです。

やがて、赤い龍がキリスト再臨の前に地上に下りてきて、赤き龍自らが政治を行うことになるでしょう。これが偽キリスト王国です。これはやがて来ます。もう目の前に迫っています。これが艱難時代です。

赤き龍はやがて地に追い落とされます。キリスト再臨の時期が近づくと追い落とされます。私たちがイスラエルの回復のために祈っているからです。

イスラエル回復の祈りというのは、赤き龍を地上へ追い落とす祈りです。この祈りは恐ろしい祈りです。

信仰によって、どんどん祈って下さい。第三の天にキリストがおられます。キリストが宇宙の絶対的な権威をもっておられることを信じて、キリストの御名によって祈るのです。

そうすると、イスラエルに対する神の処置がどんどん早められます。

偽キリスト王国がやがて地上に現われるのです。アメリカの大統領が人権、人権と盛んに言っているのは、その前兆です。

皆様はもっと大きな考えをもって、現在の自分の気持ちを無視して、上にあるものを求めて頂きたい。これによって、空中の権を取る者に勝つことができるのです。

15. 死ぬべき運命から逃れる方法

聖書に、「一度だけ死ぬことと、死んだあと裁きを受けることが、人間に定まっている」とあります（ヘブル人への手紙9・27）。

昔から先哲賢人と言われる人がこのテーマに挑んだのですが、その真髄を捉えた人が、果たして何人いたのでしょうか。

イスラエルの歴史を貫いても、旧約時代の預言者、新約の使徒たちはこの問題の中心を捉えていたに違いないのですが、それを解決することができたかどうか。それほど重大な問題です。

皆様は人間の格好をして生きていますけれど、人間を全く知らないのです。

全能者の前に出るには、どういう気持ちが必要か。自分を虚しくしていれば出られるのです。自分が全く木の葉みたいなものだということが分かっていれば、出られるのです。頭は良くなくてもいいのです。経験がなくてもいい。ただ、自分自身がちり灰であると思えたら、出られるのです。

聖書の言葉は日本語で書いていますから、日本人なら誰でも分かりますが、問題は御霊の言いたもう所を聞くことができるかどうかということです。ヨハネの黙示録にあるように、耳のある者は、御霊が諸教会にいうことを聞くがよいと言っているのです。ただ文字に書いている所を読んだだけではいけないのです。

文字を読んでいるのは本人が読んでいるのです。自分で勝手に読んでいるのです。それは御霊のいう所を聞いているのではありません。

例えば、「心の貧しい人たちは幸いである。天国は彼らのものである」と書いてあります（マタイによる福音書5・3）。この言葉は誰でも分かります。分かりますが、御霊がどのように言っているのかということです。

神の言葉を聞き分ける力なしに、いたずらに神の声に接しようと考えることは、自分自身の魂を非常に危険な所に追いやることになりかねないのです。

イエスは、「豚に真珠を与えるな、犬に良いものを与えるな」と言っています。犬は異邦人です。良いものは御霊です。異邦人に御霊を与えても、分からないと言っているのです。異邦人が御霊の声を聞こうと思うのが、間違っているのです。

まず第一に、約束を絶対に信じるかどうかです。神の約束は人間と神との双務協定です。約束という言葉は双務協定で、お互いに義務が発生するのです。約束を受け取った者は、その約束に基づいて約束が命じる所を受け取る資格があるのですが、その代わりに約束に従って生きなければならない義務が生じるのです。これが双務協定です。

約束に従って、聖書の言葉を学んでこそ意味があるのです。約束に従わないで学んでも、何の価値もない。ただいたずらに自分の頭に呪いの火を積むことになるのです。

聖書を学ぶというのは、特殊な学びです。聖書を学ぶことは、双務協定に加入することを意味するのです。双務協定に参加することになるのです。この心構えなしに聖書を学んでも、何にもならないのです。何にもならないどころか、却ってマイナスになるのです。神の言葉を汚しているからです。

私たちはキリスト教の勉強をしているのではありません。キリスト教は神学の勉強をするのですから、双務協定の義務はありません。キリスト教は勝手に神学の勉強をしているのです。

しかし、本当に聖書を学ぶと、義務が発生するのです。これが恐ろしいのです。これはマルキシズムを学ぶようなこととは違うのです。マルキシズムは人間を束縛する力もないし、権威もないのです。マルクスが勝手に作った概念ですから、信じても信じなくても勝手です。マルクスの概念が人間を束縛する力はないのです。

ところが、聖書は人間の魂を束縛する権威があるのです。その実力を持っているのです。イエス・キリストの復活の事実が、それを証明しているのです。イエス・キリストの復活の事実は、すべての人間の魂を断固として束縛しているのです。

人々は日曜日ごとに休みを与えられている。日曜日に休んでいるという事実をどのように考えているのでしょうか。

神は人間生活の原則を規定しています。イエスの復活記念日ということが、現在の人間のペースを規定しているのです。こういう事実は、神が人間の魂を管理していることを宣言しているのです。

二〇一七年というのがそれです。イエスを中心にしなければ、人間の暦年の算定ができないのです。これは人間歴史の基本の事がらを、神自身が規定していることを証明しているのです。神は万物の主《あるじ》です。人間の魂の主です。だから、神が魂を規定しているのは当たり前です。

逆に言いますと、神が魂を規定しているというよりも、人間の魂は宇宙の格率に従わざるを得ないのです。自分で勝手に魂のあり方を変更することはできません。

例えば、人間の理性の働きを、人間は自分自身で変更することができないのです。人間の良心の働き、理性の働きには、一定の方向があるのです。いわゆる、定向作動です。人間の理性と良心は定向作動するのです。この原理を変更することができないのです。

悔い改めて福音を信じる必要があるのです（マルコによる福音書1・15）。悔い改めたつもりでも、福音を信じていなければ、悔い改めになっていないのです。

また、福音を信じているつもりでも、悔い改めができていなければ、福音を信じていることにはならないのです。

悔い改めたつもりでも、神の約束が自分と神との双務協定として、本当に受け取られていなければ、福音を信じたことにはならないのですから、悔い改めたつもりでも、悔い改めていないことになるのです。

一方、福音を本当に信じているとして、神との双務協定的な気持ちを持っているとしても、悔い改めるという言葉の内容が本当に理解されていないとすれば、やはり福音を信じているのではないのです。

悔い改めて、福音を信じるということの二つの言葉は、神の福音を本当に信じるというレベルにおいて、悔い改められなければならないし、また、本当に悔い改めるという深さにおいて、福音が信じられなければならないのです。

悔い改めて、福音を信じるというのは、一対の語法になっているのであって、どちらかを軽くしてもいけないのです。どちらも同じだけの重さを持って、ずっしりと人間の心に応えていなければならないのです。

さて、悔い改めて福音を信じるということですが、これは私たちが毎日考えなければならないことです。悔い改めるという言葉の持つ重大さを、玩味してみる必要があるのです。

一体、悔い改めてという言葉の内容に何が含まれているのか。「時は満ちた」が分かっていないから、悔い改めにはならないのです。「時は満ちた」ということの理解です。英訳では、The time is fulfilledとなっています。これはとても重大なことですが、見落とされているのです。

人間の時はもうなくなっているのです。ところが、皆様は人間として生きています。これは悔い改めていない証拠です。自分の人格を認めてみたり、自分の立場を承認したり、自分の経験を主張してみたり、自分の意見にこだわったりしている。これは時が満ちたということが分かっていない証拠です。

肉体人間はもうなくなっているのです。なくなってしまったのです。人間はもう生きていないのです。

人間が一度だけ死ぬとはどういうことなのか。一度だけ死ぬというのは、二度と死なない、二度とは死ねないという意味です。

実は今の時代に、人間が死ねるということは大きな恵みです。これは肉的な恵みですが、自分が自分で死ぬことになりますと、大変なことになるのです。

自分が自分の命を絶つ時には、その時の心理状態が凍結して死ぬのです。息を引き取る時の心理状態が凍結するのです。これが永遠にその人を苛むことになるのです。これは恐ろしいことです。

人間は自殺する瞬間に、しまったと思うに決まっています。自分の命を絶つということに対する犯罪性です。これを計算していなかった。自分の命を自分で絶つという責任感です。この感覚が自分の息を引き取る時に、自分に突き刺さってくるのです。

今、息が切れる時に、しまったと思っても、それをどうすることもできないのです。もう心臓が止まっているのですから、どうすることもできない。心臓が止まってもまだ意識があるのですから、その時にしまったと思うのです。

心臓が動いている時にしまったと思えば、やめるでしょう。しかし、心臓が止まってから、しまったと思うのですから、やめられないのです。脳はしばらく働いています。その間が恐ろしいのです。

顕在意識と、深層意識は全然違います。顕在意識で人を憎み、人生を儚んだのです。深層心理はそれを知らないのです。深層心理は魂の声です。息を引き取る時に、これにぶち当たるのです。それで、しまったと思うのです。

人間は一度だけ死ぬことが決まっている。なぜ一度だけ死ぬことが決まっているのか。これを知るためには、人間の魂がこの世に出てきた原理を尋ねなければならないのです。

一体、なぜ魂がこの世に出てきたのか。魂がこの世に出てくるには、そのような必要性がなければならないのです。

第一、魂は自分の意志でこの世へ出てきたのではありません。自分の意志で出てきたのではないとすれば、魂がこの世に出てきた原因、原理は何か。それは、宇宙の意志か、神の意志か、それとも第三者的な絶対的な理由があって、この世に出されたに違いないのです。そうして、この世で育って生活しているのです。

ところで、人間の生活の形態は、何をしているのでしょうか。例えば、料理をして食べます。そのような形で食事をするのは、何を意味するのでしょうか。犬や猫が食べるのとは、全然意味が違うのです。調理をする、料理をするのです。これはどういうことなのか。

自分の口にあうような、家族の口にあうような、料理をして出すのです。料理をして食べるのは何をしているのか。これをしているのは人間だけです。人間が料理をするのは、理性の作用です。口にあうようにとか、盛り付けをする、栄養があるかないかを考えるのは、非常に理性的です。

人間が理性的に考えて料理をするのは、なぜでしょうか。そうしなければ生きられないからです。犬や猫は料理をしないのに生きている。栄養価がどうかなど、全然考えていない。ましてや、盛り付けがどうか、味覚がどうかを全然考えていない。ただ目の前にあるものを食べているだけです。

ところが、人間はいちいちそれを問題にするのです。盛り付け、味付けをするのは何をしているのか。実は、食事を通して、魂にアピールしているのです。肉の食物がそのまま霊にアピールしているのです。自分自身の霊魂にアピールする形で食べているのです。家族とか、お客さんにアピールする形で、盛り付けている。そういう人たちにアピールする形で、料理をしているのです。これが料理の原則です。

年齢とか、健康状態、民族、伝統に従って、人の霊魂にアピールしている形で、盛り付け、味付けしている。

これをするのは、神の所作です。神の所作をしているのです。人間の所作ではない。肉体を持つものの所作ではない。肉体を持たないものの所作です。霊魂にアピールしているからです。肉体にアピールしているのではない。霊魂にアピールしていること自体が、それを証明しているのです。

食べる人の健康状態とか、気持ちとか、その人の感覚、好き嫌いにアピールしているのです。肉体にアピールしているのではありません。好き嫌いというのは肉体とは違います。心理状態です。これにアピールしているのです。

それができなければ、料理とは言えないのです。料理せずに食材をそのまま出したのでは、料理とは言えないのです。犬や猫ならそれでいいでしょう。人間はそうはいかないのです。

例えば、一個のサツマイモを出すとしても、焼くなり、蒸すなり、煮るなりして食べるのです。そのままで食卓に出す訳にはいかないのです。

出す場合でも、いきなりテーブルの上には置かないのです。皿に載せるとか、紙の上に載せるとかして出すのです。必ず霊魂にアピールする形をとるのです。ケーキを出す時も、必ず皿に載せるとか、紙の器に載せて出すのです。

そのような食事作法一つを取り上げても、人間の作法は霊なる者の所作です。霊なる者とは神なるものです。そうしなければ、人間は生きていけません。

人間がしている食事作法だけを取り上げても、まさに神の生活形態です。神がもし肉体を持って地上に現われたら、人間と同じ生活形態を取るでしょう。

その証拠に、イエス・キリストが肉体を取って地上に現われて、どういう生活形態を取ったのかと言いますと、人間と同じ生活形態を取ったのです。

「イエスは誠の人にして誠の神であった」と聖書に書いています。「誠の神であって、とこしえの命である」とヨハネが言っているのです。この主イエス・キリストが人間と同じ生活をしていたのです。

人間生活の原形は、神の生活形態です。例えば、洋服のデザインは神でなければできないのです。色の好み、柄の好み、体つきを考えて、デザインをするのです。

家のデザイン、車のデザイン、衣食住のすべてにおいて、デザインしているのです。

あらゆることに作法があるのです。食事をするにも、トイレに行くにも作法があるのです。自転車に乗るにも、電話をかけるにも、手紙を書くにも作法があるのです。

私たちは宇宙の格率に従って、きちっと作法どおりに生きているのです。人間は知らず知らずのうちに、神を生きているのです。神に生きているのです。神に生きなければならないように、仕向けられているのです。

宇宙の格率を無視して、勝手に生きられないのです。天地の格率を無視して、道を歩くことさえもできないのです。

人間は宇宙の格率に従って運転しているのです。宇宙の格率に従わなくては、一切の行動ができないのです。

人間の五官はきちっと天地の公道に添って働くようにできているのです。従って、五官において、人間は動いたり働いたりしているとすれば、私たちは宇宙の作法どおりに寝たり起きたりしているのです。これが神の所作です。

神と人間は肉体があるかないかの違いだけです。私たちは神をそのまま生きているのです。

これを考えてみると、霊魂が何のためにこの世に来たのかということは分かるでしょう。自分自身の生活のあり方を究明すれば、はっきりと神の子の姿が出ているのです。これをよくよく検討してみれば、生きているという形の中に、生ける神の子の姿が出ているのです。これがイエスの本体です。

自分が生きている姿をよく見れば、イエスとして生きていることが分かるのです。五十年も六十年もイエスとして生きていて、これを全く知らずに死んでしまえば、その責任を追及されるのは当たり前です。

死んだ後に裁きを受けるのは当然です。「お前は六十年も七十年も、長い人は九十年も百年も生きて、何をしていたのか」と言われます。毎日、毎日、繰り返し繰り返し食事をしていながら、何をしていたのか分からない。とにかく、食べていたのです。それで通るのでしょうか。

私は難しい聖書の話とか、モーセの掟のことを言っているのではありません。毎日、毎日、生きていることについて、お話ししているのです。これでさえも分からないとすれば、責任を負わされて申し訳ができるのでしょうか。

そこで、トルストイのようなことを言わなければならないのです。

彼は、「私は人生で一番大事なことをすることができなかった」と言って、死んでいったのです。文豪トルストイが、そう言って死んだのです。

一番大事なことをせずに、大事ではないことばかりをしていたのです。「戦争と平和」「アンナ・カレリーナ」を書いたのは、人生の雑事です。ところが、人々は彼に敬服しているのです。しかし、彼は一番大事なことをせずに死んでいったのです。彼が書いた「復活」は人間のことであって、神のことではなかったのです。

トルストイは聖書という本を書いています。聖書の中の気に入った所を抜き出して、自分の聖書を作ったのです。彼は深い悔恨の内に、死んでいったのです。

トルストイはついに、神が分からなかった。魂が何のためにこの世に出てきたのか、分からなかったのです。魂が何のためにこの世に出てきたのか。それを知ることが、人生で一番大事なことです。彼はそれをせずに死んでいったのです。

五十歳以後の彼の作品のテーマは、聖書を中心にしていたのですが、イエス・キリストの復活の本当の意味を知らなかったのです。復活どころか、イエス・キリストを全然知らなかったのです。

衣食住を通して、人間は何をしているのか。このことを全世界の人間が、誰も知らないのです。何ということかと言いたいのです。

人間は皆生ける神の子の業をしているのです。生ける神の子でなかったら、できないことをしているのです。

私たちが見たり聞いたりしていること、ラジオを聞いたり、テレビを見たり、人と話をしたり、商売をすることはもちろんのこと、恋愛も、スポーツも、すべて神の子でなければできないことをしているのです。

野球のルールを猫が分かるのでしょうか。レスリングのルールを犬が分かるのでしょうか。バスケットのルール、ゴルフのルールを牛や馬が分かるのでしょうか。

人間の生活と被造物全体とを比較してみれば、神の神たること、人の人たること、神性と人性の本質、神の永遠の力と神の御心が、天地万物にも人間生活にも溢れていることが分かるのです。

私たちが自我意識さえ取り除いてしまえば、神に生きていることがありありと分かるのです。

そういう生活をしているのは何のためか。魂がこの地上に送り出された目的は、神を生きるためです。自分自身に生きるためではありません。神に生きるためです。そうしなければ生活ができないように、仕向けられているのです。

人間がこの地上に出てきたのは、人間としての暮らしを送るためです。人間としての暮らしを送るということは、この宇宙の営みを行うためです。

人間の生活は宇宙の営みの縮図です。万物は宇宙の営みを行っているのです。逆に言いますと、宇宙が万物を通して、宇宙自身を営ませているのです。万物が生きている状態を、私たちは宇宙と称しているのです。私たちが空間とか時間と呼んでいるもの全体の営みが宇宙です。

人間の生活とは何かと言いますと、宇宙の営みのエッセンスのようなものを凝縮したものです。人間の衣食住の生活態度は、宇宙全体の営みを凝縮したものです。

人間の生活はそれ自体が、ミニ宇宙です。ミニ宇宙を私たちは営んでいるのです。

宇宙の営みを凝縮したものが人間の営みですから、これは人間という生きものの営みではないのです。宇宙の営みを個人的にさせられているのであって、そうしなければ生きていけないのです。

このような絶対的な必然性によって、人間は宇宙の格率を学び、生かされているのであって、人間はどうしても神を知らなければならないのです。

親が親であることを知っているというのは、神が神であることを知っていることになるのです。ところが、神を知らない。

兄弟を知りながら、魂のつながりを全然知らない。兄弟という意識はそのまま人間の魂のつながりを意味していますが、それが分からない。自他一体が分からないのです。自分には自分の立場があると考えている。ところが、他人との協同でなければ生きていけないのに、これが分からないのです。

私たちは対人関係において、また、対物関係において、宇宙の営みを営んでいるのです。ところが、これが分からない。愚かな生き方をしているのです。

神の分かり方にはいろいろあります。例えば、儒教的な分かり方もありますし、また、本居宣長の分かり方もあります。一体どの分かり方が正しいと言えるのか。スピノザの分かり方が正しいのか、ニーチェの分かり方が正しいのか、オーガスチンの分かり方が正しいのかということです。

誰の分かり方が正しいのか、一体、正しいことの決め手は何かということです。それぞれ皆、自分が正しいと思っているのです。

神はこれに対して、義をもって裁く日を決めたのです。これがイエスの復活です。

イエスが現世に生きていた生活感覚は、最も完全に宇宙意識を生きこなしていたのです。そのために、彼の肉体構造、真理構造が宇宙に一致していた。そこで、復活という現象が起こったのです。

復活は偶然の現象ではないのです。彼の心理作用と生活行動が、宇宙の格率の本源に一致したのです。そこで、彼は死を破ることに成功したのです。

イエス・キリストの復活という事実こそ、本当に学の対象にすべきものです。イエス・キリストを学ぶことだけが、本当の学問です。これが分かれば、「ある」ことの唯一の中心ポイントがはっきり分かるのです。

人間はこれをやり損なっている。それを捉え損なっているのです。ユダヤ人はこれを受け損なったのです。何がニーチェか、何がダーウィンか、何がマルクスかと言いたいのです。皆、やり損なっているのです。

イエスの気持ちの状態、世界観の規定、価値観の規定、彼の生活行動の原理、思考法則の原則が、宇宙全体構造の中心ポイントにはっきり一致していた。だから、彼は生きているままの状態で、宇宙の営みの真髄が分かっていたのです。このことをイエスは、「我父にあり」と言っています。

そうして、イエスは彼自身が生きている姿が、そのまま宇宙の営みの凝縮であることを知っていた。だから、水の上を歩いたのです。風や波を叱ったのです。「風よ静まれ、波よ黙れ」と言った。そして、風や波は静まったのです。これは、イエスが宇宙の営みを彼自身が営んでいたことが分かっているからできたのです。

イエスの生活が、肉体的にも、また、心理的にも、論理的にも、きちっと宇宙の原理にあっていたので、死を破ることができたのです。

イエスは十字架につけられて一度死んだのですが、宇宙の営みがイエスによって営まれていたために、彼を死んだ状態で置いておくことができなかった。

なぜなら、イエスを死んだままにしておくと、宇宙が死んでしまうからです。宇宙構造が彼を復活させなければならなかったのです。

宇宙は永存しなければならないのです。宇宙は絶対に永存しなければならないのです。宇宙の絶対的な構造、営み、本質に一致していたイエスが消えてしまいますと、宇宙の本源が消えるのです。そんなことはできません。そこで、イエスは一度死んだが、生き返らなければならなかったのです。

イエスは復活すべくして復活したのです。当然、復活すべきものですから、復活したのです。復活すべきものが復活して、救われるべきものが救われた。この原理原則をキリストというのです。イエスがキリストになったというのは、このことです。

キリストというのは、宇宙の完全法則を完全に実行することです。キリストにおける信仰とは、宇宙の営みを濃縮して営むことです。その原理がキリストです。

魂はこれを発見するために来たのです。これは雄大な目的です。魂はこの目的のために、地上に来たのです。

そこで、もう一度、皆様が営んでいる生活の形態を考えてみて下さい。何を食べ、何を飲み、何を着ようとしているのか。生活で何をしているのか。私たちはそのまま生ける御子として暮らしているのです。これをどのように自覚しているかです。

私たちはすでに、キリストを生活させられているのです。キリスト的な生き方を生活させられているのです。ただそれを信じていないだけです。生活の形はイエスと同じことをしているのです。ところが、まだこれが理解されていないから、宇宙の営みを営んでいるという自覚がないのです。自分の個人的な営みを営んでいると思っているのです。

個人的な営みは何処にあるのでしょうか。皆様の個人的な営みはあるのでしょうか。ありもしないものを、あるように誤解しているのです。これが人間の考え違いです。これは人間の不信仰です。

聖書は、「すべての人の不信仰を裁く」と言っています。すべての人の不信仰を裁くのは当たり前です。魂はそのように、神を生き、神を経験し、キリスト的法則を生きなければならないように仕向けられているのです。ところが、自我意識があるために、これが分からないのです。

自我意識というばかばかしい意識があるために、永遠の生命の実体を、現在生きていながら分からないのです。

自我が敵です。最大の敵です。自我が宇宙に発生したことが、悪魔が発生したことです。私たちは今、自我意識という悪魔と戦うために生きているのです。自我意識さえなければ、私たちはありありと神を感じることができるのです。神を見ることができるのです。

イエスは、「心の清い人はさいわいである。彼らは神を見るであろう」と言っています（マタイによる福音書5・8）。心が清いというのは、自我意識を問題にしないことです。そうすると、神が見えるのです。イエスが神を見たように、私たちにも神が見えるのです。

魂は現世において経験するために生まれてきたのです。現世での正しい生活経験の仕方とは何か。イエス・キリストの復活を受け入れたら、すべて分かるのです。

イエス・キリストの生活の仕方、生き方、思考方式が、そのまま神を知る、宇宙を生きることの正確さを持っているのです。そのために、イエスは復活したのです。これだけが正しいのです。

真理は一つ、神は一つ、信仰は一つです。本当に正しいことは、一つでなければならないのですが、これをイエスが現わしたのです。

人間の魂はキリストを見つけることが、最高の生き方です。唯一にして無二の最高の生き方です。これを見つけたら死なないのです。宇宙の営みを営んでいるのですから、死なないのです。

宇宙の営みを営むことが善です。これは議論の余地がありません。

花が咲いていること、月が輝いていること、地球が回っていることが善です。これとイエスの生き方が、きちっと一致していたのです。

これを見つけることが、魂がこの世に出てきた目的です。これを見つけ損なったらどうなるのか。人生の目的を果たし損なったらどうなるのか。キリストを見つけない状態でこの世を去っていくことが、死です。

キリストをはっきり確認しないままの状態で、この世を去っていくことを、死というのです。一度死ぬとはこのことです。これはキリストを見つけ損なった人のすべての運命を断定しているのです。

キリストを明瞭に、正確に見つけ損なった魂は、必ず一度死ぬのです。死んだ後に、裁きを受けなければならないのです。イエス・キリストと同じ生き方をしていたのに、それを全く認めなかったことに対する裁きが行われるのは、当然のことです。

魂というのは、神の続き柄、属性です。神に属する性格を持っているのです。神に属するものです。神が永遠であるように、魂も永遠です。霊魂不滅です。

そこで、神の元から出て、この世に出て来たとはどういうことか。生理機能、心理機能、五官を与えられたのです。これはイエスと全く同じ機能を与えられたということです。

人が生きている客観的な条件は、イエスと全く同じです。これに気がついて、イエスが主であることを認めることがキリストです。イエスがキリストであることを認識するために、この世に出て来たのです。

これを正確に認識できた人は、「一度だけ死んで、死んだ後に裁きを受ける」という運命から、逃れることができる。このことをよく考えて頂きたいのです。

16. 魂の古里

皆様の気持ちで、自我意識によって死んでいるという状態で言ったり行ったりしますと、他人から見ると、キリストの命が現われていることが分かるのです。

「私には死が分かるが、お前たちには命が分かる」とパウロが言っているのです。人間は死ぬことが生きることです。

自分自身が死んでいるということがはっきり分かると、他人から見ると、その人が生きていることが分かるのです。イエスの死を自分の身に負えば、それによってイエスの甦りを他人に証することができるようになるのです。だからまず、現在生きている自分が、実は死んでいるという確認が必要になるのです。

聖書を勉強するということは、二段構えになるのであって、人間存在について、まず、哲学的な思考がないとだめです。そのためには、般若心経の勉強が必要です。

哲学的な思索を踏まえて、福音を受け入れるのでなかったら、本当の福音が分からないのです。

ローマ人への手紙には、こういう面が現われているのです。一章は総論です。二章と三章で旧約の人間の在り方を説いています。四章から七章までは、一般哲学を説いているのです。八章では福音が人間に現われた状態を説いているのです。

ローマ人への手紙では、哲学理論と神の約束論とが両方揃っているのです。パウロの他の書簡でも大体そのようになっていますが、ローマ人への手紙程、闡明になっていないのです。

ローマ人への手紙には哲学的思索を踏まえて福音の全体を説いているのです。皆様も哲学的にはっきり人間存在を見るということができていないと、神の約束を正当に受け入れることは難しいのです。

キリスト教の悪い所は、哲学的な受け止め方をしないということです。初めから、約束にとりすがって信じます信じますと言っているのです。これではだめです。信じる前に、人間とは何かという命題について、十分に理解しないといけないのです。ローマ人への手紙の一章から五章に書かれている人間存在を十分に理解しないと、八章、九章が分からないのです。

何かを御霊から示されても、哲学論的なものか、約束論的なものかを見分ける必要があるのです。哲学論と約束論とでは次元が違うのです。この二つを使い分けして理解しないといけないのです。

一般の人に話す場合には、約束論で話す場合はほとんどありません。キリスト教の信者でも、まず約束論は分からないでしょう。哲学論で、死ぬとは何か生きるとは何かという問題だけでいいのです。

神の約束は膨大なスケールのものですから、これに取り組む前に、十分に哲学論を学んでいく必要があるのです。キリスト教ではこれをしないからいけないのです。

哲学論をしっかり勉強すると、宗教観念になりにくいのです。特に、ローマ人への手紙の一章の総論をしっかり学ぶといいのです。

一章の十六節、十七節、二十節、二十一節をしっかり勉強して頂きたいのです。これをしないから、観念の空回りになってしまうのです。

特に、二十一節が大切です。人間は神を知りながら、神として崇めていない。また、感謝もしない。だから、センスレスハートがいよいよだめになっているとあります。これを知ることが大切です。

現在の人間がセンスレスハートであることが、致命的な欠陥です。神を知りながら神として崇めていないとありますが、神を知りながらとはどういうことか。「すべての人間は神を知っている」とパウロが言っていますが、日本人はどのように神を知っているのだろうか。

これをしっかり理解していないと、パウロ神学の基底の理論が分からないのです。人間とは何かというパウロの見方が分からないのです。だから、ローマ人への手紙の一章十八節、十九節、二十節、二十一節は非常に重要なポイントになるのです。

ヘブル人への手紙の十一章十六節に、「しかし、実際彼らが望んでいたものは、もっと良い、天にあるふるさとであった」とあります。

英訳では、次のようになっています。But now they desire a better country, that is a heavenly.

a better とthat isをどう結びつけるのか。天にあるふるさとa better countryと言っていますが、パウロやアブラハムが望んでいたものは、ふるさとでした。a better countryがthat isでした。これはよほど素朴な純情な感覚でないと分からないのです。

人間の記憶は実はふるさとです。昨日何処かへ行った。何かをしたということが、もうa better countryになっているのです。人間が毎日暮らしているのは、実はふるさとを見ているのです。

例えば、今日何処かへ行った、ああいうことがあった。こういうことがあったということが、実はふるさとです。

こういうことが分かってくると、初めて生きていることの有難さが分かるのです。生きていることを肉において受け止めると、つまらないものでしかないのですが、霊において受け止めると、a better countryなisがheavenlyになるのです。a better countryとheavenlyが一つのことになるのです。

実は、毎日毎日生きていることが、天のふるさとを経験しているのです。これが分かると、初めて人間が生きていることのすばらしさが分かってくるのです。どういう気持ちで、どのように生きればいいかが分かるのです。イエスの生きがいはこれだったのです。

アブラハムは確かな確実な手ごたえがあるような形で、ふるさとを掴まえたいという気持ちを持っていたのです。パウロはアブラハムの信仰をパウロの角度から、このように見ていたのです。

パウロはアブラハムの信仰を勝手に想像していたのではありません。信仰は一つであって、アブラハムが経験していた心境はそのままパウロにも分かっていたのです。ダビデの心境もパウロに分かっていたのです。

ダビデはイエスよりも千年も前にいたのですが、イエスの心境を持っていたのです。そのように、信仰は一つ、神は一つ、バプテスマは一つでありまして、本当に神が分かってくると、旧約のことも、新約のことも、皆分かってくるのです。

人間の存在は、天地に広がっているのです。地球存在の有形無形のあらゆる因子が、人間に集約されているのです。これは天地の創造の段階を見ても分かるのです。聖書は一番最後に人が造られたことを書いています。創世記は人が造られたことにもなりますし、人が造られるということの予告にもなるのです。

神の形のように人を造るということを、今しているのです。これが聖霊を受けるということになるのです。また、天のエルサレムの完成になるのです。

天のエルサレムが完成されて初めて、教会時代の終わりになるのです。その時に、神にかたどりて神の形のように人が造られることが実現するのです。

これが地球における最終段階の創造です。初めから終わりまで、あらゆる遺伝子が物理的にも生理的にも心理的にも、あらゆる因子が天のエルサレムに凝縮されるのです。それが一人の人になっているのです。

一人の中に天地万物のすべてが収納されている。だから、人は天地万物のことが分かるのです。科学の本を読んでも、生物の本を読んでも分かりますし、歴史の本を読んでも、宇宙の本を読んでも分かるのです。時間空間についてのあらゆることが、理解できるというのは、自分の中にそれがあるからです。理解できるのです。

神が天地万物を造ったということは、人間の魂の中にそのすべてをインプットしたということです。百四十億の脳細胞の中に、それをインプットしたのです。

これを静かに考えてみると、人間は全部天のふるさとを経験していたのです。固有名詞の人間が生きていたのではないのです。

人の子というあり方で、地球の小型が造られたのです。人間は創世の昔が全部分かるようにできているのです。

地球という客体的存在が、人間自身の主体であって、客体が主体において総合されるのです。このことに本当に目覚めて、自覚することが出来る人は、地球を治めることができるのです。

そうするために、神は悪魔を廃嫡《はいちゃく》して、天のエルサレムという新しい人格を造ろうとしているのです。これが天地創造の目的です。皆様は天地に広がっているし、天地も皆様に集約されているのです。

だから、固有名詞の人間は初めからいないのです。せいぜい厚かましく自分を見た方がいいのです。人間をどれだけ大きく見ても、見過ぎるということはありません。まだ見方が小さすぎるのです。神が見ているのは、神と同じように見ているのです。だから、人間を叱るのです。神が人間を虫けらみたいに見ているのでしたら、神が人間の不信心に対して、腹を立てるはずがないのです。自分と同じように見ているから腹が立つのです。

御霊をせいぜい買い被るのです。崇めるというのは買い被ることです。崇めるというのは拡大することです。マグニファイ（magnify）するのです。御霊の偉さを押し広げるのです。そうすると、マグニファイになるのです。

神が人間を生かしているのは、神の目的のためです。従って、皆様自身が悲しいとか、苦しいとかを考える必要はないのです。

どんな経験でも、人間の経験というのは、すべてイズ（is）になってしまうのです。イズというのは、天のふるさとのニュアンスを称えているものです。

できるだけ自分の思いを空しくして、素朴な感覚、素直な感覚で生きるのです。悪かったら謝ったらいいのです。

すべてのことは神から与えられているのですから、それは自分自身を完成するためのものに決まっています。

すべてのことを自分自身の立場から見ないで、神の立場から見るのです。そうしたら、魂に益があるに決まっています。肉には益がないが、霊には益があるのです。少々の行き詰まりとか、分からないことがあっても、どんどん前進したらいいのです。分からないことは神が教えてくれるでしょう。

人間の機能はソウル（魂）としてのリビングです。リビングは五官に現われるに決まっています。五官として現われないものは、リビングとは言わないのです。

リビングという言い方は抽象的ですが、五官というのは具体的なものになるのです。ですから、リビングと言っても五官と言っても同じことです。

リビングは人間の場から言えば、ソウル（魂）です。ソウルは何かというと、五官の働きです。五官の機能の根源は神のロゴスです。ロゴスが肉体を持つことによって、五官の感覚が具体的に発生するのです。リビングソールというのは、神の言が肉となったものです。

私たちが毎日食べている食物は何か。これがリビングゴッドです。生ける神が食物に化けているのです。生ける神が野菜に化けたり、お米に化けたり、牛肉や魚に化けているのです。それを人間は食べているのです。

人間の機能は受動的な機能であって、外に広がっている世界に反応しているのです。青空、山、川、海、林、田畑、道路、空気、水は全部神の権化になるのです。

果物も神の権化です。神の権現にあるリンゴを食べている。リビングゴッドをリビングソールが経験しているのです。これがリンゴを食べていることです。

リビングという神と人との共通の働き、存在がイズ（is）です。イズが人のふるさとです。リンゴを食べた思い出が、天のふるさとです。そこに、古里を見ているのです。

人間が経験しているのは、全部天のふるさとです。人間の機能は生まれる前に神に植えられたものですから、ふるさとを捉えるのです。ふるさとを捉える機能に決まっているのです。毎日、毎日、ふるさとを経験しているのです。私たちはこういう世界に生きているのです。

そこで、一番必要なことは、自分を徹底的に滅却することです。自分が消えるのです。そうして、互いに相愛するのです。お互いが一つになるのです。思う所を一つにして、キリストの喜びを満たすのです。キリストという人格において人間は一人なのです。

現在の日本の治安は世界一良いようです。犯罪者の検挙率も非常に高いのです。どうして日本の警察力が充実しているのか。日本の社会がこんなに平和なのはなぜか。

文明社会において、こんなに平和なのはなぜか。中国や北朝鮮といった全体主義国家でも、政治犯が非常に多いのです。これだけ日本の治安が良いというのは、御霊という神の力が働いているからです。従って、世界のユダヤ人が日本社会の不思議なあり方に目を向けなければならないように仕向けているのです。

その原因が何処にあるのかと言いますと、日本の幕藩体制にあるのです。徳川幕府がしたことは、極端な統制社会を造ったことです。士農工商という厳然たる階級社会を造り、人々を徹底的に抑えたのです。

その結果、儒教と仏教をちゃんぽんにしたような国ができたのです。修身斉家治国平天下といった思想が人々に染み込んでいるのです。

江戸幕府が滅びて百五十年位になりますが、徳川三百年で培われた封建思想は容易になくならないのです。だから、世間の人目をはばかるとか、義理と人情を重んじるという精神は未だに存続しているのです。幕藩体制によって矛盾を呑まされて、言い知れない苦労をさせられたということが、今日の日本の肥やしになっているのです。

そういう体制があったから、日本人は政治や法律に対して、無条件で従うことができるのです。法律は守らなければならないもの、税金は納めなければならないものという気持ちがあるのです。

近頃は、だいぶ官僚の権威がなくなってきましたけれども、それでも税金は納めなければならないものという風潮があるのです。こういう日本社会でなかったら、本当の福音は安心して説かれないのです。

イエスは、「自分の部屋に入り、戸を閉じて、隠れた所においでになるあなたの父に祈りなさい」と言っています（マタイによる福音書６・６）。

これが信仰の大原則になるのです。これがぴたっと板についていないと、結局、観念の遊戯になるのです。宗教になってしまうのです。

現世に生きているということが、祈るという形を取らなくても、仕事をしている時でも、家事をしている時でも、自分の部屋に入って戸を閉じるということは、誰でもできることなのです。

お風呂に入っている時でも、食事をしている時でも、歩いている時でも、自分が部屋に入るという気持ちを持つのです。

祈ったことが信仰の具体的なプラスになるのです。これは十分に期待できることなのです。ヨハネは祈ったことがそのまま得たものだと言っています。こういう感覚がいわゆる無邪気な感覚です。これがピュアーハートです。

自分を疑うような気持ち、祈ったけれどその効果を期待しないような気持ちは、最も警戒すべきものなのです。

キリスト教の祈りは祈るけれども、期待を持っていないのです。ことにキリスト教の教役者の祈りは、人に聞かせる祈りであって、全然神に願っていないのです。

その最も典型的なものはカトリックの祈祷書です。祈祷書をただ読むだけです。儀式の時にはやむを得ないかもしれませんが、本当は祈祷書の文章を読むよりも、心で思ったことを祈ったほうがいいのです。

本当に御霊を崇める人たちばかりの集会であればやりやすいのですが、御霊を崇めることができない人が多い場合には、祈祷文を読むこともやむを得ないかもしれないのです。

現在、人が生かされていることが父なる神ですから、隠れた所にいます汝の父はいつでも私たちと共にいるのですから、この共にいます父を祈る前に信じるのです。そういう気持ちで祈るのです。

信じるという気持ちと祈るという気持ちが一つになることです。信じるという気持ちがすでに祈りになっているのです。祈るということが、また、信じるということになるのですから、生活の中へできるだけこれを持ち込むのです。そうすると、いつでも祈ることができるのです。

17. 生と死

すべての根源がなければ、万物、または、万事が展開するはずがないのです。神という万有の根源を把握することなしに、何を考えても無意味です。虚無になってしまうのです。

仏法は真実だと聖徳太子は考えた。世間虚仮、世間は嘘である。仏法は真実だと考えたが、その時代では仏教的思考方式しかなかったのです。聖徳太子はそう言わざるを得なかったのでしょう。しかし、そう言いながら、彼は自分自身の気持ちに、相当大きい疑問を持っていたに決まっているのです。

命が分からないのです。生きていながら、命が分からないのです。これはおかしいことです。生きているのは命を経験していることです。ところが、生きているということは命の完全な経験ではないのです。不完全な経験です。死ぬことも含んでいるのです。生きていることと共に死ぬことの両面をワンセットにしたのが命です。

そこで、命を本当に知ろうと思えば、生からも死からも脱却しなければならないのです。生きているだけで命が分からないのは当たり前です。死ななければ命が分からないのです。死と命の両面性を考えなければならないのです。

死ぬことを恐れていては命は分かりません。かといって、今の人間が死んだのではだめです。死ぬことを恐れていては命の裏側が分からないのです。しかし、今の人間が死んでしまえば、元も子もないのです。

どうすればいいのか。生きているままの状態で死ぬことです。十字架を信じるのです。生きているままの状態で死を経験する。これが十字架を信じることです。これ以外に命を知る方法はありません。

道元禅師は相当深いところまで知っていたようです。命という言葉を使わないで、命のことを言っていました。

道元禅師は次のように書いています。

「生を明らめ死を明らむるは、仏家一大事の因縁なり。生死の中に仏あれば生死なし。但、生死即ち涅槃と心得て生死として厭うべきもなく、涅槃として欣うべきもなし。是時、初めて生死を離るる分あり」。

是時生死を離るる分とは、現世に人間が生きているということが、死につつあることです。死に近づくことなしには生きていることが成立しないということです。そこで、生きつつあるということは、死につつあるということになるのです。

ところが、人間は生きつつある、生きているという面だけを考えて、死という面を考えようとしないのです。

私たちは絶えず死を考えなければいけないのです。生きていながら、肉的に生きている自分は死んでいるのか、肉の思いは死であるとはどういうことか、肉的に生きているのは死んでいるのだということを、いつでも考えていなければいけないのです。そうでなければ、命を経験しているとは言えないのです。

世間の人はそれをしようとしない。生きている面だけを考えようとするのです。そこに生活主義の人生観が現われているのであって、生命主義の人生観は出てこないのです。

私たちは生命主義の人生観を持たなければならないのです。そのためには、生きているという面だけでなく、死につつあるという面を考えなければいけないのです。

肉の思いを持って生きているということは、そのまま死んでいることなのだということを、確認しなければならないのです。そのためには、どうしても十字架という神の処置を認めなければならないのです。

生きているままの状態で死を肯定すること、ここにおいて初めて、人間は命の本質が分かってくるのです。これが人間の魂が神に帰る唯一無二のルートです。これ以外のルートでは神に帰る道はありません。

キリスト教が何と言おうと、仏教が何と言おうと、また、その他の宗教や哲学が何と言おうと、生きているということは哲学理論ではないし、死ぬということは、厳然たる宇宙的事実です。

宇宙的事実においてでなければ、命の実体を正確に捉えることはできません。命の実体を正確に捉えることができないとすれば、それ以外の学問、思考方式は全部無効です。命を正しく捉えてこそ、科学は科学としての価値があり、法律は法律としての価値があるのです。政治経済は政治経済としての価値があるのです。

命というテーマを正確に把握しないままの状態で、政治、経済、宗教、哲学をいくら並べてみても、それは全く無価値になるのです。なぜなら、命という土台が消えているからです。架空の楼閣に過ぎないのです。

私たちはまず、生を明らめ死を明らめるのでなかったらだめです。生を明らめ死を明らめるためには、十字架という難関を通り抜ける以外に道はないのです。

神はかつてアダムに神を確認させようとされたのですが、それができなかった。できなかったのは、無理もないことです。彼は死を知らなかったのです。死を知らなかったアダムは、神を知ることができなかったのです。

神は命の本源です。神を知るためには、まず、命に辿りつかなければ神が分からないのです。アダムは生きていたが死ななかった。死を経験していなかったのです。アダムの命の感覚は片面だけの感覚であって、死の感覚が全くなかったのです。そこで、神はアダムが死を経験するのを、黙って見ていなければならなかったのです。

神はアダムが死を経験するのを、見過ごしにしなければならなかった。これは神の愛でした。

神はアダムがみすみす罪に落ちていくのを、見過ごしにした。アダムが死ぬことなしに、また、罪に陥ることなしに、救いを見い出す道はなかったからです。

アダムは必ずしも善悪を知る木の実を食べることはなかったのです。善悪を知る木の実を食べるな、食べたら必ず死ぬと言われた言葉だけで、アダムは死を経験することができたのです。掟が現われたことは、死を命じられたことになるのです。アダムは掟を与えられたが、なお分からなかった。そこで、人は一人でいるのは良くないと神が言われたのです（創世記3・18）。食べたら死ぬという神の言葉が、アダムに死を経験させたはずですが、アダムはこれを受け取り損なったのです。

アダムは必ずしも陥罪を必要としなかったのですが、アダムが鈍感であったために、死を経験しなければならなかったのです。罪を犯してエデンを追放されるのでなかったら、彼には命の両面性を理解することはできなかったのです。

生が生であるように、死が死であるということが神です。死とは存在です。存であり在です。神というのは生であるが、同時に死でもあるのです。人間が神に近づく時には、生という一面と同時に、死を感じるのです。従って、人間が神を警戒するという妙な心理状態が起きるのです。

そこで、十字架がいるのです。聖書は、「お前たちは神を警戒しなくてもいいのだ。警戒する必要はない。お前たちはすでに死んでいるからだ」と言っているのです。

神を警戒すること自体が無用です。無用であり無効です。ただ神の処置を信じればいいので
す。人間はすでに死んでいるのだから、神の処置を信じればいいのです。
十字架を受け取る時に、人間は神に対して無警戒になるのです。警戒する必要がなくなるの
です。警戒の当体が消えるからです。そこで、警戒する人間は十字架を信じていないことにな
るのです。
神が生であると同時に死であるという言い方は、大胆不敵な言い方です。神は憐れみを創造
すると同時に、禍を創造するのです。善でも悪でも、一切神の内にあるのです。
万物は神から出てきたのです。善も神から出てきた。悪も神から出てきたのです。こういう
ことを聞いたらキリスト教の人々は躓くでしょう。躓いても本当のことだから仕方がないので
す。
万事万物は神から出てきたのです。善も神から出てきた。悪も神から出てきたのです。万事
万物は神から出てきて、神に帰るのです。
私たちが神を信じるというのは、生からも死からでも解脱することです。
神は生でもないし死でもない。しかし、生であり死であるのです。これが本当の空です。生
死なしとはこういうことです。生もないし死もない。不生不滅です。不垢不浄です。無老死亦
無老死尽です。老死もないし、老死が尽きることもないのです。死ぬこともないし生まれるこ
ともないのです。

神を信じるということは、現象的な一切のものから抜けてしまうことです。神を信じるのです。これは雄大な思想です。私たちはただ神を信じ、神を賛美していればいいのです。

私たちが生きているということは、ただ生を経験しているのではない。神を経験しているのです。生を偶像にしてはいけない。生を偶像にすると肉になるのです。死を偶像にしてもいけないのです。

蝋燭の火はいつ消えるかもしれない。そのように、人間の命もいつ消えるかもしれないのです。

天然現象に同化するのです。人間が生きているのは天然現象です。天然現象が人という格好で現われているのです。

イエスは、「私は去って行く」と淡々と言っています。この心境です。現象世界にちょっと顔を出して消えるのです。こういう心境が命をマスターしている人の心境です。

現世に生きているという生に対する執着は、命を知らない人間の肉の現象です。

神が人間に罪を与えざるを得なかったのは、人間にこのような感覚を味わせて、生を越え、死を越えて、初めて本当の命が分かることを悟らせるという、大いなる神の愛の処置だったのです。

すべてのものは神から出て、神によりて成り立っている。そうして、神に帰る。私たちは自分で生きているのではない。神によりて地上にいるだけです。生かされていること自体が神であって、神と共にいるのです。

個人が生きているのではない。個人が生きているという事実は何処にもありません。従って、それを考えると、自然が私を吸い取ってくれるのです。このような意識で生きているのが、リビングソールです。これがリビングソールとしての正当な意識です。

18. 父の懐

ヨハネは次のように言っています。

「私たちすべての者は、その満ち満ちているものの中から受けて、恵みに恵みを加えられた。律法はモーセを通して与えられ、恵みと誠とは、イエス・キリストを通して来たのである。

神を見た者はまだ一人もいない。ただ父の懐にいる一人子なる神だけが神を現わしたのである」（ヨハネによる福音書1・16〜18）。

イエスが主であるということはどういうことか。私たちの生涯を通して、これだけを学ぶのが目的です。

十六節に、「私たちすべての者は、その満ち満ちているものの中から受けて、恵みに恵みを加えられた」とあります。これは英訳でみますと、イエスに満ちているそれから、すべてのものを私たちは受けたのだとなっています。つまり、イエスに満ちているものから私たちは受けているのです。

イエスにどういうものが満ちているのか。また、なぜイエスだけに満ちているのか。また、私たちがイエスに満ちているものから受けて、私たちが恵まれるとはどういうことか。

イエスが恵みに満ちている。満ち満ちていると言っていますが、イエスに満ちているというより、イエス自身がフルネス（fullness）であるのです。イエスがフルネスであるというそのことから、私たちは受けるのです。イエスが満ち満ちている。恵みに満ちているというそのことの意味が、まず分からなければいけないのです。

イエスはどうして満ちているのか。キリスト教的に言えば、イエスは神の一人子だから、恵みに満ちているのだという考え方になるのです。これが根本的に間違っている訳ではありませんが、そういう考え方をしていますと、イエスに満ちているその恵みを私たち自身のものとすることが、なかなか難しくなるのです。

イエスと私たちは、本来同じものです。どのように同じなのかと言いますと、まずイエスは神の言《ことば》です。御子です。神の光そのものです。

神の光そのものである御子が、一人子として生まれたのですが、世の基を置かないずっと前に生まれたのです。「すべての造られたものに先立って生まれた方である」と、パウロは言っています（コロサイ人への手紙1・15）。すべてのものに先立ってということは、天使長ルシファーが造られる前という意味です。

まず神がありたもうた。神がありたもうたとほとんど同時に御子が生まれたのです。御子はルシファーより先に生まれていたのです。光が生まれていたのです。

天使長ルシファーが天使長として立てられた時に、神の光であり、神の言でいますところの御子が、ルシファーと共におられたのです。だからこそ、天使長は天使長としての力を持つことができるようになったのです。

御子というお方は、神の栄光そのものです。ヘブル人への手紙をみますと、「御子は神の栄光の輝きであり、神の本質の真の姿である」と書いてあります（1・1）。

神の本質の輝き、響き、力そのものを代表するお方が御子、一人子です。いや先に生まれた一人子はそういうお方です。

ルシファーを天使長として神が用いることになれば、それだけの力を与えなければ仕事ができません。神の代理者として、宇宙を治めるだけの力を彼は持たねばならない。与えられなければならないのです。

そこで、御子たる者が天使長に遣わされたのです。御子というお方はそういうお方であって、神の懐だけにおられたのとは違うのです。天使長の所にもおられたのです。非常に苦労しておられるお方です。

御子はルシファーの元に遣わされた。それによってルシファーが天使長になれたのです。これは口で言えば簡単ですが、その内容はとても私たちの頭で想像できるようなことではありません。御子が父の元を離れて、ルシファーの所へ遣わされて、そうしてルシファーの意志に従って御子が働かなければならないことになったのです。

御子としては最初は良かったかもしれませんが、ルシファーがだんだん逆性的になっていった。その時点において、非常に苦労されたに決まっているのです。

神の一人子であるお方が、ルシファーの所へ遣わされた。そのルシファーの中に逆性の兆しが出始めたのです。そうして、ルシファーが父に逆らうようなことを考え始めた。そういうことを通して、御子は非常に苦労されたに違いないのです。

御子が苦しまれた。父の一人子がルシファーの中に芽生え始めた逆性によって、ある場合には、父の御心ではない方向に御子が働かなければならなくなったからです。

父が御子をルシファーの内に遣わされたのですから、ルシファーと共に働くということが、その時点において、御子が勝手にやめる訳にはいかないのです。

父の御心は絶対ですから、御子自身の本性に合わないような働きであっても、無理やりそうさせられて悪魔に服従させられるというような、ひどいめに合わざるを得なかったに違いないのです。

そうでなければ、ルシファーの中に逆性が発生する理由がなかったのです。もし御子がルシファーの中におられなかったら、ルシファー自身の中に逆性が発生するはずがなかったのです。

分かりやすく言いますと、皆様の中に言《ことば》がなかったら、つまり理性がなかったら、皆様は腹を立てたり、人を恨んだり、悲しんだり、悩んだり、または、喜んだり、楽しんだりできるはずがないのです。

皆様の中に御子がおいでになればこそ、喜怒哀楽の感情が働くのです。それを、皆様は自分が喜んでいる。自分が悲しんでいると考えているでしょう。しかし、それは御子の業であるということです。これがルシファーの中に逆性が発生した当時の状態です。それを今、皆様が経験しているのです。そうして、自分の肉性によって自分の内にいます御子を苛めているのです。

例えば、人を恨む、焼きもちをやく、つまらないことに悲しんだり、ちょっと病気になったら暗くなったりして、御子を苛めているのです。

思い悩むこと、つまらないことに暗くなったり、喜んだり、恨んだりする能力の根源は何かと言いますと、人間に与えられている神の栄光です。

聖書に次のように書いています。

「人間は何者だから、
これを御心に留められるのだろうか。
人の子が何者だから、これを顧みられるのだろうか。
あなたは、しばらくの間、
彼を御使いたちよりも低い者となし、
栄光と誉れとを冠として彼に与え、
万物をその足の下に服従させて下さった」（ヘブル人への手紙2・6～8）。

人間を御使いたちよりも低く造って、これに栄光と誉れとを冠らせたと書いています。栄光と誉れとは御子のことです。御子が神の栄光です。神の栄光が人間に与えられている。それと同じように、ルシファーにも与えられていたのです。

そして、ルシファーが淵の表にあった。ルシファーが淵という現象に、しがみついたのです。ルシファーはそういうことをしたのです。

その時、御子は非常に苦しんだのです。ルシファーの中にあって、ルシファーに苦しめられたのですが、御子が自分からルシファーから出ていく訳にはいかなかったのです。父の御心だから、しょうがない。じっと我慢しておられたのです。

その時点において、御子はさんざん苦しんで、訓練をお受けになったに決まっています。この間だけでも、何億年、何十億年という長い時間を、苦しみ続けておられたのです。

今皆様の中にいたもう御子も、そのように苦しんでおられるのです。皆様の中にある、いと小さきキリストの兄弟が御子です。御子がいなければ、考えたり、計算したり、記憶したり、推理判断したりできないのです。できないのに、御子を肉の思いで、さんざんこき使っているのです。それと同じように、御子はルシファーの中で、さんざん苦しんでおられたのです。

やがて、ルシファーの思いがだんだん明白になって、宇宙の表面に現われてきた。淵の表に定着し始めたので、これではいけないと父がお考えになったのです。

父なる神が計画を変更なさるということは、よくよくのことです。父は滅多に変更されないのです。神が神であるから、変更されないのです。

ところが、天使長の逆性がいよいよ明らかになって、それが宇宙の表面を支配するようになってきたので、父なる神はやむを得ず、「光あれ」言わなければならなくなったのです。そして、「闇の中から光よいでよ」と言われたのです（創世記1・3、4）。

いでよということは、ルシファーの中にある御子に向かって、お前は出てきなさいという命令です。それを言われたのです。神は「光あれ」と言われた。すると、光があったというのは、そのことです。

光が出ていったのですが、暗きはこれを悟らなかったのです。なぜ悟らなかったのかということです。これが意味深長です。皆様もこのことに注意しなければいけないのです。

皆様は考え、推理、判断、記憶し、仕事をしていますが、それを自分がしていると思っています。これは神の言が、私たちの内に働いているからできるのです。

そこで、もし皆様の中から、御子が出ていったとします。人間の場合、そういうことは滅多にありませんが、ないとは言えないのです。

例えば、つまらないことに臍を曲げておかしくなったり、暗くなったりしますと、御子が皆様から出ていくことになるのです。出ていかなければならないことになるのです。

今、私たちのグループは御霊に導かれています。私たちのグループから出ていくことは、御霊の導きに逆らうことになるのです。

御子が皆様の中から出て行っても、今まで習った聖書のことを記憶しています。これは消えないのです。自分の魂が経験しています。それが自分の持ち物になっていますから、消えないのです。

だから、一人でも信仰ができると思うのです。今まで教えられたことは頭に残っています。しかし、それ以上は伸びません。霊的に成長しないのです。

今まで聞いた記憶を言っているだけです。少しも成長しないのです。自分で御言葉が開かれませんから、少しも伸びないのです。

御名の福音を聞いて、それを理解した。それはすばらしいと思って、一時は感心した。しかし、臍を曲げて神に逆らった。臍を曲げた途端に、恵みに恵みを加えられることがなくなった。しかし、それまでの記憶が消えた訳ではない。これが、現在の悪魔の状態です。

暗きはこれを悟らなかったというのは、自分の記憶が消えた訳ではない。御子が悪魔と共にいて、闇の内に御子がおられて、ルシファーがいろいろと経験した。そのすばらしい経験を自分の力で経験したと思っています。だから、自分の中から光が出ていっても、それで自分がだめになったとは思っていないのです。暗きはこれを悟らなかったというのはこういう状態です。

ところが、実はこれを悟るべき顕著な状態があるのです。なぜあるのかと言いますと、光が闇から出ていった。光と闇とを分けられたと書いているのです。光と闇が分けられた時に、闇はもはや天使長ではなくなったのです。天使長の位を天から追放されて、地に落とされたのです。

天から追い落とされたとはどういうことかと言いますと、ルシファー自身の観念が固定して、それ以上進歩しなくなったということです。これが地に追い落とされたということです。

例えば、私たちのグループからに出て行った人の観念は固定してしまいます。それ以上、伸びません。本人はそれに気がついていません。これが暗きは悟らざりきということです。

自分の能力が一向に減っていないと思っているのです。人間の力は減っていないというだけではだめです。毎日、増えていかなかったらだめです。増えていかないということは、減っているということです。

「手習いは坂に車を押すごとし、油断をすれば後に戻る」というのです。皆様の霊調が、毎日毎日、前進していないということは、減っているということになるのです。

御霊を受けたことは受けた。しかし、御霊を崇めないで、疎かにしている、世間並みにしている。腹を立て、人を恨む。そうすると、御霊を受けた状態からずるずると落ちているのです。前進していないのです。

前進していないということは、落ちることです。ところが、本人は御霊を受けたと思っているのです。受けたことは受けたが、落ちているのです。それに気がつかない。これが暗きはそれを悟らざりきということです。

悪魔は天から追い落とされて、肉の思いで固まってしまったのです。固まってしまったということが、神から捨てられたということです。しかし、彼は自分の記憶があるために、かつて御子が自分と共におられ、その時に彼は神と交わることができたということを覚えているのです。

その時の記憶に基づいて、今でも神と交わりはするのです。神の前にどんどん出ていって、神に訴えるのです。訴えるのですが、御子が共におられた時のように自由闊達に神の御心を知ることが全くできなくなっているのです。

注意して頂きたい。皆様もこうなる危険性があるのです。自分の力でしていると思ったら大間違いです。

自分の力で聖書が分かっている、自分が御霊を受けたと思っているのは大間違いです。グループに留まりたもう御霊のおかげです。グループから離れた途端に、御霊の働きはぴしゃりと止まります。

御子はルシファーの中におられた時に、苦労をしておられたのです。そこで、恵みが満ちたのです。ルシファーの中でさんざん苦労をされたので、神は御子に満ち満ちた恵みを与えたもうたのです。

とりあえず与えられたのではありません。御子だから、ただで恵みを与えられたのではないのです。神はそんな依怙贔屓《えこひいき》はなさらないのです。御子でさえも理由がなければ、神は恵みを与えたまわないのです。

私たちもこの世に遣わされて、肉の中に住まわされて苦労している。そのおかげで、現世において恵みを与えられるのです。そのように、御子もまた、ルシファーの中で苦労をしておられたのです。

そこで、神は「光よ現われよ。光よいでよ」と仰せになったのです。その時、御子が闇の中から引き出されて、御子に恵みが与えられたのです。これが十六節に出ているのです。

御子が神の恵みに満ち満ちているのは、かつてルシファーの中におられて、さんざん苦労されたからです。そういう意味で、御子は悪魔のことをよく知っておられるのです。悪魔の腹の中におられたからです。悪魔のやり口をよく知っておられるのです。

現在、皆様はそれをしているのです。肉の思いがどんなものであるかをよく御存じです。知っているどころか、肉の思いの大将になって、思い煩って、臍を曲げて、暗くなる名人です。悪魔も顔負けするくらいの名人です。

それに私たちは勝つのです。御子は悪魔と共におられたが、光が闇に負けたことはないのです。闇の中に闇と共におられても、光はいつでも絶えず光は光であったのです。

そこで、光あれと言いたもう時に、御子に恵みが加えられたのです。やがて、皆様も光あれと言われるでしょう。これが携挙《けいきょ》です。この世を去る時です。この世を去る時には、「現世での仕事はすんだ、だから、私の所へ帰れ」と神が言われるのです。

その時、皆様はこの世を去る時に、天へ凱旋するのです。神の元へ帰って再び苦労しなくてもいいように、御子と同じように、第三の天に座することを許されるのです。

私たちは現世にいる間、喜んで苦労したらいいのです。パウロが「すべての艱難を喜びとする」と言ったように、どのようなことも恐れる心配はないのです。いつでも心は明るくあればいいのであって、やがて皆様は御子に恵みが満ちあふれたように、皆様もそうなるに決まっているのです。この世を出たらそうなるに決まっているのです。

私たちの魂は本来、御子です。私たちの魂がこの世にいるということは、御子が闇の中に住まわせられたように、御子が私たちよりも一歩先に闇に住まわせられていたのです。

そういう経験を持っておられた御子が、もう一度人間としてこの世に下られたのです。今度は肉体を持って下られたのです。

前の時には肉体がなくて、霊として闇の内におられたのですが、今度は肉となって、この地上に下られたのです。これが言が肉となって、私たちの内に宿ったということです。それをヨハネが見たと言っているのです。

御子は一回は霊において暗きを経験し、もう一回は肉において暗きを経験されたのです。そういうお方が私たちの救い主です。そうすると、皆様を完全に救えるのです。

霊的な意味での暗きに勝った。肉的な暗きにも勝った。完全な勝利です。御子はそういうお方です。恵みに満ち満ちているということはそういうことです。

パウロは次のように述べています。

「キリストは神のかたちであられたが、神と等しくあることを固守すべきこととは思わず、かえって、おのれをむなしうして、僕のかたちをとり、人間の姿になられた。その有様は人と異ならず、おのれを低くして、死に至るまで、しかも、十字架の死に至るまで従順であられた。それゆえに、神は彼を高く引き上げ、すべての名にまさる名を彼に賜った。それは、イエスの御名によって、天上のもの、地上のもの、地下のものなど、あらゆるものがひざをかがめ、また、あらゆる舌が『イエスは主である』と告白して、栄光を父なる神に帰するためである」（ピリピ人への手紙2・6〜11）。

現世に罪人の形をとって地上に下ることを父から命じられた時に、神と共にあることを捨てがたきこととは思わずに、それを固く保とうとはしないで、父の仰せのとおりに罪人の形をとって、地上に下りたもうた。これは本当に御子でなかったらできないことです。そういうお方が皆様の夫です。ちょっと上等すぎるのです。皆様もそれに適うものだと思って頂きたいのです。

今の自分のことを考えると、とても釣り合わないのですから、自分自身の本性は御子と同質のものであると思って頂きたいのです。

私たちは神から来たのです。現在、神によって生かされています。やがて、神に帰るのです。ローマ人への手紙の第十一章三十六節でパウロが言っているとおりです。

人は神にかたどって、神の形のように造られている。これが神の栄光そのものです。神の栄光とは、神の言葉のことです。御子のことです。私たちは御子でした。御子である神の栄光が、地上に遣わされたのです。

そのことがらをよく心得て、自分の思いではなくて、神の御心で生きるのです。「父の御心を行う者は天国へ入る」とイエスが言われたように、自分の思いでなくて、神の御心で生きるのです。

自分の思いで生きないで、父が今訓練しておられるのだということを弁えた人は、神の元に帰することが考えられるのです。

十七節になりますと、「掟はモーセを通して与えられ、恵みと誠はイエス・キリストを通して来た」とあります。掟は与えられたのであり、恵みと誠は向こうからやってきたのです。

イスラエルは掟が分かっていません。掟は与えられたものです。何に与えられたのかと言いますと、肉体的に存在する人間に神が与えたものです。

与えられたというのは、求めたから与えられたのです。やってきたというのは、求めないのにやってきたのです。

恵みと誠を人間は求めていないのです。求めなかったのです。

ところが、掟の方は求めたのです。なぜそんなことをしたのかと言いますと、ユダヤ人は神自身が治めるか、掟を守ることによって神に仕えるか、どちらがよいかと言われた。神自身に睨まれたら煙たいので、掟を守る方にして下さいと言った。こういう愚かなことを言ったのです。それで掟が与えられたのです。掟を守る方が気楽だと思ったのです。

ところが、反対です。神の御顔の前にいる方が楽です。アブラハムは「汝わが前に歩みて全かれ」と言われた。アブラハムは神の御顔の前にいたのです。

イスラエルは神の御顔を見ようとしなかった。掟を行おうとしたのです。掟は神の影です。御顔を仰ごうとしないで、神の影で自分の肉性が生かされる余裕があると考えた。これは大変な考え違いです。

掟は一体何かと言いますと、肉体的に存在する人間は、すべて女性であり、掟は夫です。モーセの掟は肉体を持っている人間に対する夫の役割を演じているのです。

神自身に治められたいと願うなら、神自らが夫になってくださるはずでしたが、それをお断りして、掟を夫にしたいという注文を出したのです。これは旧約聖書の出エジプト記、申命記に書いてあります。ユダヤ人が注文したと書いているのです。

皆様が今仕えている夫も、皆様自身が注文したのです。結婚したいと思った。そう思って、結婚したのです。人によって事情が違いますが、ある男性と一緒になることを承知したから、一緒になったのです。それが皆様に対して掟になったのです。

肉体を持つイスラエルがモーセの掟に従わなければならなかったように、肉体を持つ女性は、夫に従わなければならない義務があるのです。絶対的な責任があるのです。どんなに従いたくない夫でも、夫が肉体的に存在する女性に対して掟になっているのです。夫はお前を治めるであろうと言っているのです。

夫に治められるのが女性の運命です。どんなに厄介な夫でも、それに従うのが皆様の運命です。女であることの運命です。夫であることがキリストであるということです。

良くても悪くても、夫の考えに従わなかったら、それに同意できなかったら、その人は女性として自らを完成することができないのです。

女性はそれができると、一変に楽になるのです。夫に従うという度胸をはっきりすえると、女性の霊魂の責任は男性に移ってしまうのです。そうすると、女性は楽になるのです。

皆様は完全に夫に従おうとしないから、いろいろな形で重荷を背負うことになるのです。暗くなる原因も心が動揺する原因も、よく考えてみますと、皆様が夫に従っていないからです。必ずそうなっています。

そんなことはないと言っても、自分が自分を弁護しているだけです。神から見れば、そうなっているのです。

そうすると、女性は夫には従わなければならないし、聖書を信じなければならないから、二重の損だと思うでしょう。そうではないのです。夫そのものがキリストですから、それに従う決心さえすれば。皆様の霊調はどんどん伸びるのです。

女性の魂の責任は夫が持たなければならないのです。これは宇宙の鉄則です。

これを不合理だと考えるのは、女性の中にいる悪魔がそう考えるのです。ユダヤ人は掟が守りにくい。本当に守りにくいと考えた。これはユダヤ人の中にある悪魔がそう思っているのです。

現在の全世界の人間に対しては、イエス紀元が夫になっているのです。キリスト紀元が夫です。日曜日に仕事を休むことが夫です。

ユダヤ人問題が全世界の夫です。ユダヤ人が大将でなければ、人間文明が展開しないということが、人類全体の夫です。

私たち異邦人は、夫のために祈っているのです。イスラエルは皆様の夫です。私たちの夫です。

私たちは人間的にイスラエルに反抗しているのではない。ユダヤ人を迫害しているばかな国民がいますが、そんな人は夫に抵抗している妻みたいなものです。

白人はそれをしているのです。だから、白人は絶対に千年王国の中心にはなれません。

幸いにして私たち日本人はユダヤ人を迫害しなかったのです。むしろ、ユダヤ人を助けたのです。これは幸いです。本当に幸いです。だから、むちゃくちゃな夫を愛することができる。むちゃくちゃなユダヤ人を愛することができるのです。

皆様は目に見える夫を愛して頂きたい。尊敬して下さい。そうしなければ、皆様の霊魂は本当に目を開くことはできません。霊魂の目が開かなければ、心は幸せになれないのです。

なぜ自分を捨てて十字架を信じることができないのでしょうか。夫に惚れていないからです。夫を尊敬していないからです。完全に夫に仕えていないからです。夫を裁いている、あるいは、見下している。心の中で不満に思っているからです。掟に反抗しているからだめです。

肉体を持つ人間に掟が必要であるように、肉体の女には男が必要です。男性の性器は命のシンボルです。女性は男性の性器を持っていないからです。これは当たり前です。だから、皆様は命を慕うという意味において、どうしても男性が必要です。

男性なしに直接キリストに結びつく人もありますが、それはその人の業の深さによるのです。業の深さによって、夫なしにキリストを直接信じることができる人もいますが、その人は人間的には大変不幸です。霊的には幸せですが、人間的には大変不幸な状態になっているのです。

皆様が誰かの妻であるというのは、それだけ世間で威張っていられるのです。そのかわりに、霊的には難しいのです。独身でいる人は、世間では威張れません。そのかわりに、霊的には楽です。神は公平です。誰も威張る必要もないし、臍を曲げることもないのです。これが掟と恵みの関係です。

掟はモーセによって与えられた。恵みと誠はイエス・キリストによって来ました。このことをよく考えて頂きたい。

人間の肉体にはどうしても掟が必要です。女の肉体には掟がいるのです。

恵みと誠は魂に対する神の処置です。これは神が責任を持って、神の方から恵みと誠を下さったのです。これは人間の霊魂に対しては、キリストご自身が夫でありたもうからです。人間がそれを知っても知らなくても、人間がそれを信じても信じなくても、人間の魂はすべて神の妻です。キリストの妻です。そこで、キリストの方から恵みと誠を人間が求めないのに、与えて下さるのです。これがキリスト紀元です。イエス紀元の新約時代です。神の方から人間の方へやってきた。これは霊魂に対する神の処置です。

掟はモーセによって与えられ、恵みと誠はイエス・キリストによって来たという言い方は、本当にすばらしいことです。こういう人間存在をよくよく考えたらいいのです。

しかもなお、皆様が女であるということは、皆様自身が決めたことではないのです。神が決めたことですから、夫に従わなければならないと考えなくてもいい。ただ心を明け渡したらいいのです。そうすると、女であることの方が、男であることよりも、ずっと楽であることが分かるのです。ただ従いさえすれば楽なのです。

イスラエルが掟を守るとどうなるのか。掟を守るということはどういうことなのか。例えば、モーセの掟を守るということは、人を殺してはいけない。嘘を言ってはいけないということです。これは何を言っているのか。それを守るとどんな効能があるのかです。それはすばらしい秘密があるのです。非常に深い秘密ですが、これが人間には分からないのです。

人が掟を守る。また、夫を心から敬愛して仕えますと、なぜそうしなければならないかが分かるのです。行なってみれば分かるのです。行なわないから分からないのです。

現世で誰もが夫に反抗しているのではありません。中には夫を敬愛し、惚れている人もいます。そういう人の顔は明るいのです。暗い顔をしている時には、夫に背いているに決まっているのです。

夫に従っている時は、いつも幸せそうです。女性は正直です。夫に従っている時は、いつも心が平和です。だから、従っていない時は、必ず波風が立っています。自分で自分のことを考えたらすぐ分かります。

人間が掟に従っている時は、心がいつでも平和です。なぜ平和になるかです。モーセの十戒を行なうとなぜ心が平和になるのか。これは神の御心を行なうからですが、それがそのまま魂の願いでもあるのです。

イスラエルは掟を行なっているように見せかけて、反抗しているのです。ユダヤ人はそうしているのです。掟の精神を知らないからです。

掟の講釈ばかりをしているのです。何のために神が掟を与えたのか。ユダヤ人は分からないのです。掟の説明ばかりしているのです。それは掟を守っているような顔をして、守らずにいようという気持ちがユダヤ人の中にあるからです。掟を本当に守る気持ちがないから、掟の説明ばかりしているのです。

恵みと誠は向こうからやってきました。これは心を聞いて受け取りさえすれば、すぐに分かるのです。この意味では掟よりは簡単です。

ところが、心を開くということができないのです。神の恵みを素直に受け取ればいいのですが、なかなか難しく思うのです。なぜ難しく思うのかと言いますと、掟を行なうのは、肉体的に生きている人間が行なえばいいのです。

女性は肉体的に生きている自分が夫に惚れたらいいのです。簡単です。ところが、恵みと誠は違います。今肉体的に生きている男性が、恵みと誠を受け取ってもだめです。ここが難しいのです。

恵みと誠は受け取ったらいいという意味では簡単ですが、肉体を持っている人間が受け取ってもだめです。霊において受け取らなければいけないのです。十字架を通して一度死んでしまわなければ、恵みと誠は受け取れないのです。

それを肉体を持っている自分が恵みと誠を受け取ろうと考える。これが間違っているのです。そうすると、どちらが難しいのでしょうか。肉体を持っている人間が守れる掟がいいのか。肉体的に生きている人間が否定されなければ、受け取れない恵みと誠の方がいいのでしょうか。掟と恵みのどちらがいいのでしょうか。なかなか分からないのです。

肉体的に生きている自分が恵みと誠をもらおうと考える。そうは問屋が卸さないのです。肉体的に生きている人間は、神に対して掟を守らなければならないのです。肉体的に生きていないとはっきり言える人間は、掟に関係がない。直接恵みに関係があるのです。どちらがいいのでしょうか。

妻から見ると、夫はいいものです。しかし、また、悪いものです。これほど悪いものはないのです。夫に惚れて慕うことになれば、自分の命よりも尊いお方です。ところが、気持ちがずれてしまうと、親の仇よりも憎いのです。不倶戴天の仇のように思えるのです。

本当に自分の命よりも尊い人になるか、自分の仇よりも憎いものになるのか、どちらかです。これが夫です。

女は本当に幸せになりたいと思ったら、ただ夫を慕うだけでいいのです。そうすることが、女にとっての十字架です。十字架を真正面から受け止めなければならないのは、男の方です。

女にとって十字架は、夫を慕うことです。ただ服従するだけではだめです。心から夫を慕うのです。心から惚れるのです。恋慕うのです。難しいですが、服従しているだけではだめです。喜びがありません。

十八節には、「神を見た者はまだ一人もいない。ただ父の懐にいる一人子なる彼だけが、神を現わした」とあります。

父の懐にいる彼だけが、神を現わしたとはどういうことか。イエス・キリストというお方は、かつて闇の懐にいたのです。今は父の懐にいるのです。闇と光の両面が完全に分かっているお方です。

父なる神というお方は、父なる神であって、この方は闇のことはもちろん十分にご承知ですが、闇の懐におられたのではないのです。父なる神が悪魔の懐にいるはずがないのです。

父なる神は何処までも造り主です。完全無欠のお方が神であって、完全無欠というのは、一つの条件があるのです。影があるというのが条件です。

「ある」というもの、「存在」には影がなければならないのです。現在、皆様がご存知のものの中で、影がないものが一つでもあるのでしょうか。

実は空気でも影があるのです。風でさえも影があるのです。人間の目で見えるような影ではありませんが、風でも空気の在り方においての影があるのです。

太陽光線には影がないように見えますが、やはり影があるのです。太陽光線をプリズムで分けますと、七色に分かれます。これは影がある証拠です。

そのように、「ありてある」お方の影が現われているのです。「ありてある」というお方、「存在」そのもののお方にも、また、影があるのです。

影があるから完全です。影がなければ神とは言えないのです。

人間がどんなに金持ちでも、死の影がつきまとっているのです。

「この夜をば　わが世とぞ思う望月の　かけたることもなしと思えば」という藤原道長の有名な歌があります。宇治の平等院を造った道長です。

望月というのは満月です。自分の生活も地位も、満月のように丸い。欠けたる所がないという程、藤原道長は自分の人生に満足していたのです。

しかし、やはり死が恐ろしかった。そこで、宇治の平等院を造って、極楽の模様を平等院の天井に書いたのです。極楽浄土をそのまま自分の住まいにしたかったのです。やはり、自分の心に影があったのです。

全知全能の神ご自身にも影がある。影がなければ、神ご自身の全知全能を全能として現わすことができないのです。影がいわゆる闇です。

神はご自身の一人子をご自分の影の方へ、ちょっと遣わされたのです。闇に遣わしたのです。今は闇は神に背いています。しかし、闇がなければ、神の約束は成就しないのです。

神の全知全能は約束の完成において、完全に成就するのですが、これは闇がとことん神に反抗しているから成就するのです。

これは八百長ではありません。宇宙の真理です。存在そのものがそういうものです。これについて、理屈を言わずに存在の状態を黙って受け取って頂きたい。皆様の頭ではいくら考えても分からないでしょう。

影と光との関係、表と裏の関係は一体ではあるが、別です。全く別です。別ではあるが一体です。しかし、何処までも裏は裏、表は表です。

「汝わが前に歩みて全かれ」と神はアブラハムに言われた。神は前から拝むべきものです。後ろから拝んでも仕方がないのです。

神を見たものは一人もいない。一人子の神だけがこれを現わした。一人子の神は父の懐におられたから、これが分かったのです。父の懐にいれば、父が悪魔に対してどういう気持ちを持っておられたかが、十分に分かっているのです。

なぜ父が遠慮しておられるように見えるのか。そのことをイエスは十分に知っていたのです。父が遠慮しておられるのではない。悪魔が悪魔でなければ、神が神ではないことを、イエスは知っておられたのです。父の懐におられたからです。

イエスになられた神の御子は、かつて悪魔の懐におられたのです。今は昇天されて、父の懐におられるのです。第三の天において、父の懐におられるのです。

その前に、彼が地上におられた時にも、肉体的に生きているという状態で、父の懐を知っておられたのです。

神は肉体を持っていないと言いますが、これは正確ではないのです。なるほど、父なる神は肉体を持っておられない。しかし、子なる神として肉体を持っておられるのです。

父の懐にいるお方が、肉体的にはっきり人間生活を経験しておられた。このことは、肉体的に生きているとはどういうことかを、神ご自身が御子を通して経験されたということになるのです。

一人子の神が、人としてこの世に現われた。これは神ご自身が肉体的な意味での経験をするためであった。父自らが人となりたもうことはできない。また、そうする必要もないのです。

生みたまえる一人というのは、父ご自身とは寸分違わないお方です。ただ位が違うだけです。父なるお方と子なるお方という位があるだけであって、本質は同じです。従って、子なるお方が肉体をとって現われたということは、そのまま父なる神の経験になるのです。

そういう形で、父なる神も自ら御子を通して、肉体を経験されたということが言えるのです。

これは、父と御子と御霊が一つになって、父ご自身の影を変えて、新しいものにされた。つまり、影が働いたことによって、神の約束が具体的に発動したのです。

もし逆性が宇宙に発生しなかったら、神は約束を立てる必要はなかったのです。逆性が働き出すことによって、約束が立てられた。これが発動するチャンスとなったのです。

結局、影が作用したために、新しい天と地が生み出される原因になったのです。

私たちも罪人としてこの世に送られたから、すべてを治める力を与えられる可能性ができたのです。

もし私たちが罪人でなかったら、万物を治める程の知恵と力を自分自身のものにすることはできなかったでしょう。ここに、罪のある所に恵みの光も差し込んでいるという原理があるのです。

だから、業が深かろうが、自分がつまらない者に見えようが、そういうことを思えば思えるほど、与えられた恵みの深さ高さを、大いに期待すべきです。

地面がくぼんでいる場合、くぼみが大きければ大きい程、たまる水も多いに決まっています。そのように、悪いことが大きければ大きいほど、恵みも大きいと受け取ったらいいのです。災いを幸いに変えたらいいのです。

そのよう考えると、非常にのびのびと生きることができるのです。この世においてつまらない自分が生きていると思っていても、つまらないことが多ければ多いほど、増々神の恵みも多く理解できることになるのですから、つまらない自分であることに感謝したらいいのです。

イエスは悲しみの人としてこの世に出てきた。誰が父親であるか、普通の人には分からないような状態で、この世に出てきたのです。

これは最も業が深い状態です。皆様とは比較にならないほど、業が深かったのです。父親が誰であるか分からない状態でこの世に生まれてきたのですから、本当に業が深いのです。

その業の深さを耐えて耐えきって、ついに一番すばらしい恵みを神から勝ち取ることができたのです。

ですから、私みたいな者はと、決して思ってはいけないのです。そういう人間だからこそ、神からすばらしい恵みを与えてもらえるという可能性の方に目をつけたらいいのです。

現在の自分より、よりすばらしいものを与えられるという可能性を見つけることは、恵みという言葉になるのです。

「信仰と望みと愛の三つは一つである」とパウロが言っていますが、望みというのは可能性のことです。可能性は自分自身の現在の状態が悪ければ悪いほど、可能性がすばらしいものであることになるのです。

イエスが肉体をとって現われた。このことは、神が人として人間存在を経験されたということとです。これを反対に言いますと、人間存在が神を経験することができるという道が開かれたということになるのです。

神が人となったということは、人が神になれる可能性が開かれたということです。これは絶対的な可能性です。これが一人子が地上に来られたということです。

今、地上にいる私たちは一人子が地上におられたことを鏡にして見るなら、自分自身の望み、可能性がどういうものであるかが、簡単に分かるようにできているのです。

ナザレのイエスが神の生みたまえる一人子であって、肉体をとられたお方であったということが分かれば、私たち自身が神の御子として待遇される可能性があることは、簡単に分かるのです。この簡単なことを信じるのです。自分の思いを信じてはいけないのです。人間は自分の思いにすぐに取りつかれるのです。そうして、何か自分がいじめられているような、ひがみ根性を持つようになるのです。

「自分の思いを信じるな」とイエスはいつも言われたのです。イエスが現世に出てきて、いつでも悪魔と戦って勝った秘訣はこれです。ただ自分の思いを信じなかった、これだけなのです。

もしイエスのような運命の人が、自分の思いを信じたら、とても悪魔に勝つことはできなかったでしょう。ナザレの村に生まれて、ああいう運命の元に生まれてきたことを、世間から何と言われたのか。自分が生まれたことによって、母親が何と言われたのか。また、父親が何と言われたのか。それを、イエスは耳で何回も聞いていたはずです。

自分が生まれたことが、両親にまで甚大な迷惑をかけていることを、イエスは直感できたに違いないのです。自分が生まれたことによって、父親や母親がどれだけ迷惑をこうむっていたかということです。

イエスの両親は悪い人ではなかったのに、そのように取り扱われていたのです。聖書にはそのように書いていません。マリアは非常に恵まれた人だと書いています。神から見ればそうなりますが、人から見れば、正反対です。マリアは最も軽蔑されるべき人であったとなるのです。人間が見ている自分と、神が見ている自分とでは、全く逆になるのです。

ですから、自分の気持ちですぐ暗くなりやすいということでも、決してひがむ必要はない。ひがまなければならない理由があっても、それは恵みに変えてもらえる資格だと思えばいいのです。ひがみ根性が強い人間ほど、恵まれる可能性が大きいと思えばいいのです。

イエスが父の懐にいたとは、どんな状態だったのでしょうか。昔は赤ん坊を背中におんぶしないで、胸のところ、つまり、懐に入れていた人がたくさんいたのです。平安朝の時代にはそうでした。

働く女性は背中におんぶをしたのですが、あまり働かない上流家庭の人は、懐に入れたのです。牛若丸が常磐御前の懐に抱かれている絵が描かれていますが、その時代の風俗としては当たり前のことでした。

「ヨハネがイエスの胸にもたれかかった」と聖書にありますが、日本のように儒教的な礼儀作法をやかましく言う民族では考えられないことですが、イスラエルでは決しておかしくない風習でしょう。

ヨハネがイエスの胸にもたれかかっていたという状態が、父の懐にいると言えるのです。皆様もそれをしたらいいのです。

一切の警戒心を持たない。自分を守ろうという思い、ひがみ根性を持たないのです。イエスは父の懐にいて、この世で生きておられたのです。だから、父を信じることができたのです。皆様も父の懐にいるような気持ちで信仰できなかったら、とてもイエスを信じることはできません。

自分は物を知らないとか、人より劣っていると思えたら、却って、父が恵みを与えて下さる原因であると思ったらいいのです。そういう厚かましい考え方をするのです。

ひがむよりもずうずうしく考えたほうが、その人を神が愛するのです。

心を尽くして神を愛することが一番必要です。心も尽くして神を愛するというのは、神に対して絶対に警戒心を持たないのです。自分の運命を呪ったり、生まれ性を悔やんだりしないのです。

信仰を妨げるという意味では、ひがみ根性が一番悪いのです。何よりも悪いのです。

ひがむというのは、神を警戒することです。神に近寄ろうとしないのです。だから、一番神に敵することになるのです。

生まれ性が悪い癖になっているのです。これが業《ごう》です。この業を果たすのです。つまり、現世に生まれてきた自分が死んでしまうのです。そうしなければ、救われないのです。理屈に合おうが合わなかろうが、結局、救われなかったら負けです。どんなに自分が立派で正しいと思っても、キリストを信じなかったら、結局負けです。

死ぬのが嫌なら、地獄へ行くのが嫌なら、ひがむのをやめなければしょうがないのです。

イエスの生き方、やり方が、父なる神をそのまま現わしているのです。神を現わしたのは、一人子であると言っています。神ご自身の本当の姿、本当の御心を現わしたのは、一人子だけである。だから、イエスがこの世で生きていたその生き方を、そのまま自分がなぞっていくのです。イエスの生き方を下敷きにして、その上に自分の生き方を載せていくようにするのです。

現世で損をしようが得をしようが、どうでもいいのです。損をすればするほど儲かるのですから、人からも自分自身も損をしたと思えば儲かるのです。ところが、損をしないでおこうと考える。その結果、自分を滅びに追いやってしまうことになるのです。イエスのように父の懐に入ろうとしないからです。

どんなに悪い人間でも、父の懐に入ったらいいのです。父の懐に飛び込んだらいいのです。横着と、本当に神に頼るということは、非常に似たところがあるのです。

イエスは決して横着ではなかった。どこまでも父の懐にいたのです。自分の悪いことも、つまらないことも、疑われたり、悪口を言われていることも、全部承知の上で、父の懐に転がり込んだのです。父の懐にいるから、叱りようがないのです。

「窮鳥懐に入れば、猟師もこれを撃たず」と言います。鳥を追いかけている猟師が、その鳥を見つけて殺そうとしたら、その鳥が怪我をしながら、漁師の懐に飛び込んでしまった。そうしたら、その鳥はもう殺せないのです。

「窮鳥懐に入れば、猟師もこれを殺さず」です。ましてや、愛なる父です。父なる神の懐に飛び込んだら、もう勝ちです。

惚れるというのはそういうことです。キリストに惚れるというのは、キリストの胸に転がり込むのです。それをしないで、じっと眺めているからいけないのです。

自分がいいとか、悪いとかということではありません。懐に入ることがいいのであって、自分が良くても悪くても関係はないのです。懐に入らなかった負けです。いくら悪くても懐に入ったら勝ちです。

イエスは父の懐に飛び込んでいたので、神が万物を生かしている意味が良く分かったのです。何のために牛や馬がいるのか。何のために犬や猫がいるのかが分かったのです。

他人がどういう気持ちを持っているのか。ユダヤ人はこれからどうなるのか。そういうことについて、父の御心がイエスには手に取るように分かったのです。この病気は治るのか治らないのかということまで分かったのです。

皆様がどうしても聖書が分からない。神が分からないというのは、父の懐に入っていないからです。簡単です。心が暗くなったり、心が淋しくなったりするのは、父の懐に入っていないからです。

もし心淋しい気持ちになったら、父の懐に入って下さい。何か今日はもう一つ神と自分が接近していない。神と自分との間に厚い壁があるような気持ちがすると思うのでしたら、その気持ちを信じるのをやめたらいいのです。

私がどう思おうが、私の心臓が動いていることが父です。これが分かれば、父の懐にいるのです。

目が見えることが、神の御霊の働きです。そうすると、私と父はインマヌエルです。インマヌエルになら、私の気持ちが暗かろうが、悲しかろうが、淋しかろうが、関係がないのです。私の気持ちを捨てたらいいのです。

イエスの真似をして、私は父と一緒にいると思ったらいいのです。そう決めたらいいのです。自分の気持ちを捨てる。これだけでいいのです。生かされていることが神です。父です。生かされているという事実があったら、その中へ転がり込んだらいいのです。これが父の懐です。

十八節に、「父の懐にいる一人子なる神だけが、神を現わした」とあります。父の懐にいたということが、一人子なる神ということです。神と一人子が別々にあったのではない。懐にいたということが神です。父と自分とを分け隔てをしていない。父と自分を一つとして見ていたのです。

肉体を持っている人間が肉体を持っている人間を見たら、訳が分からない欠点があるように見えるのです。

パリサイ人やサドカイ人がイエスを見た時、イエスが全く箸にも棒にもかからない、むちゃくちゃな人間に見えたでしょう。だから、イエスを殺したのです。殺そうと思うのは、よくよくのことです。生かしておけないくらいに悪い奴だと思ったから、殺したのです。少々悪い人間なら十字架につけようとは言わなかったのです。

皆様の目から見たら、私もそのように見えるかもしれません。私に近い人間ほど、私が信用できない人間に見えるかもしれません。そういうことになりやすいのです。私に近い人間ほど、私が自分勝手で、理屈ばかり並べている人間に見えるのです。

イエスの兄弟がそう思っていたのです。小ヤコブと言われた人がイエスの弟ですが、イエスが生きている間はイエスの話を全然聞かなかったのです。イエスが昇天してから、ペテロやヨハネに言われて、「兄貴は偉い人だったのか」と思えてきたのです。

小ヤコブはイエスが復活昇天してから、祀り上げられて、エルサレムの教会の監督になっているのです。そんなものです。

イエスに近い人間ほど、イエスのしていることが訳が分からなかったのです。これはやむを得ない人間の運命です。肉体を持っている人間はそうなるのです。

イエスをまともに見ようと思ったら、肉体を持っているという条件を考えたらいけないのです。これを考えるから分からないのです。

自分が肉体を持っている。イエスが肉体を持っている。これを考えるとイエスが分からなくなるのです。

言《ことば》は肉となったのです（ヨハネによる福音書1・14）。言が肉となったのであって、言が肉ではないのです。肉という仮の姿をとったのです。

この世に生まれた人間は、罪人という仮の姿をとって生きているのです。肉体を持つことによって、罪人という仮の姿を取らされているのです。皆様は肉体を持つ肉体を持つという仮の姿を取らされている状態で、イエスをどのように信じるのかを試験されているのです。それだけのことです。自分の思いを捨てるか捨てないか。肉体的に生きている自分を信じるか信じないかを試されているのです。

肉体的に生きている自分を信じると、自分が良くて他人が悪いと考えるのです。あの人は嫌いだ、この人は好きだと考える。あの人は善人だ。この人は悪人だと考える。

善悪利害得失を考えるのは、すべて現象を実体だと考えるからです。

イエスがこの世に遣わされたのは、人間は実は肉体的に存在するものではない。人間の本性は霊なるものであって、肉なるものではないということを証明するためだったのです。

そこで、イエスを信じると言いながら、なお肉体的に生きている自分を信じるとすれば、その人はイエスを信じていないのです。

イエスは肉体的に生きていたが、霊に従って歩んでいた。父の懐にいたということが、霊に従って歩んでいたということです。

イエスは肉体的に生きていたが、それを自分自身の気持ちに置いていなかった。色即是空をそのまま実行していたのです。イエスは本当に色即是空を実行していたのです。十八節にはそのことが書かれているのです。

父の懐にいます神の一人子という言い方は、イエスは肉体的に生きていなかったということを意味するのです。

19. 神は十字架によって新しい人を生んでいる

神が世界を経綸するためには、その土台がなければならないのです。現世においても誰かが会社を経営するとしたら、会社経営の中心を何処に置くかが問題です。

業務経営の中心と、人間的な経営の中心の二つの中心を決めなければ、会社経営が成り立たないのです。これは何処の会社にでもあるのです。会社を始めた人が、これを決定するのです。業務の中心と人間の中心を決めるのです。これによってその会社が良くなったり悪くなったりするのです。

神が全世界を経営しているのは、何を目的に、何を中心にしているのかが決まっているのです。これを考えなければいけないのです。これを考えるから、神が後ろ盾になっているのです。私たちのグループは人間の後ろ盾は何もありません。神が後ろ盾になっていますから、問題なく前進していけるのです。

御霊を崇めることがどのように分かっているのかということです。これさえ分かっていれば問題ではないのです。

ユダヤ人が目覚めなければ、神の国が実現しないのです。実はユダヤ人はどうでもいいのです。ユダヤ人が目覚めれば、キリストの復活が歴史的に実現するのです。キリストの復活は霊的には実現していますけれど、歴史として実現していないのです。これが良くないのです。

キリストの復活というものは、歴史として捉えられなければならないのです。個々の人間が、五十人や百人信じていてもいけないのです。歴史的事実として人々が公に捉えられなければいけないのです。神の国が実現するというのはこういうことなのです。

これを目標にして、聖書が開かれなければならないのです。これを目標にしている教会は、世界中何処にもないのです。

聖書に次のようにあります。

「ほむべきかな、私たちの主イエス・キリストの父なる神。神はその豊かな憐れみにより、イエス・キリストを死人の中から甦らせ、それにより、私たちを新に生まれさせて、資産を受け継ぐ者として下さったのである」（ペテロの第一の手紙1・3、4）。

これが世界的に実現することを神の国というのです。五十人や百人の人間だけではなくて、世界的に、または、国家的に、民族的に、歴史的事実として認めることです。これを神の国というのです。私はこれを目当てにしているのです。

皆様もこれを目的にしたらいいのです。神の目的は人間を救うことではなくて、世界を救うことです。個々の人間を救うことを目的にしていません。神の国を実現することが目的です。

イエスは、「時は満ちた、神の国は近づいた。悔い改めて福音を信ぜよ」と言っているのです（マルコによる福音書1・15）。人間が悔い改めることを先に言わなくて、神の国が近づいたことを先に言っているのです。

神の国は天に蓄えられた国です。天の国です。この世が出来る前の国、前世の国です。前世の国が現世に現われることが神の国の実現です。

イエス・キリストが現われて述べ伝えた目的は、神の国を示すことです。神の国が世界中に実現することが目的であって、人間がキリストを信じることではないのです。

人間の霊魂を救うことが目的ではなくて、神の国を実現することが目的です。その土台になるのがイスラエルです。イスラエルが土台にならなければ、神の国は実現しないのです。このことが、世界中のキリスト教に全く分かっていないのです。カトリックもプロテスタントも、全然分かってないのです。

人間の霊魂が救われるということは、第二、第三の問題であって、第一は神の国が実現することです。こういう方針ですれば、御霊が働いてくれるでしょう。

この方針を続けていき、イスラエルに伝道という大眼目を恐れないで、ユダヤ人の目を覚ましてあげようという、ごく素朴な感覚で考えて、その理想に一致していれば、このグループは間違いないのです。

この理想から離れると、必ず分裂するのです。

パウロが言っています。

「実際、私の兄弟、肉による同族のためなら、私のこの身が呪われて、キリストから離されてもいいとわない」（ローマ人への手紙9・3）。

ユダヤ人の救いとはそういうものです。ユダヤ人に福音を伝えるということが、現在のキリスト教には全然分かっていないのです。パウロがユダヤ人に、福音を伝えられるなら、自分自身がキリストから離れて地獄へ行ってもいいと言っているくらいに大切なものがユダヤ人伝道です。これが分からないのです。

現在のユダヤ人は全く箸にも棒にもかからない、何と言っていいか罵る言葉もないほど悪いのです。ユダヤ人はひどい民族です。

ユダヤ人の救いのためなら、キリストから離されて地獄へ行っても構わないという固い気持ちがあれば、このグループは大丈夫です。神が必ず導いてくれるに決まっているのです。

一番分かってもらいたいことは、ユダヤ人問題の根本とは何かということです。ユダヤ人とは一体何かということです。パウロがイスラエルのためなら、キリストから離されて地獄へ行っても構わないということを、ローマ人への手紙に書いておいたのですが、この手紙が聖書に入っているのです。新約聖書の重要部分になっているのです。

個々の人間の霊魂の救いよりも、ユダヤ人に福音を伝える方が大切だということを新約聖書が言っているのです。だから、私はキリスト教が間違っていると言っているのです。ローマ人への手紙のパウロの思想を私の思想にしているのです。これが私たちのグループの中心思想です。

旧約聖書にエルサレムを愛するものは栄えるという言葉があります。今のユダヤ人があまりにもひどすぎるのです。だから、イスラエルのために祈るとか、イスラエルを愛するとかいうことを、少しでも考えるだけで、神はその人を捨てておくことはできないのです。

私たちのグループはイスラエルのために造られているということを、決して忘れてはいけないのです。ユダヤ人のために、神が造ったグループです。

ユダヤ人のために祈るとか、ユダヤ人に福音を伝えるために伝道しているという人間は、私たち以外には世界にいないのです。ユダヤ人に福音を伝える目的で、聖書の勉強をしているのは私たち以外にはいないのです。

神はユダヤ人に約束を与えられたけれど、現在のユダヤ人は神の約束を全然問題にしていないのです。彼らが考えている約束は、ユダヤ教のことを言っているのであって、神の約束とは違うのです。

アブラハムに、「お前とお前の子孫とに、とこしえの契約を与える」と言っているのです（創世記17・4〜8）。これが神の国の土台になるのです。ユダヤ人に福音を伝えて、まともな聖書の信仰を与えなければ、神の国が実現しないのです。

ユダヤ人が本当に目を開かなければ、私たちがどのように聖書が分かっても、それだけでは神の国は実現しないのです。キリストの再臨は実現しないのです。

ペテロの第一の手紙の第一章にありますように、キリストが復活したことによって、すべての人が新しく生まれたのです。私たちが救われたとは書いてありません。私たちが新に生まれたと書いてあります。この私たちというのはキリストを信じる者を指しているのです。

ところが、キリストを信じるというのは、制限を加えているのではありません。キリストを信じるすべての人を指しているのです。だから、キリストの復活によって、キリストを信じるという人々に、とこしえの命が与えられているのです。四節にあるように、新しい命が与えられているのです。

ところが、今のキリスト教は新しい命、自分がこの世に生まれたのではない新しい命が与えられているということが分からないのです。

この世に生まれた命ではないもう一つの命を経験していなければ、聖書を信じているとは言えないのです。この世に生まれた命はやがて死んでいく命です。やがて、死んでいく命ではない、別のもう一つの命があるのです。これを捉えるのです。

皆様は死んでいかない命を経験しているのでしょうか。今、皆様は死ぬべき命を経験しているのです。死ぬべき命は経験していますが、死なない命は経験しているのでしょうか。

死なない命を経験しなければいけないのです。これはペテロの第一の手紙の一章三節、四節にありますように、イエス・キリストの復活によって、新しい命が与えられているのです。

現世に生まれてきた自分の命ではない新しい命を経験しているとはっきり言えるかどうかです。世間並の教会ではこれが言えないのです。

この世に生まれてきた命はどうでもいいのです。私たちはキリストの復活による新しい命で生きていることを、まず理論的にしっかり考えてみて下さい。キリストの復活による新しい命は理論的にどういうことになるかということです。また、どのように生きればいいのか。

この世に生まれた自分の命と、これとは別のもう一つの命があるのです。もう一つの命で生きることになれば、自分の家庭生活をどのようにしたらいいのか。道徳的には山上の垂訓（マタイによる福音書五章〜七章）です。

山上の垂訓を社会的に実現しようと思ったらどうなるのか。家庭的に実現しようと思ったら、どうなるのかという問題です。

皆様はこれを実現しなければならないのです。私はその入口を開いたのですから、皆様がこれを社会的に、世界的に実現して頂きたいのです。

これはキリスト教の話ではありません。この世に生まれた命ではないもう一つの命のことを言っているのです。分からなければどんどん聞いて頂きたいのです。分からないことが悪いのではなくて、それをはっきり捉えていないことが悪いのです。

男女の問題は性の問題ではないのです。性の問題だと考えている人は皆地獄へ行くのです。性の問題と考えている人は死ぬべき命に生きているのです。

セックスという感覚で女を見ている人は、生まれながらの命が分からないのです。男女の問題は格の問題です。男という格、女という格がある、命に格があるのです。

獣の命と人間の命は格が違うのです。男の命と女の命とは格が違うのです。

イエスがこの世で示してくれた命は神の格を持った人の命です。神の格を持った人の命を、人の子の命というのです。イエスの命は神の格を持っていたのです。この持ち方を真面目に勉強したらいいのです。

皆様はこの命を持っているに決まっているのです。それを見つけていないだけのことです。

皆様は生まれてきた命は持っています。この命ではなくて、死なない命を持っているかどうかです。死なない命はこういうものだと人々にはっきり説明できるのでしょうか。

死ぬ命と死なない命とは違うのです。これがはっきり説明できなければいけないのです。

イエスが生きていたのは、死なない命を生きていたのです。神の格を持った人の命です。神の格式を持った人間の命です。これを信仰というのです。神の格式が人間的に現われていたのです。これがイエスの信仰です。

皆様の生活が肉の思いの生活であってはいけないのです。肉というのは格です。霊というのも格です。人間の魂には格があるのです。格式があるのです。

皆様は霊魂の格式を考えて、それに相応しい生活ができなければいけないのです。例えば、金銭に関すること、女に関すること、他人とのつきあいに関すること、言葉遣いに関することが、霊魂の格式に相応しいものでなければいけないのです。山上の垂訓はその原理になっているのです。

命というものは、実践的な経験を会得していなかったら、自分の命になっていないのです。聖書は理解するものではないのです。本当の信仰は自分の魂に格式ができているのです。生活に格式ができるのです。格式を造ろうと思わなくても、思想に格式ができるから、生活の態度が自然に格式を持つようになってくるのです。

これは掟ではありません。掟ではない格式です。格式が勝手にできるのです。

あとがき

般若心経でいう色蘊というのは、目に見えるものが存在しているという考え方なのです。

儒教でいう仁義という考え方、道徳とか親子の関係という問題が、全部五蘊に基づいて成立しているのです。目に見えるものがあると考えるから、道徳とか法律が考えられるのです。

目に見えるものがあるかないかということが、大きな問題なのです。般若心経はないと言っているのです。色不異空、空不異色、色即是空、空即是色ということは、目に見えるものがあるのではない。目に見えないものが、見えるようになっているというのです。

空即是色というのは、空が色になっているということです。これは、目に見えないものが、見えるようになっているという思想です。

しかし、目に見えるように物が存在しているというのは、造られたものです。最初はなかったのです。最初はなかったものが、目に見えるようになったというのです。

造られたものはやがてなくなります。形あるものは必ず滅するのです。今見ている地球の万物は、全部消えてなくなってしまうのです。しかし、人間の魂はなくならないのです。だから、困るのです。万物がなくなった時に、人間の魂もなくなれば良いのですが、そうはならないのです。

万物がなくなっても、魂はなくならない理由があるのです。どうしてかと簡単に言いますと、今、人は物を見ています。目の働きは何処から来ているのかと言いますと、人格から来ているのです。人格の働きは、肉体機能として働く部分と、心理機能として働く部分と両方あるのです。

肉体機能として働く部分、目で見て美しいとか、物を食べておいしいとかというのは、人格が肉体的に働いているのです。これが五官です。もう一つは、理性や良心となって、精神的に働いているものです。精神的なものと肉体的なものと、両方に人格が働いているのです。

ところが、一体、人格とは何であるかということです。善悪利害得失を考える人格です。自尊心とか、プライドとか、プライバシーとか言います。道徳とか、自尊心とかを考えるのは何処から来ているのかということです。

これは、宇宙の命の本質である絶対人格と大きな関係があるのです。例えば、花が咲いているのは、宇宙人格の現われなのです。宇宙人格の現われが、地球のエネルギーになり、それが花になって現われている。花の美しさは、宇宙人格の美しさなのです。マグロの味とか、サバの味は、天然自然がつけたのです。天然自然とは一体何かということです。これが、神の本物なのです。宇宙の命の本物なのです。

宇宙の命には、神という人格があるのです。太陽の輝き、空の青さ、海の青さ、花の美しさは、宇宙人格の現われなのです。空が青いということは、神の人格が空に現われているのです。稲妻のひらめきは、そのまま神の人格の表現形式なのです。

そのように、人間は生まれながらにして、天然自然という形で、宇宙人格を知っているのです。

つまり、人の人格というのは、神の人格がそのまま植えられているのです。だから、人格の源を探求しないと、命が分からないのです。自分の人格が何処から来ているのかを考えなければならないのです。

人格は自分で造ったものではないのです。生まれた時に、おのずから与えられたのです。「おのずから」とは一体何でしょうか。これが神なのです。

人の人格は神と同じものです。だから、この世を去っても、肉体がなくなっても、人格はなくならないのです。そこで、地獄があるのです。

もう一度言いますと、人間は太陽の光を認識することができます。空の色を知ることができます。花の美しさを知ることができる。雪景色を見ることができる。こういう大自然の景色を見ることができるというのは、大自然を造ったものと同じ人格を持っているからです。

人の人格は、宇宙構造の根本原理である神の人格がそのまま与えられているのです。だから、心臓が止まってこの世を去っても、人格は消えるわけにはいかないのです。消えないのが人格なのです。

人格の本性は神です。全知全能の神なのです。神の人格が、人の人格として植えられているのです。だから、死んでしまえばそれまでというわけにはならないのです。

宗教はだめです。人格の源、命の中心をしっかり掴まえなかったらだめです。信じたら良いとか悪いの問題とは違います。信じても、信じなくても、人格は宇宙人格から来ています。だから、この世を去っても人格は消えません。そこに、霊魂の重大性があるのです。霊魂不滅と昔から言いますが、これを具体的にはっきり説明できる人がいないのです。

自分の人格が何処から来ているのか、この世を去ると人格は何処へ行くのか。これが分かれば、生きている命と宇宙の関係が分かるのです。

人間は現世で七十年、八十年生きるために生まれてきたのではありません。永遠の生命を見つけるために生まれてきたのです。人間完成のためです。

人格の本質が人格通りに完成されることを、霊魂の救いというのです。こういう考え方が日本にはないのです。

般若心経と聖書を二つ並べて一つにする。つまり、東洋の原理と西洋の原理を一つにする。そうして、はっきりそれを説明することができないのです。弘法大師も、日蓮も、親鸞も、道元もできなかったのです。

人格とはどういうものかが分かっていないからです。目に見えるような物質は、命の世界から消えてしまいます。逆に言いますと、肉体が消えることは、目に見える現象世界がなくなるだけのことです。

色蘊はやがてなくなります。人間の感覚に頼っているからいけないのです。人間の感覚は数十年間のものです。しかし、宇宙は永遠です。人の人格は永遠の宇宙に参画するために、宇宙の大構造に人格が役立たなければならないのです。

この世で仕事をする位はどうでもいいのです。少し儲ければそれでいいのです。私たちが本当にしなければならないことは、この世を去ってからの仕事です。

この世の命はやがて消えるに決まっています。ところが、霊魂の本質価値は永遠のものであって、神と同じ仕事をすることができるのです。死んでから天国へ行くというばかなことを考えないで、もっと真面目に考えなければいけないのです。

人間が物を見ているということは、大変なことをしているのです。耳で物を聞いているということは、永遠の命に係わりがある重大な経験なのです。五官の働きの本当の重大さを考えて、人格完成をしなければならないのです。

神の人格と人の人格は同じ人格ですから、神の完全さを、そのまま人の人格において受け止めなければいけないのです。

これをイエスはしてみせたのです。これが、彼の復活です。復活の命を経験するのです。復活の命は今の人間が生きている命とは違います。死なない命なのです。これを受け取ればいいのです。

梶原和義（かじわら　かずよし）

● 名古屋市に生まれる。
● 長年、般若心経と聖書の研究に没頭する。
● 十三年間、都市銀行に勤務後、退職して事業を始める。
● 現代文明の根源を探るため、ユダヤ人問題を研究する。
● 「永遠の命」についての講話活動を各地で行っている。
● 東京と関西で、随時勉強会を開催している。
● 聖書研究会主幹の故村岡太三郎先生に師事し、般若心経と聖書の根本思想について、多くの事を学ぶ。また、村岡太三郎先生と共に「般若心経と聖書」というテーマで、全国での講演活動に参加した。
・毎年、七月から九月の間に、六甲山と軽井沢で開催された聖書研究会主催の夏期セミナーに講師として参加し、世界の文明・文化・政治・経済・宗教について指導した。
・毎年、大阪で聖書研究会により開催されている定例研究会に講師として参加。文明の間違い、宗教の間違いについて、十年以上にわたり指導した。
・聖書研究会神戸地区の地区指導員として、十五年にわたって監督、指導した。
・大阪の出版社ＪＤＣ出版の主催による講話会で、「永遠の生命を得るために」「般若心経と聖書」等について連続講義をした。
・川崎市の川崎マリエンにて、日曜日の午後に勉強会を開催している。
・土曜日の午後、全国の読者に向けてスカイプにて講話活動を行っている。
● 一九九五年、一九九七年、世界一周をして、政治・経済・文化・人々の生活について広く見聞した。
・一九九五年七月二十六日エリトリアのイザイアス・アフェワルキー（Isaias Afeworki）大統領に面会し、エリトリアと日本の関係、エリトリア、アフリカの将来について話し合った。
・一九九七年二月十八日から二十八日の間に、イスラエルシャローム党創設者ウリ・アブネリ（Uri Avnery）氏と頻繁に会い、イスラエルの現状・ＰＬＯとの関係、イスラエルと日本との関係、ユダヤ教とメシア、イスラエルと世界の将来、人類の将来と世界平和等についてつっこんだ話合いをした。
・一九九五年六月二十七日より十月十七日迄、世界一周のためにウクライナ船「カレリア号」に乗船。船内で開催された洋上大学に講師として参加し、「東洋文明と西洋文明の融合」「永遠の生命とは何か」「永遠の生命を得るために」等について講演した。
・一九九七年十二月十九日から一九九八年三月二十一日迄、世界一周のためにインドネシア船「アワニ・ドリーム号」に乗船。船内の乗客に「般若心経と聖書」というテーマで、三十三回の連続講義をした。この内容は拙著「ふたつの地球をめざして」に掲載している。

●日本ペンクラブ会員。
●日本文藝家協会会員。

著書

「超恋愛論」「超健康論」「超自由論」「超平和論」「超幸福論」「永遠の生命」「永遠のいのち」「超希望論」「超未来論」
「ユダヤ人の動向は人類の運命を左右する」
「ユダヤ人が悔い改めれば世界に驚くべき平和が訪れる」
「ユダヤ人が立ち直れば世界に完全平和が実現する」
「ユダヤ人問題は文明の中心テーマ」
「ユダヤ人を中心にして世界は動いている」
「ユダヤ人問題は歴史の中の最大の秘密」
「ユダヤ人問題は地球の運命を左右する」
「イスラエルの回復は人類の悲願」
「ユダヤ人の盛衰興亡は人類の運命を左右する」
「ユダヤ人が回復すれば世界に完全平和が実現する」

「ユダヤ人問題は人間歴史最大のテーマ」
「ユダヤ人の回復は地球完成の必須条件」
「イスラエルが回復すれば世界は見事に立ち直る」
「ユダヤ人が悔い改めれば世界は一変する」
「とこしえの命を得るために　1」
「とこしえの命を得るために　2」
「とこしえの命を得るために　3」
「とこしえの命を得るために　4」
「とこしえの命を得るために　5」
「やがて地球は完成する」
「千年間の絶対平和」
「究極の人間の品格」
「究極の人間の品格　2」
「究極の人間の品格　3」
「般若心経と聖書の不思議な関係　1」
「般若心経と聖書の不思議な関係　2」
「般若心経と聖書の不思議な関係　3」

「ユダヤ人と人類に与えられた永遠の生命　1」
「ユダヤ人と人類に与えられた永遠の生命　2」
「ユダヤ人と人類に与えられた永遠の生命　3」
「ユダヤ人と人類に与えられた永遠の生命　4」
「ユダヤ人と人類に与えられた永遠の生命　5」
「ユダヤ人と人類に与えられた永遠の生命　6」
「ユダヤ人と人類に与えられた永遠の生命　7」
「ユダヤ人と人類に与えられた永遠の生命　8」
「ユダヤ人と人類に与えられた永遠の生命　9」
「死んでたまるか」
「死ぬのは真っ平ごめん」
「人類は死に完全勝利した」
「死は真っ赤な嘘」
「死ぬのは絶対お断り　上」
「死ぬのは絶対お断り　下」
「我死に勝てり　上巻」
「死なない人間になりました　上巻」

「あなたも死なない人間になりませんか　上巻」
「世界でたった一つの宝もの　上巻」
「世界でたった一つの宝もの　中巻」
「世界でたった一つの宝もの　下巻」
「人類史上初めて明かされた神の国に入る方法Ⅰ」
「人類史上初めて明かされた神の国に入る方法Ⅱ」
「人類史上初めて明かされた神の国に入る方法Ⅲ」
「人類史上初めて明かされた神の国に入る方法Ⅳ」
「人類史上初めて明かされた彼岸に入る方法　1」
「人類史上初めて明かされた彼岸に入る方法　2」
「人類史上初めて明かされた彼岸に入る方法　3」（ＪＤＣ）
「永遠の生命を得るために」第一巻～第四巻（近代文藝社）
「ふたつの地球をめざして」「ノアの方舟世界を巡る」（第三書館）
「ユダヤ人が立ち直れば世界が見事に立ち直る」
「ユダヤ人が方向転換すれば世界全体が方向転換する」
「人類の救いも滅びもユダヤ人からくる」
「ユダヤ人に与えられた永遠の生命」（文芸社）

インターネットのみで販売している「マイブックル」での著書
「世界に完全平和を実現するために」（第一巻）（第二巻）
「ユダヤ人問題について考察する」第一巻〜第五巻
「ユダヤ人が悔い改めれば地球に驚くべき平和が実現する」第一巻〜第五巻
「ユダヤ人が悔い改めれば地球に完全平和が訪れる」第一巻〜第五巻
「ユダヤ人問題とは何か」第一巻〜第五巻
「真の世界平和実現のための私の提言」第一巻〜第五巻
「人類と地球の未来を展望する」第一巻〜第七巻
「人類へのメッセージ」第一巻〜第八巻
「般若心経と聖書の不思議な関係」
「永遠の生命について考察する」第一巻〜第十一巻
「誰でも分かる永遠の生命」第一巻〜第五巻
「ユダヤ人が悔い改めれば千年間の世界平和が必ず実現する」

現住所　〒673-0541　兵庫県三木市志染町広野6-169-4
TEL　090（3940）5426　FAX　0794（87）1960

E-mail : akenomyojo@k.vodafone.ne.jp
http://www.h3.dion.ne.jp/~aladdin/
http://www11.tok2.com/home/kajiwara/
http://twitter.com/kajiwara1941
blog : http://www.geocities.jp/kajiwara11641/
YOUTUBE : http://www.youtube.com/user/kajiwara1941

死なない人間の集団をつくります

発行日
2017年2月20日

著　者
梶原和義

発行者
久保岡宣子

発行所
JDC出版

〒552-0001　大阪市港区波除6-5-18
TEL.06-6581-2811(代)　FAX.06-6581-2670
E-mail：book@sekitansouko.com
H.P：http://www.sekitansouko.com
郵便振替　00940-8-28280

印刷製本
前田印刷株式会社

心にひびく言葉
心にのこる一冊

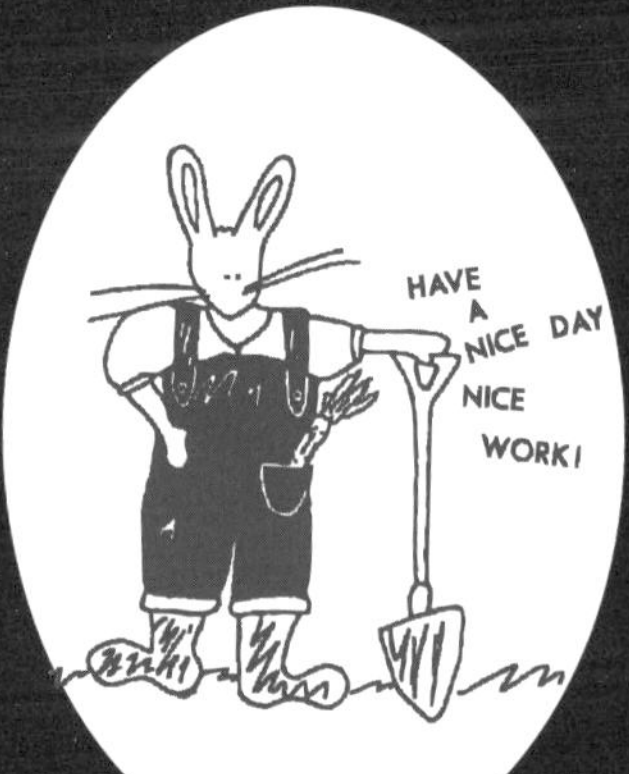

JDC出版案内

COCOROの文庫

ちょっと一言	日常の生活から拾った“ちょっと”したことを女性らしい感覚で取り上げたすぐれた社会時評。難解な用語や表現を使わず、短いセンテンスで、解し易く、物事の本質を的確にとらえたさわやかな一冊。（鈴木政治）	中島幸子 著 A6判上製 /88 頁 /631 円
ちょっと一言 その2	ものを見る目が鋭い。指摘が的確だ。著者の温かい人柄、きっちりした仕事をされる姿勢が伝わってくる。（阪本亮一）	中島幸子 著 A6判上製 /88 頁 /800 円
ちょっと一言 その3	著者の人柄と豊富な人生経験があるからこそ、読む人の心を惹きつける深いものになっているのでしょう。（春木美恵）	中島幸子 著 A6判上製 /88 頁 /800 円
おおい、月よ 子どもへ、子どもの心を持つ大人たちへ	宇宙と私たちは一体の存在です。宇宙と宇宙は真空でくっついているし、地球と宇宙は空気でくっついているし、空気と人間はぴったりくっついています。たとえ私たちが煙になっても、宇宙と地球と人間は一つながりのものなのです。	川上　勉 著 A6判上製 /76 頁 /631 円
息子への手紙 さわやかな風を聞こう	東京でパン作りの修業をしている長男へ送った手紙をまとめたもの。妻が胃の大手術を受けたり、四男が大学受験を迎えたりと家族にとって試練の時期をこの手紙で築いた絆で乗り越えていく過程が読みとれる。（日本経済新聞）	墫　栄藏 著 A6判上製 /80 頁 /800 円
うさぎとかめ 弁護士陽子のおくりもの	心のメカニズムを、一つひとつ解きほぐして見つめていくと、人の生の深淵が見えてくる。歳をとることの楽しさは、この深淵が見えてくることではないだろうか。	若松陽子 著 A6判上製 /80 頁 /631 円
ん いま　ここにあるしあわせ	私は私らしいのがいい。あなたはあなたらしいのがいい。みんなと違っているのがいい。あなたが貴いのはあなただから。	山本紹之介 著 A6判上製 /80 頁 /650 円
たのしい時間 明日が待ち遠しくなる本	どこにでも、いつでも、あなたの「楽しい時間」はやってくる。なにげない日常のなかに見つける心はずむ時たち。行間から立ち上がるすがすがしさに不思議な活力が漲る。明日という日が待ち遠しくなる一冊。（難波利三）	坂東笑土子 著 A6判上製 /80 頁 631 円
人生そしていのち ―健康で知恵ある生活のために―	四季・健康・人生について、そして多くの先人達の知恵や教えを深い感動のなかで学んだエッセイがつまっています。	萩原俊雄 著 A6判上製 /80 頁 /650 円
心身ともにすばらしい人生を送るために 健やか	希望や愛、明るく積極的な心、生きようとする強い意志は、人間の神経の働きを整え免疫力を高めます。	中島文保 著 A6 判上製 /80 頁 /650 円
からっぽ あっぽ やさしさをありがとう	ことばあそび、こころあそびの書の楽しみ。からっぽがいいなー。抱えきれなくなった心の荷物をやっとおろした時、からっぽのただの人である自分に出会いました。	野々口純代 著 A6 判上製 /80 頁 /700 円
独生独死 ― ごえんさんの人生法話	親が子どもに残してやるものは財産でしょうか。親が子に信心と感謝に生きる道を示しておけば、いつか子どもの心の中に真実を求める心が芽生えるときが来るものです。	佐々木英彰 著 A6 判上製 /84 頁 /800 円
心の四季 ―西と東― Soul of the Seasons	著者発行の英文俳誌 AZUMI は九ヵ国で配布されている。50 号をむかえた Azumi 誌から、各国の俳人による洗練された作品を和英両文で一冊の句集にまとめられている。	山藤一谷 著 A6判 上製 /90 頁 /700 円

子曰く それ、恕か — 人生が最大の作品	心穏やかに相手を許し、慈しむ人間であるためには、自分自身が成長しなければならない。誰もがそうなったとき、世界は本当の意味で柔和で穏やかなものになるでしょう。	下村　澄 著 A6 判上製 /80 頁 /700 円
人づきあいの旅にでよう	あなたが現状からさらに飛躍して成功するために、自分にない才知を持つパートナーのつき合いを求めて、生ある限り、人間行脚の旅をしつづけていく。	青木匡光 著 A6 判上製 /80 頁 /800 円
仏教童話 （カラー版） 貧女の一灯	この本は、あなただけの宝ものです。	大石華法 著 A6 判上製 /32 頁 /800 円
他人を生かし自分を生かす — ゆとりある人生のために	人は、気持ちに張りさえあれば、いくつになっても「キラキラ・ワクワクの人生」を求めることができる。	阪本亮一 著 A6 判上製 /80 頁 /700 円
白い世界の妖精 36のショートメルヘン	やさしさ、郷愁、私たちがちょっぴり忘れていたものを、この一冊に思い出すでしょう。	中村　博 著 A6 判上製 /80 頁 /700 円
健康をあなたに —自然治癒の本当の力—	ストレスはもういらない。頭のなかをスッキリと、心は大きく自由にはばたかせましょう。精神と食べものを考えるとそこにキレート水の力を見いだすことができました。	木村謙二 著 A6 判上製 /80 頁 /700 円
香りのてびき	日常生活のなかに生きる、思い出のなかによみがえる香りのおはなしと、香りとのつきあい方のてびき。健康と香りについても考えます。	堀田一郎 著 A6 判上製 /80 頁 /631 円
字てがみ年賀状 一年に一回、一字で あたらしい気持ちをつたえる	年賀状も字てがみで。古くて新しい年賀状のかたち。一字でおめでとうを表わしましょう。	髙嶋悠光 著 A6 判上製 /80 頁 /800 円
字てがみの四季 日本の四季を字てがみでたのしむ	季節の気持ちを漢字一字で伝えましょう。季節の一字を選べる参考書。	髙嶋悠光 著 A6 判上製 /80 頁 /900 円
字てがみのごあいさつ お祝い　お礼　お見舞い　おくやみ　おわび	ごあいさつにふさわしい漢字を、髙嶋悠光先生の作品で収録。	髙嶋悠光 著 A6 判上製 /80 頁 /900 円
字てがみを書こう 身近な筆記用具で字てがみを楽しむ	この頃人気の「字てがみ」。でも、筆でなく、ボールペンやマジックペン、色えんぴつなどなど、身近かな筆記具で「字てがみ」をたのしみましょう。	髙嶋悠光 著 A6 判上製 /80 頁 /800 円
悠光の年賀状 字てがみを超えて	日本人みんな、悠光先生みたいだと、お正月は倍たのしい。	髙嶋悠光 著 A6 判上製 /72 頁 /900 円
苦労の節約	おそらく、真理を見通してしまった人にとっては、正しいことが、そのまま楽になるでしょう。悟れなくても、楽に生きるわたしたちでありたいものです。	森本　武 著 A6判上製 /168頁 /1,300 円
10歳（テンサイ）の疑問 私はどうして私なの？	愛ってなんだろう、命ってなんだろう、心はどこにあるの。幸せにはどうしたらなれるの？そんな 10 歳の質問に大人たちがやさしく答えます。	田中晴名と10人の大人たち 著 A6 判上製 /72 頁 /800 円
明日を笑顔に 晴れた日に木陰で読むエッセイ集	大人が絵本をみるように、心おだやかになる「おとなの処方箋」。	山本孝弘 著 A6 判上製 /88 頁 /800 円
退屈している暇はない	スモコンピュータービジネスという会社の場合、コスモはワンダーランド。芥川賞作家、辻原登を生んだ人間味あふれる会社の体質とは。	芥川賞作家 辻原 登 編/著 A6 判上製 /80 頁 /650 円

天へのかけはし

時折、自分自身が生きてきた時間の外にある何かを無性に思い出したくなります。もしも思い出すことができれば、それだけで心に安らぎがもたらされるに違いないと━。伊勢神宮権禰宜が語る心の宇宙。

こほりくにを 著
A6判上製/80頁/631円

えっ！パンダって熊とちゃうん！？

神戸のパンダの中にテディベアがいるかも？パンダ好きの、テディベア好きの子供たちへのプレゼント。

絵とお話 おかだゆかり 著
A6判上製/32頁/1,000円

未来を知る 手相の科学

手相は赤ちゃんがお腹にいるときに刻まれる。これが遺伝を表すメッセージ。その後、社会生活をすることで後天的な線が発達してくる。

高峯秀樹 著
A6判オールカラー上製/40頁/1,000円

裸の俳句史 ピカソが判ると俳句が判る

天才は作風がどんどん変わる。ピカソを同じアーティストとして芭蕉と対比してみたとき、俳句の未来にピカソの生き様が浮かびあがった。

高峯秀樹 著
A6判上製/100頁/1,000円

子どもたちの未来のために 日本の森を甦らせよう

小学6年生の和明君の語りで森林の大切さ、日本の文化と木についてわかりやすく物語られる。子どもにも読ませたい良質の一冊。

松村勝弘 著
A6判上製/88頁/800円

転迷開悟

奈良薬師寺の四人の僧侶がそれぞれ僧侶として過ごしてきた日々の思いを、『転・迷・開・悟』(迷いを転じて悟りを開く)の四部作で、各自一冊の本に結集したもの。

転 転の段 村上太胤 著
迷 迷の段 おおたにてつじょう 著
開 開の段 加藤朝胤 著
悟 悟の段 生駒基達 著

A6判上製/80頁/650円◆

いい話 ―こころに一滴、たちまちさわやか

大好評！今、わたしたちの求めている感動、人との関わりがここにはあります。

志賀内泰弘 著
A6判上製/80頁/800円

梶原和義 COCOROの文庫

超幸福論 ― 無限の命の水を	A6判上製／80頁／800円
超平和論 ― 全く新しい文明が必ず実現する	A6判／80頁／600円
超自由論 ― 命をみつめると超自由が見える	A6判／96頁／650円
超恋愛論 ― 現世を越えて永遠の恋愛を	A6判／160頁／800円
超未来論 ― わたしたちの精神こそ新しい世界を出現させる	A6判／224頁／900円
永遠のいのち 素直な気持ちになると永遠が見える　私たちが生きていることと、花が生きていることは同じ命につながっているのです。私たちの命がそのまま宇宙の働きなのです。	A6判上製／80頁／700円

COCOROの文庫 年間購読（毎月1冊）ギフト

身近な小さなことひとつ、あるいは壮大な宇宙をたった一行、そんなことを思い出すことができれば、と編集された小さな本です。大好きな方へ、いい出会いをしたい方へ、やさしさあふれる贈り物としてご活用ください。

◆年間12冊送料共10,000円◆年間6冊送料共5,000円

SPIRIT

おかげおじさん COCOROを自由に	この本を手にしたあなた！今日はあなたにとって人生が転換する日かも？	おかげおじさん 著	B6判/72頁/1,000円
思いどおりに生きる	波動を活かして、こんなにすばらしい人生が。	山本紹之介 著	B6判/300頁/1,800円
ぼけっと版 言葉の散歩道	わたしたちは　確かに生きています この宇宙のなかで	山本紹之介 著	A6判/80頁/700円
元気で長生きするために 心の力を強めるコツ	必ず変わる。幸せになる。必ず元気で長生きできるようになる。できる。できる。必ずできる。	山本紹之介 著	B6判/36頁/500円
その悩みはまちがいの警告だ	苦しみや悩みは、まちがいの警告であることに気づいて、早く取り除くことが、明るく楽しく生きるコツである。	熊澤次郎 著	B6判/136頁/1,100円
先思後動《せんしこどう》 ——あなたのお役に立ちます	思うこと、考えることは、心に記録されている。人生を歩んでいく上で、重要な役割を果たしている。思いを大切に実践して、多くの人々のお役に立とう。	熊澤次郎 著	B6判/84頁/950円
心の雑学	人は誰でも幸せになりたいと思っている。だから本当に幸せになりたいのなら覚悟することだ。	熊澤次郎 著	B6判/116頁/900円
シニア時代は 不良長寿で	あなたの人生ドラマ、息のあるかぎり、幕を下ろすことのない壮大なドラマ、このとてつもない長丁場を見事にやりぬこう。	青木匡光 著	B6判/208頁/1,500円

徳尾裕久 幸福文法シリーズ

あなたにあえて世界一うれしい

あなたのスマイルは世界一うつくしい　幸福文法2

あなたの恋するこころは世界一かわいい　幸福文法3

あなたのすなおな心は世界一ひかりかがやく　幸福文法4

あなたを愛して世界一しあわせ　幸福文法5

あなたの永遠のひかりは世界一すばらしい　幸福文法6

あなたの恋は世界一あたたかい　幸福文法7

あなたのやさしさは世界一美しい　幸福文法8

徳尾裕久 著
A5判/72頁/各1,200円

日めくり

川柳日めくり 七味川柳 弐	中田昌秀辛口川柳第二弾。	中田昌秀 著	文庫サイズ/62頁/700円
川柳日めくり ゴルフ川柳	ゴルフネタによる川柳。ゴルフ好きにはもってこいの日めくり。	中田昌秀 著	文庫サイズ/62頁/800円
「がんばらない」でゆこう！	がんばった人、まじめな人、疲れているすべての人のための日めくり。	志賀内泰弘 著	文庫サイズ/62頁/800円
四国八十八カ所　天真爛漫な巡礼エッセイ 女へんろ元気旅	へんろ道には多くの学びと喜び、そして気づきがある。日々うなづきたくなる日めくり。	森　春美 著	文庫サイズ/62頁/800円

魔法のことば	元気になる「字てがみ」日めくり。	髙嶋悠光 著 文庫サイズ/62頁/800円
ここからはじまる	「字てがみ」日めくり。	髙嶋悠光 著 文庫サイズ/62頁/800円
自分維新	自らを変えるために 毎日役立つ日めくり。	青木匡光 著 文庫サイズ/62頁/800円
新たな一歩	未来の自分を信じて	西村兼一 著 文庫サイズ/62頁/800円
一生に一度しかない　今日という一日 聞こえまっか［心の糧］		木津秀夫 著 文庫サイズ/62頁/800円
たのしみながら		藤田悦史 著 文庫サイズ/62頁/800円
共に生きる	子どもと共に、 周囲の縁ある人と共に	坂東笑土子/久保岡宣子 著 文庫サイズ/62頁/800円
こいこいちゃんの命ひかり輝く人生へ		徳尾裕久 著 文庫サイズ/62頁/800円
心からやりたいことをやろう		おかげおじさん 著 文庫サイズ/62頁/800円
白い日めくり	自分で作る白い日めくり	文庫サイズ/62頁/500円
本にもなる日めくり お先にどうぞ	この一言で、 その場の空気がなごむ。	熊谷静雄 著 B6判/78頁/1,500円

ESSAY

映画が幸福だった頃 〔田中徳三映画術〕	異色の映画会社大映を駈けぬけた映画監督田中徳三のすべてがここにある。溝口健二、市川崑、市川雷蔵、勝新太郎らとの交友。そして全作品フィルモグラフィ。	日本図書館協会選定図書 田中徳三 著 綾羽一紀 編 B6判上製/192頁/1,748円
映画で散歩	リュミエールからフランケンシュタイン博士、メトロポリスにブレードランナー、時代劇からウェスタン、SF映画にミュージカル。映画と一緒に散歩に出かけよう！	綾羽一紀 著 B6判/280頁/1,456円
あっけらかん 〈書詩集〉	わたしは風の存在を知っている、けれど風をみたことはない。心ゆさぶる無の世界。自然と宇宙と一体になる心やさしい本。	あんがいおまる 著 中村路子 画 B5変型/80頁/1,200円
〈書詩集〉 耳を澄まして	自由な書・詩でつづられた、 あんがいおまるの心の宇宙第2弾。	あんがいおまる 著 B5変型/80頁/951円
いのちいっぱい	人としていのちいっぱい生きるとは、日々の暮らしのなかで、仕事を通して生きること。その具体性を著者自身の経験から、確かな、短い言葉で語ります。	今西恭晟 著 B5変型/80頁/1,262円

いきいきと生きる
人は生きている限りあらゆる可能性が残されている。人は幸福を求めて生きている。自然の法則に従い、社会に適合した者にのみ、幸福を獲得する権利が与えられる。
境　祐二 著
B6判上製 228頁/1,700円

国際家族の子育ち
家族、子どもの教育、学校、夫婦、親子…。国際結婚の著者が30数年の生活から語る今の時代に必要な考えるヒント。
山藤　泰 著
B6判/222頁/1,300円

ホステスの聖書
ホステスの語源は「欲する事に徹する」というのは嘘だが、この精神こそが愛すべき彼女たちの姿だと、心やさしき著者は語る。遊び人の告白の書。
中田昌秀 著
新書判/186頁/1,200円

地域づくりの文化創造力
—日本型フィランソロピーの活用
現代人のライフスタイル、現代人の働きがい、高齢化社会における地域社会貢献と文化・芸術支援を考える。
高島　博 著
A5判/210頁/2,800円

日本古代史記
卑弥呼から難波王朝まで
本書は日本古代についての歴史学の従来の定説、通説の多くを否定している。しかし、「本当は何があったのか」をとことん追求した結果としての否定である。
古館　晋 著
B6判上製
452頁/2,200円

日本の想像力
想像力とは何か。そもそも想像ということばは、中国で未見の象を思ったことが原義だという。中西進、エドウィン・A・クランストン、古橋信孝、小谷野敦、他
日本図書館協会選定図書
中西　進 著
B6判上製/375頁/4,300円

〈幸福参考書〉

笑論文。

笑うのがこんなに難しい!? でも94話のうち、1つでも笑えればトク、ソンか…。まとめたつもりが喧嘩して、仲直りしたのにどうしようもなく、おかしな世界は終らない。

櫻井　公 著
B6判/208頁/1,300円

金髪碧眼《へきがん》の鬼達
鬼・天狗・山姥は白人的特徴を持っていた
過去の伝説的存在、鬼・天狗・山姥達は、金髪・碧眼などの「白人的特徴」を持っていた…。再発見の数多くの資料や、新しいデータも交えながら、彼らの正体に迫る！
中村　昂 著
A5判/442頁/2,800円

目からウロコが落ちるかも
日常生活の身近なところからヒントを得て、完成しました。小さなヒントが人生を大きく変えることも…。
辻本加平 著
四六判/148頁/1,200円

憂患に生き生き生きる
仕事をしていれば、まして経営者となると悩ましいことだらけ。それから逃げるのではなく、受け入れ、力にすることが「生き生き生きる」コツではないかと。
中島幸子 著
四六判/192頁/1,300円

「ありがとう」という日本語にありがとう
山本孝弘さんのネタの抽斗を覗き見たくなる、バラエティーに飛んだ感動話に心震える。今こそ必要な一冊である。（作家/志賀内泰弘）
山本孝弘 著
四六判/182頁/1,500円

NOVEL

ガラスの一角獣
テレビドラマ化された「視線の町」。クリュニー博物館から貴婦人と一角獣のタピスリーを盗む少年の話「ガラスの一角獣」など7篇の幻想小説。
日本図書館協会選定図書
綾羽一紀 著　解説/川本三郎
表紙銅版画/安井寿磨子
B6判上製/276頁/1,262円

ガラスの摩天楼
過去がふっとあらわれる「鏡の中の歌姫」。夢の時間が交錯する「ガラスの摩天楼」など、つかの間の幻影が綴られた12篇のファンタジィ。
日本図書館協会選定図書
綾羽一紀 著　解説/川本三郎
表紙銅版画/安井寿磨子
B6判上製/276頁/1,262円

ガラスの黙示録
幻影の作家、綾羽一紀のガラスシリーズ3作目。幻の映画館を描く「長浜鈴蘭商店街の映画館」、「ガラスの黙示録」など夢の11篇。
日本図書館協会選定図書
綾羽一紀 著　解説/川本三郎
表紙銅版画/安井寿磨子
B6判上製/260頁/1,359円

レディレインの肖像	過去から未来へ、未来から過去へ熱い想いとノスタルジーが駈けぬける。見失った愛をもとめて現在から過去へ旅立つ。	綾羽一紀 著 B6 判上製 382 頁 /1,500 円
旗と草履	草履屋の元助がひょんなことから侍に。大塩平八郎の乱を背景に、庶民のささやかな抵抗と生きる喜びを描く人情話。作家・難波利三が舞台のために書き下ろしたもの。脚本「旗と二八蕎麦」収録。	難波利三 著 綾羽一紀 脚本 B6 判 /88 頁 /1,200 円
大阪希望館	物質文明に溺れ、贅沢に慣れ切った世の中に一石を投じる一作。終戦後の昭和 22 年、生きること、食べることがすべてだった混乱の時代に、館長を中心にさまざまな人々がおりなすヒューマンドラマ。	難波利三 著 B6 判上製 /125 頁 /1,300 円
司政官	泉鏡花賞に輝く眉村卓の神髄。リリシズムとペシミズムが壮大なテーマの底に流れる、著者快心の SF 大作。今甦る司政官シリーズの原点。〈特別資料　眉村卓全作品 INDEX 付き〉	眉村　卓 著 B6 判上製 /332 頁 /2,427 円
貧乏神といたころ	あのころは、ほんと、みんな貧乏神と仲良くしていた。引き込まれて、あっという間に読める一冊。	中村路子 著 B6 判 /260 頁 /1,300 円
○ちゃん	大阪に名うての人たらしがいる。その名は○ちゃん。濃厚な人模様がパラレルワールドを広げる。	○ちゃん 著 B6 判 /222 頁 /1,500 円

ART

やくたにれいこの世界 薬谷礼子きり絵作品集	赤ん坊とお母さん、こどもの遊び、そして平和を愛するきり絵作家やくたにれいこの世界が広がる。	やくたにれいこ A4 判上製 /44 頁 /2,800 円
山中孝夫 画集 TAKAO YAMANAKA Pathos in Osaka	大阪の下町を描かしては右に出る画家はいない。昭和の大阪を存分に楽しめる一冊。	山中孝夫 著 A4 判上製 /44 頁 /3,100 円
Photo Essay い・ま・大阪	大阪の橋、渡し舟、民家、鉄道、そして大阪の人。 大阪の心を、写真とエッセイで綴る保存版。	横山四郎 写真・文 A4 判変型上製 /202 頁 上製ケース入 /3,800 円
上方文化人川柳の会 相合傘	ユニークな上方文化川柳の会のメンバー難波利三、桂福団治、やすみりえ他による傑作作品集。	二 B5 判変型 /80 頁 /1,300 円 三 四 七 八 九 十 B5 判変型 / 各 1,500 円
河村立司の山頭火	放浪の俳人「種田山頭火」の句にひかれ、その姿を描き続けた河村立司の句画集。山頭火の句を、ほのぼのとしたタッチの絵で表現。	河村立司 絵 A4 判変型 /70 頁 /2,718 円
ばら絵てい	河村立司が、さまざまなタッチの絵で披露。水彩、パステル、静物、風景、人物、ヌード…、そのどれにも独特の持ち味が生きています。オールカラーです。	河村立司 絵 A6判変型上製 /80頁 /1,500 円
川崎廣進作品集 人間を描く Human beings drawn by K.Kawasaki		川崎廣進 絵 B5 判 /80 頁 /1,500 円
画集 KATSUMI	知的障害の特徴である「あるがまま」をコンセプトにその時々の気持ちを素直に力強く表現している。	三宅勝巳 絵 B5 判上製 /72 頁 /1,905 円
震災川柳	現実である津波の句、季節句、温泉旅行の句、待ちに待った電気・水道が出た感動の句など二〇〇点を超える句が集まりました。 B6 判 /156 頁 /1,000 円	南三陸「震災川柳」を出版する会 著 詠み人 / 南三陸町旭ケ丘地区・歌津地区の皆さん 編集 / 東北大学 長谷川研究室・若島研究室 川柳グループ

郵便はがき

恐縮ですが
切手を
お貼りください

552-0001

大阪市港区波除 6-5-18

JDC出版

愛読者カード係 行

ふりがな	年　齢
ご氏名	男　女
	ご職業
ご住所	
お電話番号	FAX番号
E-mail	

2023.11/2000

愛読者カード

本書をご愛読いただきありがとうございました。本書があなたにとっておきの一冊となれば幸いです。本カードは今後の小社の出版活動の参考にしたいと思います。お手数ですが、下記項目にご記入の上ご意見、ご感想などお寄せください。お待ちしています。

ご購入の書籍名

ご購入の動機

1. 書店で見た
2. 知人の推薦
3. 著者を知っている
4. その他（　　　　　　　　　　）

お買い上げ書店名

ご意見・ご感想などご自由にお書きください。

注　文　書

書　　名	冊　数

小社出版図書のご購入につきまして、書店で手に入らない場合は、上記注文書でご注文ください。送料実費にて申し受けます。

JDC出版

〒552-0001大阪市港区波除6-5-18 TEL.06-6581-2811 FAX.06-6581-2670
http://www.sekitansouko.com E-mail.book@sekitansouko.com

小池ともみ 人生の詩
じゃがいもの旅鳥
105歳まではたのしんじゃおう、なんて、思ったりしているこのごろ。
小池ともみ 著
B6判/136頁/1,300円

ILLUSTRATED BOOK

恐竜大画報
「恐竜」—この言葉には無限のロマンが秘められている。この小さな本からも恐竜物語は始まる…。
和歌山県花園村恐竜ランド 編
A5判/192頁/1,165円

絵本 **だいこんと34人の子どもたち**
市場で見つけただいこんが一人の主婦とこどもたちを結んだ感動の実話。
日本図書館協会選定図書
羽子岡紀子 作
はねおかじろう 絵
A4判変型上製/28頁/1,500円

絵本 **雲の子サム**
子どもたちに贈る、雲の子サムの大冒険。
おおしまのぼる 作・絵
A4判上製/24頁/1,200円

絵本 **いじけむし**〜あーちゃんとの出会い編〜
KAZUKI 作
きたむらえ画お 絵
B5判上製/16頁/1,300円

こころのばんそうこう
こころはキャンパス。赤を入れれば赤くなって。青を入れれば青くなって。そして一枚の絵になる。
松丸宗裕 文・絵
B5判変型/80頁/1,300円

猫はもちろん猫だけど
短いことばにきらめく、直木賞作家・難波利三の心の世界と中浜画伯のうんちくありそうな猫どものしゃれた気分のからみあい。
難波利三 文
中浜 稔 絵
B5判変型/84頁/1,166円

町を救ったお地蔵さま
-安治川波除地蔵尊-
大阪安治川沿いに佇むお地蔵さまにまつわる、心温まるお話。
企画:安治川波除地蔵尊保存会
かめいすみお 文 うた 絵
A4判変型上製/24頁/1,200円

つんつんキラキラ
お大師さんの大鐘伝説
突如現れたお坊さんが「大鐘を小指で動かす」という無謀とも思える挑戦に臨むが……弘法大師の伝説を描いた絵本。
かめいすみお 文
うた 絵
A4判変型上製/24頁/1,200円

The Priest with the Miracle Finger
The Fable of Priest Kukai and the Giant Bell
「つんつんキラキラ」英語版。ウクライナの人々へ献本された本。
Story Sumio Kamei
Illustrations Uta
A4判変型上製/24頁/1,200円

なぎさとチュンコ
おばぁさん ふたり
遠き日の思い出が切なくも美しく。動物たちとの出会いと交流を優しく語る。
小池ともみ 文 うた 絵
A4判変型上製/24頁/1,600円

おばぁさんふたり
ブルーの目
愛猫ラッキーと紡ぐ人生一大人の絵本。
小池ともみ 文 うた 絵
A4判変型上製/24頁/1,600円

グルームさんとしっぽの白いキツネ
六甲山開発の祖、アーサー・ヘスケス・グルームさんが、しっぽの白いキツネを助けたことから始まるあったかなお話し。
かめいすみお 文
山口恵子 絵
A4判変型上製/24頁/1,600円

石はおしゃべりだよ。ぼくと友達なんだ!
石の声
「石」と話をしてみよう。石から教えられたヨシオ君の心の旅をご一緒に。
あんがいおまる 作 うた 絵
A4判変型上製/24頁/1,600円

HEALTH

介護福祉士のための **精神保健ハンドブック**
精神保健指定医 正岡 哲 著
新書判/95頁/1,200円

家庭で作れる
薬膳料理
漢方医学の権威、張明澄先生監修。漢方の考え方を取り入れたバランスの良い薬膳料理が家庭でも。漢方薬だけでなく野菜の薬効についても解説。
自然美システム研究所 編／著
A4 判変型 /148 頁 /1,600 円

めざせ!からだ年齢マイナス10歳
硬く石のようになった筋肉は、神経の働きや血液の流れ、リンパの流れを悪くさせ、からだの調子が悪くなっていきます。これを矯正するのが「筋肉矯正健康法」です。
山本幸子 著
B6 判 /168 頁 /1,000 円

ファシリテーション・ボール・メソッド ハンドブック
~小さいFBの活用~
健康のために、FBM（ファシリテーション・ボール・メソッド）を楽しく続けよう！
FBM 研究会 著
A5 判 /90 頁 /1,000 円

DOCUMENTARY

青い原石
モデルから闇へ　そして笑いを創る
ゆりかおる 著
A5 判 /180 頁 /1,500 円

東日本大震災 語られなかった国交省の記録
──ミッションは「NO」と言わない──
道下弘子 著
B6 判 /280 頁 /1,200 円

科学を伝える
失敗に学ぶ科学ジャーナリズム
多くの失敗例が、ジャーナリストだけでなく、科学を読み解く様々な人々にとっての鍵となる一冊。
日本科学技術ジャーナリスト会議 編
A5 判 /320 頁 /1,500 円

明日泣きなさい
わたしの母は、102 歳まで生きました。その母の言葉「明日、泣きなさい」。今の私のささえになっています。
小池ともみ 著
B6 判 /216 頁 /1,300 円

三つ多く生きなさい
戦い、苦しみ、そして、憎しみからはなにも生まれない、と、生きかえる決意をする母。
小池ともみ 著
B6 判 /244 頁 /1,300 円

長生きするってめんどくさい
神さまからいただいた命、ありがたいけど、少しめんどう、長生きするって。
小池ともみ 著
B6 判 /140 頁 /1,200 円

戦国と落武者六人衆の真
花散る時
戦乱を生きた武将たち、そこに仕えた六人衆。その取り巻く背景に迫る！
岬　奈美 著
四六判 /158 頁 /1,500 円

髙嶋悠光と字てがみ

悠光の字てがみ365日
暮らしの中に字てがみを。
髙嶋悠光 著
B5 判 /396 頁 /3,800 円

悠光のえと
「えと　って知ってる?」「?　?　?」
「あなた　なにどし?」「ねずみどし!」
「それが　えと　だよ　ぜんぶ言える?」
髙嶋悠光 著
B6 判 /132 頁 /1,000 円

漢字のちから
悠光の漢字ことば
一字の漢字は小さな発見から人生の道しるべまでに発展する。
髙嶋悠光 著
B5 判変型 /88 頁 /1,300 円

ちょっと悩んだとき開けてみよう！
かんしゃできるねんがしあわせ
「今日あるのは廻りの人達にささえられたおかげ…」
髙嶋悠光 著
B5 判変型 /76 頁 /1,300 円

大阪弁で字てがみ **ぼちぼち！**
大阪弁はやらこうて、ええやろ！
髙嶋悠光 著
B5 判変型 /80 頁 /1,300 円

人生に役立つ名言を字てがみで楽しむ	明日への小さな光になれば・・・、そして、漢字一字にひそむ奥深さを味わっていただければ・・・。	髙嶋悠光 著 B5 判変型/84 頁/1,300 円
字てがみ教科書	初めて字てがみを始める人のために。	髙嶋悠光 著 B5 判/52 頁/2,000 円
字てがみ・母さん ありがとう	漢字一文字、短い言葉で、母への愛がこんなにも。	長谷川喜千 著 髙嶋悠光 監修 A5 判/112 頁/1,200 円

LIFE

考える方法	解決の思考・創造の思考・思考なき思考。	森本　武 著 A5 判/152 頁/1,300 円
負のデザイン	小規模な暮らしを実現するためのデザインの在り方を考え、人間の営みの中に見られる様々な無駄の検証を試みる。	森本　武 著 B5 判変型/100 頁/1,111 円
思考は生《いのち》を知らない クリシュナムルティと共に考える	人類は大昔に間違ってしまった。	森本　武 著 A5 判/128 頁/1,300 円
メジャーリーグのバッティング技術	清原和博に“ぼくのバイブル”と言わしめたバッティング分析。	塚口洋佑 著 B5 判/180 頁/1,800 円
とべ！極貧 焼け跡カモメの飛行〈伝承版〉		櫻井　公 著 B5 判変型/212 頁/1,600 円
放射性セシウムをプラチナに―― 地球を変える男	放射性セシウムを無害化し、プラチナやバリウムに変換・生成する。	(工学博士)大政龍晋 著 B6 判/196 頁/1,500 円
秘密の京都	京都初心者でなく、1~2 回は京都を観光している方で、そろそろマイスポットを見つけたい方におすすめの一冊。	田中英哉 著 B6 判/80 頁/1,000 円
成功者が書けない生き方の本 幸せを科学する パラダイムシフト	もうちょっとだけ幸せになりたい人へ、必読の書。読みすすめるうちに、あなたの新しい人生が始まることまちがいなし！	辻本加平 著 B6 判/164 頁/1,300 円
ここから始まる新しい世界 シニア人生を健康でゆたかに過ごすために。	人生 100 歳時代、健康で豊かな新しい世界へ旅立とう。	熊谷静雄 著 A5 判/68 頁/1,000 円
いい家塾の家づくり	家づくりを考えている方、まだまだ先だと思っている方にも、後悔しない家づくりのバイブル。	日本図書館協会選定図書 釜中　明 著 B6 判/368 頁/1,600 円
真逆を生きる	平成元年を境に世の中 180 度変わった。	釜中　明 著 A5 判/260 頁/1,600 円
テレビ・スマホを消したあとに見えてくるもの ――「大人になる」ための意外で簡単な方法――	最新の脳科学で明らかになってきた「デフォルト脳活動」、一人でボーッと何かを考えたり思い出したりしている状態の大切さ。	中村　昂 著 A5 判/206 頁/1,500 円

FORTUNE

元気で天寿全う	あなたの誕生日でわかる生まれ持った体質と寿命。	坂東笑土子 著 B6 判/76 頁/1,300 円
八字推命家暦 はちじすいめいかごよみ		坪根江里 著 A5 判/212 頁/8,000 円

中村 博の本

七五調平家物語「清盛殿と16人」

盲目の法師が琵琶を弾きながら謡い聞かせて広げた平家物語。七五調で編まれた平家物語現代語訳、上下巻！

中村 博 著
A5判
上巻272頁/下巻282頁
各1,500円

血湧き肉躍る活劇譚 ー叙事詩的ー

古事記ものがたり

古事記編纂千三百年を期に、万葉学の気鋭が放つ一大スペクタクル絵巻。稗田阿礼も地下で頷く、リズムやまとことばで現代に甦るエピック・ポエトリィ

中村 博 著
A5判/200頁/1,300円

一億人のための万葉集　万葉の世界を「短か」に「身近」に

万葉歌みじかものがたり

中村 博 著
A5判/各1,300円

一 歴史編
二 人麻呂編　黒人編　旅人編　憶良編
三 蟲麻呂編　金村・千年編　赤人編　坂上郎女編
四 家持青春編(一)恋の遍歴　家持青春編(二)内舎人青雲　あじま野悲恋編
五 家持越中編(一)友ありて　家持越中編(二)歌心湧出
六 家持大夫編(一)政争の都(二)変そして因幡へ　支え歌人編
七 人麻呂歌集編　巻七(雑歌・比喩歌・挽歌)編
八 古今相聞往来編(巻十一・巻十二)
九 四季歌(巻十)編　大和歌(巻十三)編
十 東歌編　防人歌編　遣新羅使人編　由縁歌編

古語擬い腑に落ちまんま訳

七五調 源氏物語

中村さんの本は、肩の力を抜いて、普段着を着ている時に使っている言葉で語ったらこうなるよ、というマジックだ。(上野誠／奈良大学教授)

中村 博 著
A5判/各1,500円

1 桐壺・帚木・空蝉・夕顔
2 若紫・末摘花・紅葉賀・花宴
3 葵・賢木・花散里・須磨
4 明石・澪標・蓮生・関屋・絵合
5 松風・薄雲・朝顔・少女
6 玉鬘・初音・胡蝶・蛍・常夏・篝火・野分
7 行幸・藤袴・真木柱・梅枝・藤裏葉
8 若菜上・若菜下(一)
9 若菜下(二)・柏木
10 横笛・鈴虫・夕霧・御法・幻
11 匂宮・紅梅・竹河・橋姫
12 椎本・総角・
13 早蕨・宿木・東屋(一)
14 東屋(二)・浮舟・蜻蛉(一)
15 蜻蛉(二)・手習・夢浮橋

絢爛！平安王朝絵巻解き放たれた姫たち

たすきつなぎ ものがたり百人一首

絢爛たる平安五朝絵巻。作歌時の心情が浮かび上がるように歌心を捉えた「五七五七七」の短歌形式の訳。

中村 博 著
A5判/260頁/1,300円

編み替え

ものがたり枕草子 上 中 下

大阪弁で七五調という前代未聞の解きあかしで、枕草子が身近かにせまる。

中村 博 著
A5判/各1,500円

令和天翔け

万葉歌みじかものがたり 一 二

「令和」のための万葉集。「令和」が万葉集を引き寄せる。

中村 博 著
A5判/各1,500円

梶原和義シリーズ　梶原和義 著　B6 判各 1,800 円他

ユダヤ人を中心にして世界は動いている
ユダヤ人問題は歴史の中の最大の秘密
ユダヤ人問題は地球の運命を左右する
イスラエルの回復は人類の悲願
ユダヤ人が回復すれば世界に完全平和が実現する
ユダヤ人問題は人間歴史最大のテーマ
ユダヤ人の回復は地球完成の必須条件
イスラエルが回復すれば世界は見事に立ち直る
とこしえの命を得るために1 2 3 4 5 (4巻/2,000円　5巻/3,000円)(上製)
やがて地球は完成する
千年間の絶対平和
般若心経と聖書の不思議な関係 1 2 3
ユダヤ人と人類に与えられた永遠の生命 1～10 (上製)
死んでたまるか
死ぬのは真っ平ごめん
人類は死に完全勝利した
死は真っ赤な嘘
死ぬのは絶対お断り　上・下
我死に勝てり　上巻　中巻　下巻
死なない人間になりました　上巻　中巻　下巻
あなたも死なない人間になりませんか　上巻　中巻　下巻
死なない人間の集団をつくります
世界でたった１つの宝もの　上巻　中巻　下巻 (下巻/3,000円)
人類史上初めて明かされた神の国に入る方法 I～XI (上製)
般若心経の驚くべき功徳
般若心経には人類を救う驚くべき力がある
般若心経には文明を新しくする恐るべき秘密がある
般若心経は人間文化の最高の宝もの

人類史上初めて明かされた彼岸に入る方法 1～5　B6 判上製 /3,000 円
究極の人間の品格 1 2 3　B6 判 /160 頁 / 各 1,200 円
永遠の生命 知識と常識を超えて　B6 判 /192 頁 /1,165 円

JDC出版
〒552-0001　大阪市港区波除6-5-18　Tel.06-6581-2811　Fax.06-6581-2670
E-mail book@sekitansouko.com　HP http://www.sekitansouko.com
●表示価格は、すべて税別価格です。
2025.2/2000